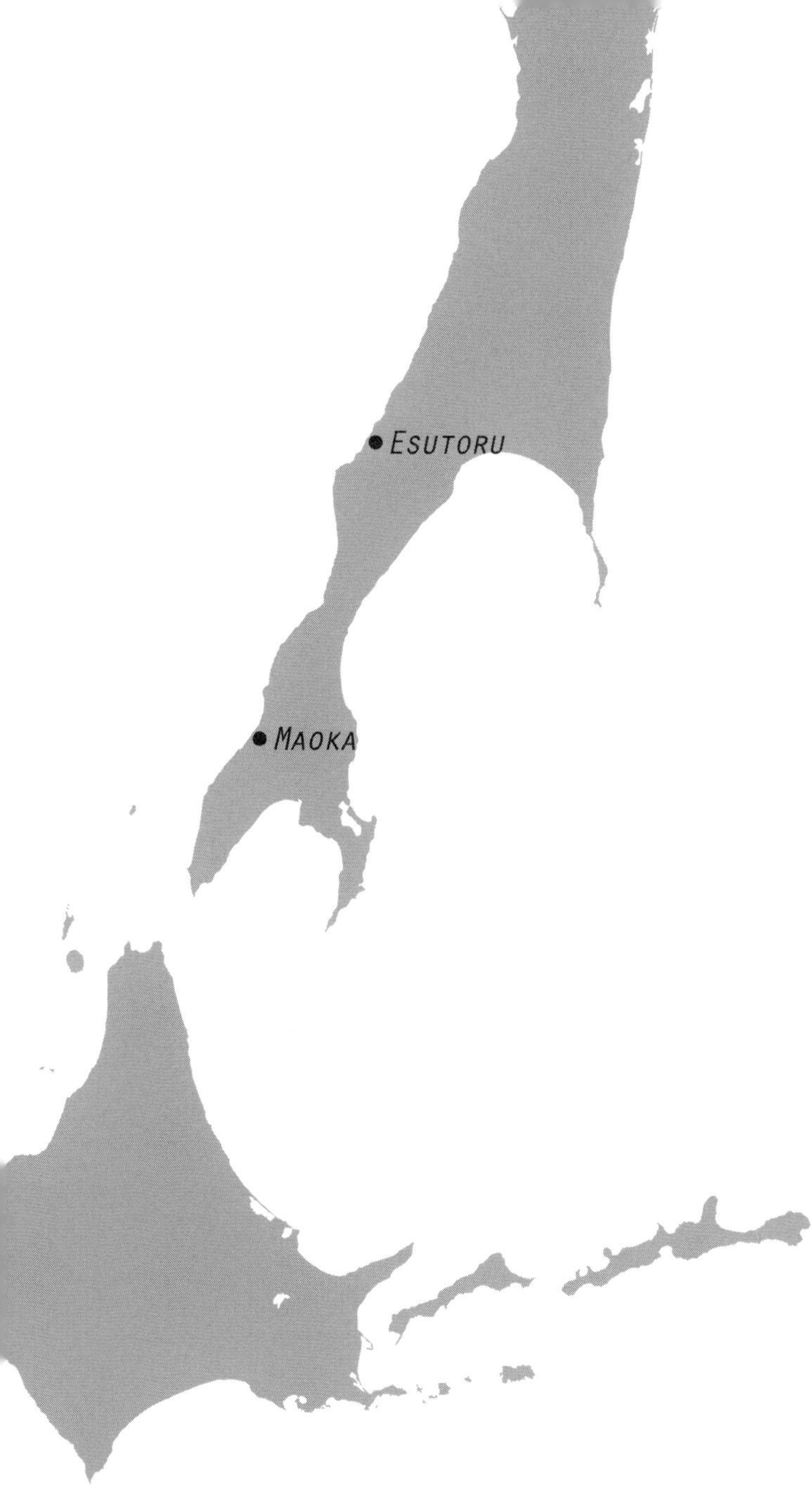

敬文舎

彼女たちは、なぜ、死を選んだのか？

敗戦直後の樺太　ソ連軍侵攻と女性たちの集団自決

川嶋康男

敬文舎

装丁・デザイン　竹歳　明弘
図版作成　蓬生　雄司
編集協力　阿部いづみ

目次

目次

目次

まえがき

日本列島最北の都市、北海道稚内《わっかない》市。宗谷《そうや》岬とノシャップ岬とで湾曲《わんきょく》に広がる海峡に沿って開けた港湾都市。「てっぺん」の愛称も。市街地はノシャップ岬にいたる海岸段丘に沿う街並みと、海に迫る段丘の上には宗谷海峡を望む稚内公園がある。

宗谷岬から四三キロ海峡を隔て、望むロシア領サハリン州。かつて北緯五〇度以南に日本領南樺太《みなみからふと》があり、三九万人余りの日本人が住んでいたことを偲《しの》ばせるのが、公園の先端に建つ「氷雪の門」、旧樺太島民の慰霊碑である。

眼下に稚内港の北堤防に連なるドーム型のモダンな防波堤は、樺太大泊《おおどまり》と結ぶ稚泊《ちはく》航路の埠頭《ふとう》であった。現在は利尻《りしり》・礼文《れぶん》島航路の埠頭として賑《にぎ》わいをみせ、

JR稚内線の始発駅も近く、駅前通りから市街地の賑わいがつづいている。

江戸幕府の命で樺太を探検した間宮林蔵《まみやりんぞう》が、文化六年（一八〇九）の夏に樺太と大陸がかけ離れた島であることをたしかめ、間宮海峡の名を残す。昭和二〇年（一九四五）八月一五日、天皇のポツダム宣言にて戦争は終わったと思われた樺太島民の前に、ソ連艦隊が塔路《とうろ》・恵須取《えすとる》と真岡《まおか》に押し寄せ、無差別の殺戮《さつりく》が繰り返され、多くの民間人の命が犠牲となった。樺太戦である。

今日、伝説のごとく語られる女性の集団自決も起きていた——。

氷雪の門　昭和38年、稚内公園の一隅に建立された旧樺太島民慰霊碑。札幌出身の彫刻家本郷新の制作。

昭和二〇年八月一七日、国境線に近く、西海岸に位置する塔路にソ連艦隊が上陸、塔路から恵須取に侵攻する。住民の負傷者の治療に当たっていた恵須取町太平《たいへい》の太平《たいへい》炭鉱病院から、看護婦二三人が避難のため死の逃避行に出、翌日未明に六人が命を絶った。

八月二〇日になると、同じく西海岸の要港となっていた真岡町に早朝からソ連艦隊が上陸。市街地は掃討《そうとう》攻撃されて全滅、電話交換業務を死守していた交換手たちも電話交換室で青酸カリを飲んだ。

稚内公園に建つ「氷雪の門」の傍《かたわ》らに、その「九人の乙女の碑《ひ》」も建つ。太平炭鉱病院看護婦の慰霊碑は、札幌市内の札幌護国《ごこく》神社境内に建つ。


女性の集団自決の象徴的事例としては、本土決戦の地にさらされた沖縄戦で、学徒動員された「ひめゆり学徒隊」(沖縄県立第一高等女学校の広報誌『乙姫』と沖縄師範学校女子部の学校広報誌『白百合』とを組み合わせた言葉)の職員を含む二四〇人中、死亡生徒一二三名、職員一三名の犠牲者を出した慰霊碑「ひめゆりの塔」が、沖縄県各地で起きた集団自決のなかでも際立《きわだ》って伝えられている。

中国大陸、旧満州においては、国策で集団移民させられた膨大な人数の日本国民を守るべき関東軍が、彼らを放棄したままいち早く撤退、日本人の多くが棄民《きみん》として放り出され、玉砕《ぎょくさい》を強いられるケースも多く、ソ連兵に凌辱《りょうじょく》されるくらいならいさぎよく自死を選ぶと、集団自決へと結論を急いでしまうケースも現出。

「年端《としは》のいかない子どもや娘たちの命を奪われた」事例は枚挙《まいきょ》にいとまがない。

終戦後、国家に見捨てられた引き揚げ者たちの労苦には、生死を賭けた想像を絶するものがあった。旧満州国に置き去りにされた無防備な日本人は、生命を放棄させられ、玉砕と集団自決へと追い立てられた事実も重くのしかかる。

戦後七七年を経て、戦争を知る世代は少なくなった昨今、こうした戦争の影に隠された悲劇の事実をいかに伝え、記録するか。昭和一六年一二月、真珠湾《しんじゅわん》攻撃により太平洋戦争開戦に踏み切った政府・軍部がいかに多くの国民の命を犠牲にしてきたか、多大な損害を国民に与えてきたか、多くの記録で証言される。

二度と暗黒の歴史を繰り返させてはならない。戦争の轍《てつ》を踏ませぬためにも、平和のもろさをいまいちど噛《か》みしめてみたい。

樺太戦において発生した女性の集団自決、その真実に迫った。

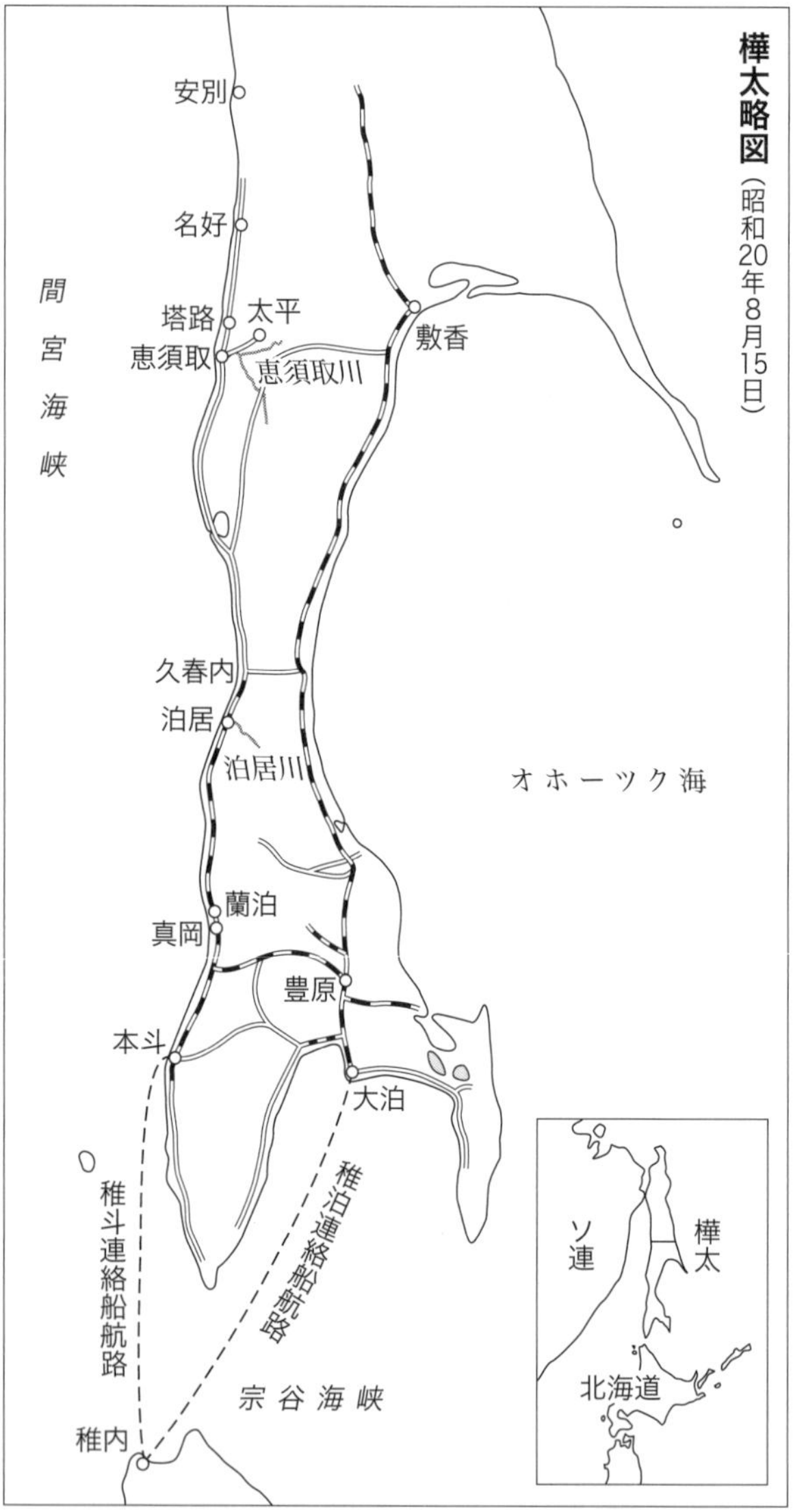
樺太略図（昭和20年8月15日）
安別
名好
塔路
太平
恵須取
恵須取川
敷香
間宮海峡
久春内
泊居
泊居川
オホーツク海
蘭泊
真岡
豊原
本斗
大泊
稚斗連絡船航路
稚泊連絡船航路
宗谷海峡
稚内
ソ連
樺太
北海道

【第一部】

楡の丘に「山桜の歌」が聴こえる

――大平炭鉱病院看護婦集団自決――

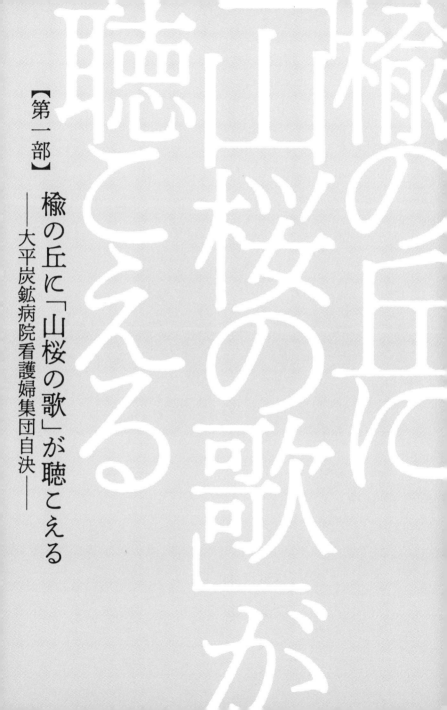

二代目となる楡の木の傍らにて　現ロシア・サハリン州ウグレゴルスク(旧恵須取町)。武道沢の位置。昭和２０年８月17日未明、前夜来の逃避行の末にたどり着いた武道沢の小高い丘。造材飯場からほど近く、楡の大木が立つ場所で23人の看護婦が自決を図った。斉藤マサヨシ氏提供。

序章　手首の疵痕

その記事が掲載されたのは、戦後二五年の節目でもあった。昭和四五年（一九七〇）八月一五日、『北海タイムス』（現在、廃刊）紙面は、社会面一面を、樺太《からふと》で起きた「集団自決」の記事で埋め、センセーショナルに報じた。それまで樺太引き揚げ者のあいだでしか知られていなかった秘話をスクープしたのは、同紙の連載企画「樺太終戦ものがたり」を担当し取材していた金子俊男記者。引き揚げ者の証言を集めて特集を組んでいた最中に出会った女性から、驚愕《きょうがく》の告白を引き出していた。

「事実を告げることが供養《くよう》になるのならば」

扉より重い口を開いたのは、北海道新冠《にいかっぷ》町に住んでいた鳴海《なるみ》（旧姓、片山）寿美《としみ》である。

新冠町母子健康センター内町立助産所に勤める助産婦である。

「樺太終戦秘話　うずく〝自決の傷跡〟、心重く――二十五年」

「退路断たれた白衣の二十三人」

「今も耳底に〝決別の歌〟」

紙面を踊るように走る見出しと、鳴海寿美の素顔、六人の死亡看護婦の顔写真も紹介された。

「私も兄もいっさい知りませんでした。母はひと言も話すことはなかったですし、父からも耳にしていません」

この新聞記事を見て、はじめて母の〝秘密〟を知ったという鳴海寿美の次男修司《しゅうじ》。いま、ふるさと新冠町長として町政を預かる修司を、令和三年一〇月、私は町長室に訪ね、静かに〝身内〟にしてはじめて知った母の〝過去〟についてうかがった。

母の過去の疵《きず》が世間に知れ渡った当時、修司は故郷を離れて民間会社勤めのあと、ふたたび故郷に戻り、新冠町役場在勤の身。早速母に訊《たず》ねるも、「書いてある通りだから」と、素っ気なかったという。

「それまでは、他人《ひと》づてにうすうす集団自決ということは耳にしていましたが、あえて母に訊ねることもしないままでした。母は筋が通っているというのか、芯《しん》がしっかりした考え方をもっていた人でしたから、それから思えば、死のうとしたことも理解できました。父に聞いてもぼそっと断片を話す程度で、母を気遣っていたと思います」

風呂に入るたびに目にする母の手首に残る白っぽい疵痕。一・五センチほどの長さに皮膚が盛り上がっていた。

「ここ、どうしたの」

と訊ねたところ、

「ちょっとね」

とさりげなく答えただけという、素っ気ない母の対応。その疵は、歳月を経るとともに薄い線となり、目立つほどではなかったという。

昭和二〇年八月一六日、天皇のポツダム宣言受諾により無条件降伏を宣言した翌日、突如、樺太西海岸の塔路《とうろ》・恵須取《えすとる》に侵攻したソ連北太平洋艦隊は、沿海州ソフガワニ港を拠点とした上陸船団を編成して町を襲撃した。人びとは避難のため南下する。国境線からの本格的な陸上攻撃は九日にはじまっていたが、塔路・恵須取はソ連艦隊による艦砲《かんぽう》射撃と陸戦隊による上陸侵攻の拠点となっていた。

恵須取町郊外、太平《たいへい》地区に位置する太平《たいへい》炭鉱病院では、市街地でのソ連機の攻撃による負傷者が殺到し、看護婦は応急手当てに追われていた。戦火がはげしくなると、看護婦にも防空壕《ぼうくうごう》への避難指示がたびたびあり、重症患者に対する防空壕での看護を試みていた。疎開《そかい》する住民もふえ、家族が迎えにきて避難する看護婦も出た。

残った看護婦は婦長高橋フミほか全部で二三人。ソ連軍の制圧が深まるなかでさらなる避難を強《し》いられる。恵須取の北に位置する塔路へ上陸したソ連軍は陸路を南下する。このまま防空壕に避難することもままならず、南下して上恵須取を逃避するほかなかった。空襲に遭《あ》わないように山道を選んで南下する逃避行となった。

一行は、病院から二山越えで八キロほど南下した恵須取川の大支流、武道沢《ぶどうざわ》までたどり着いた。そこで目にし耳にしたのは、向かう先の上恵須取から引き揚げてきたという一行であった。声をそろえて叫ぶのは、上恵須取にもソ連軍が侵攻しており、もう逃げ場はない。この地が決戦場だと気炎を上げる。

避難先の南方面にも進むことができない、というのだ。退路を断たれたと判断した高橋婦長とその一行の、採るべき選択肢は限られた。二三人の看護婦は、武道沢に広がる農場まで登ってきた。ひと息入れる間も惜しむように、それぞれに背負ってきた荷物を佐野農場の事務所近くの空き地に置いてから小高い丘に登った。

一六日の夜は静かにふけてゆき、夜を徹して歌い語り合い、夜明けまで過ごした看護婦たちは、一斉に死を選択することに……。

鳴海寿美は、記者の質問に力なく言葉を紡《つむ》いだ。

「二二年六月、辛い、悲しい思い出をもつ大平炭鉱病院をやめて引き揚げた私は、知人のいない土地に住みたいと頼んで、見ず知らずの門別町《もんべつ》（現、日高町）厚賀《あつが》にきました。夫は私たちが自決を図ったとき、最初に駆けつけたことが縁で、その後結婚したので、私の気持ちを理解してくれ、やっと開拓農家の物置の半分を借り、夫は営林署の山仕事を見つけることができました」

開拓農家の物置の半分とは、三畳間ほどの部屋で隙間風《すきまかぜ》が吹き込み、雨の水しぶきはもとより冬は雪が入り込む粗末な板張り。しかも、周辺は蛇と同居するような山の中、そんな環境でもみずからを戒める寿美。傍《かたわ》ら、助産婦の資格をもっていたことから助産所を開設して、地域の出産の介添《かいぞ》えに精を出していた。

「私が幸せになっては、亡くなった人たちに申し訳がたたない。もっと苦しむのが宿命なのです」

新聞記者に告白したあと、時をおかずある動きに出た。

亡くなった看護婦仲間を供養したいとの強い思いを実現するため、関係先を調べ返し、音信の途絶えていた仲間探しに心血を注いだ。その結果、倶知安町《くっちゃん》に小林とし子、青森県八戸市に今谷征子、小樽市に寺井タケヨら一〇人の消息をつかみ、藤原ヒデの場合は、石川ひさ副婦長の弟秀美と結婚していることもわかった。

ヒデは鳴海にこんな近況を語っていた。

「いまの幸せも、亡くなった義姉のおかげと思っています。当時自決を図った気持ちは、子どもたちにいつの日かきっとわかってもらえるものと信じています」（『北海タイムス』）

さらに消息のつかめていない丸山真子・桜庭妙子・関口美恵子・片山哲子・久保咲子・浅原富躬子についても探したあと、ひそかに慰霊祭をと願った。

昭和四五年九月、宿願だった六人の慰霊祭にこぎつけた。二五年ぶりに仲間との再会を果たし、涙を流しながら札幌護国神社で直会《なおらい》のひと時を過ごした。

元看護婦仲間との戦後はじめての顔合わせでもあり、しばし旧交を温め合うことになった。逝った六人の御霊《みたま》を祀《まつ》ることができた喜びは計り知れないものがあり、これまでの人生にひと区切りをつける機会になったと鳴海は語った。

鳴海は、周囲の勧めもあって、みずから大平炭鉱病院看護婦の死の逃避行を認《したた》め、『北の海を渡って——樺太引揚者の記録』刊行企画に応募、「集団自決の悲しみが今も……」が載った。昭和五一年九月に刊行され、自決の顚末《てんまつ》が広く全国に知られる機会となった。

胸の痞《つか》えを取り除くかのように手記を発表することで樺太時代に区切りをつけた寿美、思わず漏《も》らした心のうちを、修司はしっかりと記憶していた。

「これを告白して、本当に良かったのだろうか……」

母の内省をはじめて耳にした。長いあいだ胸の底にしまい込んでいた澱《おり》のような濁りを告白したいま、息子として掛ける言葉を見つけられないまま、素直に聞き留めた。

「結果として慰霊祭に結びついたのだから、良かったでしょう」

母の割り切れなさをおもんぱかる修司だが、やはり母自身は心の引っ掛かりを拭《ぬぐ》いきれていなかったと語る。

「本当は、死ぬまでもっていきたかった……」

棘《とげ》のように突き刺さった後悔の念は、死を迎えるまで消えなかったという。

「母は、死ななかったことが同僚への裏切りのように捉える反面、ほかに生き延びた若い人たちは、なんとしても助けなければならないという、責任感にも捉われて行動してきたようです。自分も死ねばいいという思い込みが強かったようで、そんな母を見るにつけ父も放っておけなかったようです」

じつは、修司の父竹太郎《たけたろう》も、この「集団自決」に登場している。つまり自決に最初に駆けつけ、救助に当たった人物こそ、佐野農場を任されていた竹太郎だった。自決看護婦と救助者としての接点の結果が、今日の自分の存在であることの不思議な縁を、改めて感じたという。

いまでは帰らぬ島となった樺太。恵須取町の大平炭鉱病院を巡る、若き看護婦たちの青春のひと幕は、戦争によって無惨《むざん》にも引きちぎられてしまった。
鳴海竹太郎・寿美夫妻の戦後と、上恵須取に向かう途中の武道沢まで死線を彷徨《さまよ》った二三人の看護婦たちの一瞬の幕間をたどってみた。

大平炭鉱病院看護婦「集団自決」に走った女性たち（年齢は昭和二〇年八月現在の判明分）。

婦　長　高橋フミ（三二）
副婦長　片山寿美（二七）
副婦長　石川ひさ（二四）
看護婦　久住キヨ（一九）
看護婦　真田和代（二〇）
看護婦　佐藤春江（一八）
看護婦　瀬川百合子（一七）
看護婦　寺井タケヨ
看護婦　小林静江
看護婦　丸山真子
看護婦　藤原ヒデ

看護婦　坂本きみゑ（一八）
看護婦　長井久子
看護婦　桜庭妙子（一八）
看護婦　片山哲子
看護婦　小林とし子
看護婦　今谷征子
看護婦　関口美恵子
看護婦　久保咲子
看護婦　小山セツ子
看護婦　近江谷きみゑ
看護婦　浅原富躬子
看護婦　村田末子

第一章　切り裂かれた風景

樺太で助産婦・看護婦をめざして

鳴海《なるみ》寿美《としみ》、旧姓片山寿美が生まれたのは大正七年（一九一八）一〇月、札幌市南一条西七丁目一番地で、片山重雄・ミエの長女として産声《うぶごえ》を上げていた。父重雄は料理人で、市内の豊平《ほうへい》館《かん》調理部に勤めていた。寿美が大通《おおどおり》小学校入学後、二年になって父が樺太《からふと》に渡ることになり、真岡《まおか》第一尋常《じんじょう》高等小学校に転向した。

さらに昭和八年（一九三三）には恵須取《えすとる》町第一尋常高等小学校高等科を卒業したが、高等科在学中より恵須取町本町の前田産婦人科医院で助産婦講習生として夜間受講、卒業と同時に同医院の見習い看護婦の傍《かたわ》ら、引きつづき助産婦講習を受けていた。

昭和八年九月、努力の甲斐《かい》が実り樺太庁施行産婆《さんば》試験に合格すると、一〇年一一月には同庁看護婦試験に合格。前田医院の院長が慶應義塾《けいおうぎじゅく》大学での博士論文勉学のため医院を閉鎖して上京する際に、寿美も一緒に上京して勉強することにした。

翌一一年九月、恵須取に戻ると、樺太大平《たいへい》鉱業所医局に正看護婦として採用された。傍ら助産婦をめざすために、同一六年に同病院を休職してふたたび上京し、助産婦実地講習を受けて、翌一七年終了とともに樺太大平炭鉱病院に復院した。看護婦と助産婦を兼務するという二刀流の資格で勤務する頑張り屋の寿美であった。

片山寿美（右）　20代のころの写真。

一九歳で大平炭鉱病院に勤めると、病院独身寮での生活がはじまった。一部屋五人の自炊《じすい》生活で、肩を寄せ合う青春の日々。何もかもが新鮮で、活気に満ちた生活を送ることができた。

同室に先輩の高橋フミ看護長がおり、二歳下の石川ひさもいた。良き友にも恵まれての寮生活は、だれもが青春真っ只中の乙女心を満開にさせながら、充実した日々を過ごしていた。

「私にとっては何よりの寛《くつろ》ぎの場であり、

寄宿舎でくつろぐ看護婦たち　前列左から青木、片山、高橋婦長、石川。写真提供の青木さんは元同僚。

自分の家以上に安らぎを覚《おぼ》える本当の家庭ともいえるものだったのです。また、職場にあっても皆さんと、一人ひとりは姉であり、妹のような思いで打ち解け合い働いていました。こうして職場での活気に満ちた仕事と、職場から帰った宿舎での楽しい食生活など、文字どおり二四時間がほかの何ものにも代えがたい幸せな毎日でした」

一七歳で樺太庁の看護師試験に合格し、大平炭鉱病院の准看護婦として働いた坂本きみゑ（現、片山）はこうふりかえる。

「高等小学校を出て、みんな働かなければ食べていけない時代でしたから、たまたま大平炭鉱に知り合いがおり、事務に雇ってもらえないか紹介してもらったところ、看護婦にならないかと誘われたのが入職動機です。同期に四人が入り、一期上には一〇人ほど、一期下は三、四人おりましたでしょうか。戦時中は若い男子は戦争に取られており、残ったのは女、子どもと年寄りだけでした。食事も芋《いも》やカボチャが主食で、たまに米の配給があると、足りないためお粥《かゆ》にして食べてましたね」

「看護婦は病院の寮に入ることが義務づけられており、食事はお粥が主でしたが、家で食べるよりはよかったですよ。当時、おかずというのを食べた記憶があまりないですね」

坂本は、看護婦長を中心にとても仲が良かったと語る。緊急の手術で動員がかかるときなどはすぐにかけつけられましたし、全員寮暮らしでも、窮屈な感じではなく、むしろ楽しかったです。

昭和一八年ごろ、同僚の青木美代とともに写る寮生活時代の写真（『鎮魂除幕式記念誌』）には、寿美自身が謳歌《おうか》したという乙女たちの爽やかな笑顔が眩《まぶ》しい。

高橋フミ・石川ひさの同室の友との記念スナップ――戦時下の樺太で、よもや「遺影」になろうとは、想像すらできない悲劇の人となってしまった。

大平炭鉱病院

旧南樺太領の北緯五〇度国境線に近く、北緯四九度、東経一四二度に位置する恵須取《えすとる》町は、島の西海岸線に連なる浜市街地と、広大な平野を蛇行しながら流れる恵須取川に沿って大きく開けた一大平野部からなる。町域は南に位置する上恵須取を含めた地帯がγ文字型の平野部を広げ、肥沃《ひよく》な大地となっていた。

昭和八年の統計をみると、恵須取町の人口が二万一〇〇〇人余り、戸数四〇〇〇戸。なかでも大平炭鉱を有する太平地区には農家戸数で七四戸、人口三四九人、大平炭鉱社宅人数を入れるとさらに膨《ふく》れ上がる。恵須取川上流の沢地帯に広がる扇状地《せんじょうち》・武道《ぶどう》には四八戸、二二五人が住み、肥沃な土地を生かした農業を営む人たちが多かったことは、地形からも十分想像できる。

そんな恵須取の町を元住民はこう証言する。

「ひと口で言うならパルプと炭鉱の町だな。急速に発達した町でな、終戦当時は三万人もの町民でにぎわっていたよ」(元、恵須取町民)

「炭鉱の景気が良かったので、なんか勢いのある街でしたね」(片山きみゑ)

往時を懐かしむ〝恵須取っ子〟の声は残るが、戦後七七年を経て、現役だったころの恵須取を語れる世代の多くは鬼籍《きせき》に入る。

昭和二〇年八月九日、ソ連軍の侵攻がはじまるや、瞬《また》く間に「パルプと炭鉱の町」は焼土と化していく。その際の引き揚げ者のあいだで耳打ちされてきた悲劇が、この太平にあった大平炭鉱病院で起きた。

まずは大平炭鉱病院の親会社、大平鉱業所から思い起こしてみると――。

国境線に近い南樺太のほぼ真ん中、名好《なよし》平野の北方に位置して連なる大平炭山を開坑した樺

大平炭鉱病院、正面玄関前　昭和18年冬。樺太大平鉱業所の大平炭鉱採掘現場は、樺太唯一の「巨大な貯炭場」といわれるほど、露天掘りの広大な炭層に恵まれていた。大平炭鉱病院は、付属の病院として地域でも大きな役割を果たしていた。

太工業株式会社の太平炭鉱区は、鉱区面積が三六〇万坪《つぼ》（約一二〇〇ヘクタール）を誇り、全盛期で年間出炭量三七万トン余りという、樺太随一を誇る炭鉱であった。王子製紙の藤原銀次郎《ふじわらぎんじろう》がこの大平炭鉱を称して「巨大な貯炭場」と絶賛したという逸話も残るほどである。

露天掘りは炭層が一一、層の厚さがざっと三五メートル、五〇〇万坪にわたって広がっていたというから、土中掘りの多い日本の炭鉱としては特筆される鉱区であったことがわかる。

産出される石炭の主な消費先は、地元の王子製紙工場はもとより真岡《まおか》の王子製紙工場と近辺の家庭用とに利用さ

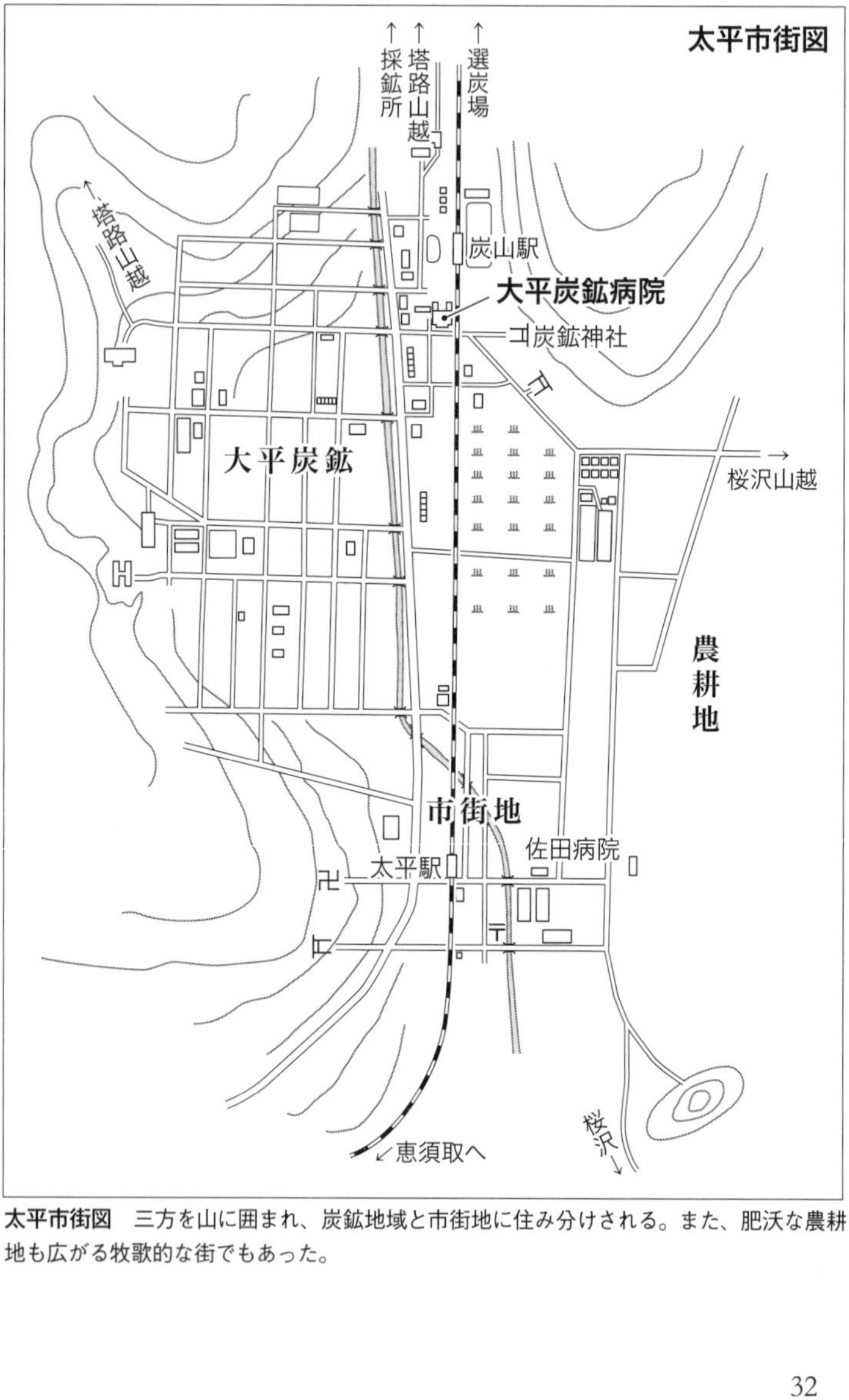

太平市街図　三方を山に囲まれ、炭鉱地域と市街地に住み分けされる。また、肥沃な農耕地も広がる牧歌的な街でもあった。

れていた。のちに王子製紙と合併し、王子系列の炭鉱として、昭和一六年には一〇五万トンを出炭する、樺太でも指折りの規模を誇った。

ところが、翌一七年後半になり、太平洋戦争は各侵略地での拠点を港としたが、制海権を失っていくと、樺太と北海道の航路も減少していった。樺太での出炭量を減らし、石炭積取船の廻船が急減少したため、政府はこれまでの労働力を九州の筑豊《ちくほう》や東北の常磐《じょうばん》、北海道の夕張《ゆうばり》などへと集中的に転用することになった。この結果、大平炭鉱も閉鎖となり、二〇年春には鉱員は家族を残して転出していった。残った社員とその家族も社宅住まいとなっていた。

付属病院となっている大平炭鉱病院は、管内でも外科・内科・耳鼻科・眼科・産婦人科・レントゲン検査室などを擁する有数の大病院。八月になると、退職して本州に帰る職員が続出、田中院長も召集されて責任者が不在となると、応急対応として、系列の王子病院より院長と副院長が週二回交互に出張診療に当たるという臨時体制を取った。当面の入院患者はもとより外来診療もなんとか凌《しの》いでいた。

八月九日、ソ連軍の影

恵須取町に本部を置く佐野造材部の幹部社員深澤吾郎の手記によると、八月九日夜八時ごろ、灯火管制《とうかかんせい》が敷かれている恵須取の町にソ連軍の偵察機が飛来するや、まず照明弾を投下して街を明るく照らし出したという。

町民は打ち上げ花火のような音を二回聞いて、戸外に飛び出した。西の空にカァーと明るい灯りが浮かんでいる。間もなく上空に爆音が響いて、いわゆる〝モロトフのパンかご〟とのちに呼ばれた照明弾が町の上空に投下され、真昼のように町が浮彫りになった。

ただし、空襲されたという証言はなく、照明弾のみの投下であったようだ。

『樺太終戦史』では、恵須取支庁勤務の前川透の証言として、やはり「夜八時ごろ、二回ほど打ち上げ花火のような音に驚いて戸外に飛び出すと、西の空にカッと明るい二つの火が浮かんでいて、ちょっと間をおいてから飛行機の爆音が聞こえた」というから、偵察飛行の証言として一致する。

この〝モロトフのパンかご〟と呼ばれた照明弾は、無数の光が飛び散り、恵須取町海岸沿いの市街八キロを真昼のように浮き上がらせたという。

ソ連機の飛来はほかでも見られた。前日の八日午前八時半ごろ、恵須取より南に位置し、樺太西海岸の要港でもあった真岡町にソ連機が飛来した。豊原《とよはら》電気通信工事局真岡出張所の事務所内にいた新人局員の宇田正勝は、こう証言する。

「いきなり空襲警報のサイレンが鳴った。いつもの訓練では先に警戒警報のサイレンが鳴る約束であったが、この朝は違った。急を告げるサイレンの音に、所内にいた局員一同『これは本物だ』と叫んで外に飛び出した。逃げるためではなく敵機を見るためである」

宇田らが見上げていたソ連機は、上空を北から南へ低空で飛ぶ「ＹＡＫ《ヤク》」型単発機（ソ連の主力戦闘機だが、改良機が多数存在するため号は特定できない）という。真岡町上空を高浜町へ飛び、丘に視界を遮《さえぎ》られて消えた瞬間、この地点にあった監視哨《かんししょう》の対空機銃が発砲。宇田の耳には五、六発の短い射撃音が届いていた。このソ連機はその後、町の南はずれにあった第四国民学校に射撃を加え、トタン屋根が二、三か所剥《は》がれ、軒《のき》の破風板《はふいた》も少しぶら下がっていたという。グラウンドにいた学童が狙《ねら》われたのだった。

この時点でのソ連に制空権はなかったというが、ソ連機は空襲ではなく偵察《ていさつ》が主目的だったことがうかがえる。

この八日は、航空撮影が目的と思われる複葉機の飛来もあったという。それを裏づけるように、ソ連海軍中佐バグロブの著書『南樺太および千島戦史』には、「北太平洋艦隊飛航空隊は、恵須取・真岡港の写真撮影に成功し、地図の代用にすることができた」と記述されている。本格的な西海岸上陸・侵攻のための撮影が目的だったようだが、この飛行機は「のろい（スピードが出ない）複葉機」との証言もあり、先の「ＹＡＫ」型単発機が撮影目的なのか偵察なのか特定はできない。

九日の偵察は、西海岸の安別・名好・塔路・恵須取で照明弾を投下し目的を果たしていた。

一〇日になると、撮影目的と思われる複葉機が恵須取上空にも現れている。真岡同様撮影目的であったろうが、恵須取・塔路に対しては、少数の編隊で線条的に攻撃が加えられた。とても、警報を鳴らす暇がないほど空襲は執拗《しつよう》に繰り返された。敷香方面も含め、一二日からはじまる本格的な侵攻の露払いのような空襲であった。

戦禍のなかの病院に

この空襲により、大平炭鉱病院に担《かつ》ぎ込まれる負傷者はふえる一方だった。入院患者への対応をめぐっては、婦長高橋フミの抑制のきいたリーダーシップによって、混乱することなく対応することはできたものの、看護婦一人ひとりにかかる比重が増すことはあれ、軽減することはなかった。多忙をきわめるなかでも、高橋婦長は動じることなく、笑顔で声をかけていた。

「戦時下でのつらさは、国民のだれもが一緒です。病《や》む人に寄り添い手当を尽くすのが私たちの使命ですから。笑顔で手を取り合いましょうね」

当時の看護婦の住まいは、婦長以下全員が病院に付属する寄宿舎での共同生活である。日常の職場はもとより寄宿舎でも一緒に過ごす日々から、仲間意識が強く生まれ、絆《きずな》ともいえる心の繋《つな》がりが芽生えていた。年齢差を越えた、姉妹のような情愛も生まれ、親しみのこもった生活を送っていたのである。

そのような看護婦仲間のひとりだったという千葉操は、こんなエピソードを記憶していた。

「私の大好きだった高橋婦長はとても体格が良く堂々として、それでいてとても優しくあたたかい方でした。看護婦仲間でアミダをして、いちばん安いくじに当たると、本当にうれしそうに大きい身体で無邪気に喜んでいた姿が、いまも目にありありと残っています」

〝体格が良く堂々として〟という千葉の印象どおり、写真に写る高橋婦長の笑顔と姿がそれをうかがわせてくれる。

昭和一二年に大平炭鉱病院に勤めた片山寿美は、寄宿生活をつづけるなかで看護婦同士の絆を深められたという。片山にとってそれまでの八年間の看護婦生活は、「まさに希望に輝く青春の日々として私の心に刻まれています」

あるいは、一八歳で大平炭鉱病院に就職した桜庭妙子は、「いい病院に就職させてもらった矢先のこと」と話し、「この先どうなるかわからないが、避難するときは、みんな婦長と一緒に行動する、という覚悟でした」と語っている（『遥かなる潮騒〜樺太逃避行』）。

忙しさのなかでも、青春を存分に謳歌した幸せな生活を送っていた彼女たちにとって、八月九日は、これまでの日常が無残に切り裂かれ、悪夢の刻《とき》がはじまった日でもあった。

病院を運営する大平鉱山事業所でも、医師不足の事態をカバーすべく、八方手を尽くして医師の確保に努めていたというが、看護婦にとっては外来・入院医療ともに全般にわたる仕事をになうため、目の回るほどの忙しさであった。戦時下での応召医師の増加により、各地の病院でも医師不足は起きており、傷病・死者数に拍車をかけることになったのが、この八月九日のソ連軍恵須取市街地の侵攻であった。

第二章　燃える恵須取町

悲劇のはじまり

八月一〇日になり、恵須取《えすとる》の北に位置する塔路《とうろ》方面から空襲を仕掛け南下するソ連機により、恵須取の浜市街や沼ノ端のほか、恵須取川河口に近い王子製紙製品倉庫に対する爆撃があり、製品倉庫は大火災を引き起こした。

さらに二日後、その浜市街は執拗に絨毯爆撃《じゅうたんばくげき》されて破壊、市街地を焼け野原にさらした。ソ連軍の意図的な市街地攻撃は拡大の一途をたどり、恵須取川の上流に位置する大平《たいへい》炭鉱とその市街地も、航空機攻撃への備えが急務とされた。

八月一三日になると、恵須取・塔路において戦闘隊移動の命令を受けて、日本軍もただちに戦闘任務に就《つ》き、折からのソ連軍の艦砲射撃《かんぽうしゃげき》につづく上陸に対して、日本軍は特警中隊（特設警備第三〇一中隊。高射機関銃二、山砲《さんぽう》一を含む）が対峙《たいじ》していた。

その樺太《からふと》の師団についての動きである。樺太西海岸の塔路と恵須取へのソ連艦隊の侵攻・襲撃に備えて、真岡《まおか》・上敷香《かみしすか》・内路《ないろ》から三個中隊を急派することにしたが、部隊の輸送中は、恵須取を固守するための任務が特警中隊に与えられ、本部を恵須取にある支庁裏山の大防空壕に定めて配置に就いていた。

太平の街も、緊迫した状態に追い込まれていた。全滅となった浜市街の教訓を生かして、大平炭鉱病院でも非常体制へ切り替えられた。その結果、入院患者のうち自力で歩行が可能な患者については、一時帰宅を要請したが、対応が必要な重傷患者については看護婦が付き添い、近くの防空壕を避難所として移動することにした。ベッドのまま移送し、関連する医薬品の補充も同時に進められた。

関係者を悩ませたのは、防空壕の中は湿度が高く天井の所々から雫《しずく》が落ちてくることだった。火急の事態に臨《のぞ》んでぜいたくを言える余裕はなかったのだが、不快さは生じていた。

恵須取への空襲爆撃は連日つづき、市街地はもとより浜市街地は火の海と化した。中央郵便局の前隣にあった佐野造材部のコンクリートの建物も、この爆撃で焼失したと深澤吾郎《ふかざわごろう》は記している。

さらに、この時点で、恵須取町の防衛に当たっていた首脳部は、最高指揮官が宮沢健三大佐、恵須取支庁長尾崎與作《おざきよさく》、恵須取町長の肥後竜夫、警防団長高村純平、それに国民義勇隊副隊長の佐野恵策《さのけいさく》（佐野造材部社長）である。

その佐野恵策について深澤は、「義勇隊長尾崎支庁長の代理として、軍刀を振りかざして昼夜をわかたぬ奮戦《ふんせん》ぶりであったと言われている」と語っている。

そして、一二日からあらゆる機関が防空壕の中に移され、一五日までに完了した。つまり、ソ連艦隊の恵須取上陸を想定しての陣容である。

当時の恵須取は、北部開発の拠点として発達し、太平洋戦争初期の人口は樺太庁を置く豊原を凌《しの》いで、北に隣接する塔路も三炭鉱をもつほどの島内第四位の町となっていた。一九年になり、炭鉱の配転により両町とも人口は減った。恵須取市街地の背後に広がる茶々《ちゃちゃ》原野は島内でもまれな地味肥沃《ひよく》な平野となっており、樺太が孤島化したときに備えて大掛かりなプランニングが進んでいたという。

しかし、ソ連軍の侵攻が現実味を帯びるにつれ、そのソ連軍が中央軍道を突破する主力部隊を側面から支援するための、大きな兵力の揚陸《ようりく》が想定された。対する樺太軍団は艦砲射撃の射程外である東二〇キロの茶々原野にソ連軍を引き込んで戦闘し、住民を樺太東海岸に通じる内《ない》恵《けい》道路（内路—恵須取線）に避難させようとの計画を立てていた。あるいは、対米戦闘を想定した場合でも、北地区守備隊と地域住民を守るための補給路として、重要地点と捉えていた。

このための守備陣容は、港湾防衛の山砲一門、高射機関銃二挺《ちょう》をもつ特設警備中隊の配置に、ソ連侵攻のあと急遽上敷香より歩兵三個中隊を急行させた。さらなる増援部隊として、内路から歩兵上家中隊、真岡歩兵浅倉二五中隊、重機浜野小隊、上敷香残留の歩兵一二五人で新編成した山砲一門を含む宮崎中隊の混成を配備した。

この結果、宮崎中隊は特警中垣中隊とともに恵須取に陣地を構築し、上家中隊は桜沢《さくらざわ》に、浅倉中隊は上肝太《かみきもぶと》に陣地を置き、上恵須取の茶々原野をはさむようにして配置された。

義勇隊であるが、男は一五歳から六〇歳まで、女は一五歳から四〇歳までとし、志願兵も限定された。子どもや老人は足手まといという論理での編入である。恵須取浜市街には警防団と義勇隊が配備されたが、分隊長の警官が小銃を持つのみという武装。ほかは民間人で猟銃を持つもの二、三人が加わって小隊を組み、装備はすべて竹ヤリというから士気は上がらなかったという。

空襲に襲われる日々のなか、敵が上陸した場合は肉弾戦でもやっつけようという気概で一五日を迎えていた。

八月一四日、大平炭鉱病院では、朝から事務職員や看護婦などが総動員で重傷患者の防空壕への退避を行い、必要薬品として目薬や包帯《ほうたい》材料も運び込んで空襲に備えることになった。一方、病院では夜勤に当たる当直要員として看護婦二人で三交代の体制をとり、ほかの看護婦は全員寄宿舎で休養をとることにした。

夜になって恵須取市街地方面の夜空が赤く染まるのを目のあたりにし、心を重くしていた。

「いよいよ戦火が身近になってきたのね……」

だれもが心のなかで問いかけた。明日からの戦禍の行く方に思いを馳《は》せると、焦燥が増すばかり。闇の泥沼に引き込まれるようで、心騒ぎがやまない。いつもは愉快な話に笑いの輪が広がり、屈託《くったく》のない笑顔に包まれる若い看護婦たち、この夜はまんじりともできないまま時間の過ぎるに任せていた。

一五日、全町民に避難命令が下された。塔路に上陸したソ連軍が市街地に侵攻するとともに恵須取への南下をはじめたという。炙《あぶ》りだされるように避難民も南へ下る。塔路―恵須取間の国道は、避難民が列をなしてつづく。その避難民を狙い撃ちするようにソ連機が執拗《しつよう》な機銃掃射を繰り返した。若い者の足手まといになるとして老人が自決する例や、避難行に耐えられないと幼い子を絞殺《こうさつ》し、みずからも命を絶つ母親など、沿道はこの世の地獄を思わせる修羅場と化していた。

恵須取の日本軍

ところで、八月一五日、ソ連軍侵攻を前にして日本軍は恵須取のどこに防御陣を置いていたのか。

一五日夜、上恵須取を最終抵抗線にするという師団命令を受けた中垣中尉は、避難民が上恵須取方面に南下したあと、上家中隊・浅香中隊が陣地構築中の上肝太・胡桃沢《くるみざわ》・桜沢の、恵須取川上流沿いに広がる平原を囲む沢まで後退することにした。

ソ連軍の塔路上陸を確認して、中垣・宮崎両中隊と町民からなる俄仕立《にわかじた》ての義勇隊を、塔路―恵須取間の直線道路と、上恵須取へと南へ向かう恵須取市街中島町を起点とした内恵《ないけい》道路へ通じる付近に集中させた。上恵須取市街地への防御陣を配置したのである。

その直線道路のうち、恵須取寄りの四キロにわたってつづくツンドラのコケモモやエゾッツジ路線は、直線になっているところから、「パレス」と呼ばれていたという。そのあいだには、西恩洞《さいおんどう》・入泊《いりどまり》の部落があり、直線道路の終点となる場所に鉄筋二階建てのカフェパレスの高い望楼《ぼうろう》があるところから、そこを義勇隊本部とした。

さらに、裏手の山をくり抜いて二〇〇〇人ほどを収容できる横穴壕が掘ってあり、その標高一〇〇メートルほどの山の上に特警中隊の重機の銃座《じゅうざ》を備えていた。いわば上恵須取に最前線基地を置いたのである。

一方、ソ連軍は一五日午前一〇時、一六隻《せき》の舟艇《しゅうてい》（第二団の魚雷艇）で塔路上陸を開始、午後になると塔路上陸の援護射撃をしていた飛行機が恵須取に目標を移し、恵須取市街地の王子製紙工場への爆撃をはじめている。歩調を合わせるように同日午後四時ごろには、ソ連軍一個中隊が直線道路から恵須取町山市街に接近していた。

ソ連軍の恵須取における戦闘が開始された一六日午後四時ごろ、恵須取の山市街にいたる路上で戦闘が展開されたとソ連史にも記録される。

避難する看護婦も

千葉操は、昭和一八年（一九四三）、一八歳で大平炭鉱病院に看護婦として勤務していた。この病院は総合病院。看護婦の数も多く、みんな仲の良い楽しい職場だった。病院は平常通りの勤務体制を取っていたが、院長はじめ医師の多くは召集されて不足しており、恵須取からの医師の応援を仰いで診療をつづけていた。

八月一四日、千葉は当直のひとりとして勤務についていた。しかし千葉にとって、この当直が大平炭鉱病院における最後の勤務になろうとは想像すらできなかった。

一五日朝、夜勤明けの千葉は同僚に引き継ぎを済ませると、両親と八人の弟妹のいる自宅に戻った。帰宅してみると、もぬけの殻《から》。山の手の祖父母の家にでも行ったのかと思った。

一方、街中は、北の塔路から続々と険しい山道を越えてなだれ込んきた避難民で溢れかえっていた。ソ連軍侵攻に怯《おび》えながら避難してきた人たちだ。

大平炭鉱病院では、看護婦たちが前日から医薬品の防空壕への運搬作業に携わり、昼前には終えていた。

婦長の指示が回っていた。

「本日、当局より重大なニュースが発表されるそうですから、正午には広間に集合するように」

前日来の寝不足がたたったかのように、目を赤く腫《は》らす看護婦も多かった。寄宿員が全員集合できる広間は、日当たりのよい窓辺に面し、山に囲まれた景色を望むことができた。広間に備え付けてある小舞台の、天井から吊《つ》るされているラジオを前にして全員が整列していた。

その舞台の壁には、天皇皇后両陛下の額縁が飾られている。ラジオから流れる天皇の声はだれしもはじめて耳にするものであったが、それ以上に雑音がひどいため、要旨を聞きとることはできなかった。

その放送が、無条件降伏を宣言する天皇陛下の詔勅《しょうちょく》である、というのがあらかたの住民の捉え方のようであったが、デマだと叫ぶ人もいた。

院長・副院長も不在の病院では、放送の是非《ぜひ》を訊《たず》ねる責任者もいないため、確認する手段はない。

婦長は夜になって石川と片山両看護婦をともない、町内の前田歯科医院宅を訪れた。正午の重大ニュースの真意を聞くためであった。前田歯科医も充分に聞き取れなかったというが、話の経緯から想像するに、無条件降伏という事実を認めざるを得ないということであった。

「敗戦の無条件降伏ということですか。これでソ連軍はどうするのでしょうか」

婦長は力のない言葉で問いただすも、前田院長は表情を曇らせながら首を傾《かし》げるままだった。

「このラジオで、ソ連軍が攻撃をやめるとは思えないが……」

三人の看護婦は前田医師の顔を食い入るように見つめてから、大きなため息をついた。簡単な礼を述べると、足を引きずるように防空壕へ戻った。

佐野造材部

八月一五日、日本は無条件降伏を宣言し、戦争に終止符を打った。だが、樺太におけるソ連軍は日本軍の停戦とは受け取らず、当初からの目論見《もくろみ》であった南樺太・千島列島占領を目的に侵攻を継続し、各地で戦闘を繰り返していた。

恵須取で唯一の交通手段でもあったトラックを三〇〇台所有し、運輸会社を経営していた佐野恵策は、本町四丁目の本店を焼失していた。しかし、自分の会社はさておき、義勇隊の副団長として隊長格をになっていたため、こちらに集中せざるをえなかった。

ところが、義勇隊のなかには、山中に閉じこもってソ連軍に徹底抗戦しようとする抵抗組もおり、佐野は戦争は終わったのだと懸命に説得して回った。

一方で、佐野は所有するトラックを駆使して避難民を収容しようと駆け回った。あるいは、街中にあった王子製紙工場と大量の物資を収蔵する王子倉庫をソ連に渡さないため、火を放つという決死隊の動きもあったから、決起しようという人たちの説得にもあたった。

「日本は負けたのだ。いまさらそれらの物資を焼いてみたとて、この大勢を挽回《ばんかい》することにはならない。たとえ日本人のつくった施設や物資が敵に渡ったとしても、それらを焼き払ってしまうことは許されることではない。君たちのつらい気持ちは人情として当然だろう。この物資が、あとで我々を助ける材料になるかもしれないのだ。どうか、そういう短慮は思いとどまってくれ」

佐野の熱い思いを耳にして、若い決死隊員は涙をのんでとどまった。後日、この王子の物資が日本人のためにどれほど役立ったかという結果を聞き、佐野恵策の熟慮した行動力が称賛されたのは言うまでもない。

戦禍の最中での佐野の獅子《しし》奮迅《ふんじん》ぶりはまだある。八月二〇日、避難民として最後となる人びとを送る手はずを整え、新たに調達したトラック一〇台に分乗させると、恵須取から内路経由で南下し、昼夜をかけて大泊《おおどまり》まで送り届けた。自分の家族も八月二二日、大泊まで送り届けると、最後の連絡船に乗船させた。その連絡船の前後の船がソ連機による攻撃を受けて撃沈されていたこともあり、奇跡的な帰還となっていた。

戦時下の斜陽

樺太における造材事業は、夏から秋にかけて伐採され、山元に仮置きされた丸太を冬の積雪を待ってバチといわれる馬橇《ばそり》に積み、冬道の積雪に水をかけて凍結させると、さらに氷の二条のレールのように橇道をつくる。その上にさらに水を撒《ま》いてつねに滑るようにし、四〇、五〇石《こく》と積載した馬列を四、五〇頭延々と組んで橇出しで山土場《やまどば》に集積した。この山土場に集められた膨大な丸太を、こんどは川に流して運ぶのだ。

この流送という運び方により、佐野造材部の創業当初の伐採量は三万石ほどとなった。木の切り出しは、密林の中に掘っ立て小屋を建て、青森県の杣人《そまびと》を募って大木を二尺（約六〇センチ）もある手鋸《てのこ》で伐採。その丸太は冬季に人橇で川淵まで運び、川面一杯に丸太を貯《た》め込んでおく。

そこに「越中堰《せき》」をつくり水を貯め込み、融雪期の増水時期にあわせて堰を崩壊し、濁流とともに丸太を支流へと流し込む。さらに本流へ流し込むためには〝中狩人夫〟の手による流送で行い、本流では丸太を筏《いかだ》に組んで河口まで運んだ。一連の丸太出し作業は、木材資源の豊富な樺太ならではの春の光景でもあり、〝パルプの町〟の春の風物詩と映った。

名好《なよし》河口に寄せ集められた丸太は、ここで筏組みにして発動機船で恵須取港に集める。こんどはその筏組みを解き、丸太に戻してから、チェーンコンベアーを使って陸揚げし、桟橋《さんばし》から地上に積み上げ、専用貨車に乗せて貯木場に集め、紙の原料として加工されていく。

つまり、立木調査からはじまり、伐採・搬出・流送・編筏・沖出しまでの一貫作業をこなす伐採が一年中繰り返される。春から夏への最盛期には八〇〇人を超える従業員を要し、通年で三〇〇人以上を抱えていた。

佐野造材部は昭和一四年（一九三九）に名好事業を開始すると、年間三二万石もの事業量を生み出した。軍用造材の委託流送も合わせ、華々しく全盛期を謳歌していた。

この恵須取川上流につながる大支流の武道沢《ぶどうざわ》にあった造材拠点は、樺太の造材や炭鉱事業を手広く開拓して財を成した樺太工業の、山林の専属業者「愛宕組」の現場拠点となっていた。その会計責任者をしていたのが佐野恵策の義兄雄丸《たけまる》だった。

その叔父を訪ねて渡樺《とかば》した恵策は、愛宕組に入社したものの一年で解散の憂き目にあい、造材現場である武道沢を引き継ぐ形で、大正一三年（一九二四）春に起業。愛宕佐次郎の「佐」

の字をとって「丸佐」を屋号とし、佐野造材部を誕生させた。愛宕組時代からの現場ゆえに人夫《にんぷ》が寝泊まりする造材飯場《はんば》の規模も大きく、佐野造材部の拠点になっていた。

事業規模の拡大とともに、王子製紙恵須取工場の年間使用量の四〇パーセントを請け負うほどで、当然のごとく陸送運輸の確保のためトラックの所有も必要となる。一時期三〇〇台ものトラックを所有し、樺太全盛期の時代であった。

しかし、この樺太での隆盛も、昭和一八年をピークに坂を下るように縮小されていった。つまり平和時にあってこそ栄えるパルプ産業は、海岸に山積みされる滞貨《たいか》の山を生み出すことになり、パルプ生産の規制とともに恵須取川流域の各事業も縮小された。

佐野農場　武道沢に広がる農場は、大正 13 年に義兄佐野雄丸が起こしたもの。造材部で使用する馬の放牧場として原野を切り開き、2 万町歩という広大な農場で燕麦や大豆の馬糧を生産していた。

造材人夫は軍命令により飛行場の建設に徴用され、トラック事業のみが軍の施設資材の運搬などで活気づく皮肉なこととなった。

その結果、佐野系統の事業は恵須取川上流の布礼沢《ふれいざわ》と武道沢の二つの造材部に集約され、わずかに一〇万石程度の事業規模に縮小された。戦時下での樺太事業に将来性を失った昭和一九年、主要幹部を残して佐野農場と佐野造材部の従業員家族を本国に帰還させていた。

ところが、昭和二〇年三月一〇日、佐野系統の深澤史郎・望月喜司雄・深澤吾郎といった中堅幹部を筆頭に佐野造材部傘下《さんか》の従業員三〇名に召集令状が舞い込み、留守の幹部も召集令状に怯《おび》えながら造材作業に取り組んでいた。

塔路・恵須取へのソ連軍上陸

ソ連の戦史によるソ連軍の侵攻は、樺太国境方面での作戦の側面支援ともいえる計画で、樺太西海岸の塔路・恵須取上陸作戦の敢行であった。北太平洋艦隊は沿海州ソフガワニ港を拠点とする部隊で、四上陸船団を編成し、第一船団（哨戒艦《しょうかいかん》一、掃海艇《そうかいてい》四）による先遣隊約一四〇を、一六日午前五時に塔路港防波堤付近に上陸させた。

同史には、「僅《わず》かな抵抗を受けただけで約十分後、港湾建造物を占領した。防御していた日本の予備役《よびえき》軍人の小団体は一部戦死し、一部が捕虜になった」とある。

さらに、第二船団一六隻の魚雷艇《ぎょらいてい》が三縦列、三二ノットで塔路港に迫り、午前一〇時ごろまでに海兵大隊を上陸させた。侵攻は波状的につづき、第三船団では四隻の掃海艇に狙撃《そげき》大隊を乗せて同港に近づいたとき、恵須取地区からの砲撃を受けるも、同六時五〇分、部隊を上陸させた。

こうして樺太上陸を果たしたソ連軍は、塔路市街に午後一時に到達、別の部隊は西恩洞《さいおんどう》を経て午後一時に直線道路を入泊《いりどまり》に入り、その一部が同四時には恵須取市街に迫る。塔路から太平に向かった部隊も同午後八時四〇分には恵須取の太平に姿を現した、とある。

つまり、八月一六日中に塔路に上陸したソ連軍は、夕刻にはもう恵須取まで迫り、夜半に太平に現れたのだ。

呼応する日本軍の恵須取での動きである。一六日午前二時、防空壕に退避していた尾崎支庁長のもとに「ソ連艦隊、南下中」の電話が入り、勤労課に命じて町中のトラックを集めさせた。この時点で、支庁長には樺太部隊のソ連軍対応策でもあった「恵須取―上恵須取間の原野が主戦地となる」との情報がもたらされ、ソ連軍上陸の危機が迫る前に恵須取町民を南の上恵須取以遠へ避難させるのが急務とされた。

町民避難に必要なトラックは四〇台にものぼるのだが、運輸会社を経営する佐野恵策は、義勇隊副隊長でもあり、隊長の尾崎支庁長からの連絡を受けて、トラック四〇台を徴用する命令が下った。ところが、三〇〇台もかかえていたトラックのほとんどが軍から徴用されており、手持ちは一五台のみ。義勇隊本部に詰めていた佐野恵策は、会社内の事情がつかめていなかったのだ。
取り急ぎ避難を開始したものの、何万人という人びとを上恵須取に運送するにはとても足りない。優先するのは足腰の弱い者とし、一五台のトラックに分乗させて避難がはじまったのは、夜明けの四時ごろであった。

死の避難路

みずからもトラック輸送に携わった深澤吾郎はこう回顧する。

延々とつづく避難民の群《むれ》、そのあいだを縫《ぬ》うように走るトラック。連日の空襲で白夜《びやくや》の空を真っ赤に染めて燃えつづける我が家を眺めながら、荷台に詰めた人びとは喘《あえ》ぎ、うごめく。トラックの列は山に向かって一大避難行がつづく。ソ連軍の空襲などで死の街と化し、無人となった恵須取浜市街。眺めるだけで涙が止まらない。やがて夜も明けて、ようやく太陽が昇ろうとするころ、難民の群に向かって、敵機が二、三機低空で機銃射撃をはじめた。みんな草むらに逃げ込む。静かになるとまた歩き出す。ふたたび、敵機が現れて容赦なく掃射していく。幾度かこれを繰り返しながら山へ山へと人びとの避難行がつづく。

道路脇で老人が泣き叫んでいた。「これをあげるから、だれか私を連れていっておくれ」。手には札束が握られていた。だれも反応する者はいない。自分のことで精一杯なのだ。

道端にうずくまる人を見て優しく言葉をかけた妻を叱《しか》る夫。「口をきくと体力を消耗するから黙って歩け」と叫ぶ。同情し憐《あわ》れみをかけたところで、自分が自分をどうすることもできない修羅場にあっては、他人に手を差し伸べる余裕はない。不憫《ふびん》だが、戦禍の最中で落ちこぼれ、脱落する人たちの姿は目を覆うばかりであった。

避難民輸送の途次で深澤吾郎が目にした光景は、この世の姿とは思えなかったという。

病弱の夫を置き去りにしてきたという妻は、二人の幼い子どもの手を引き、それはとてもこの世の人とは思えない悲惨な姿であった。夫は足腰の不自由な身体で家族と一緒に逃げられないことを知ると、せめて子どもだけでも助けてやってくれと、一緒に死のうとする奥さんを叱りつけて励ました。自分は一日か二日の食糧と雨露をしのぐ衣類さえあれば助かる。それでも生きられぬときは寿命がなかったと諦めてくれと言い残した。そして、夫を独《ひと》り林の中に残してきたという、妻の狂気の叫び声を耳にしても、だれひとり口をはさむ者はいなかった。だれも助けることができないことを自覚していたからである。

一六日の恵須取町の死者は二〇〇人と樺太連盟ののちの記録に記されるが、こうして散見される個々の死亡例を含めると、この数字は少なすぎる。避難時の赤子《あかご》や幼児の置き去りや、女性や老人といった体力的に弱い状況に置かれた人たちの証言は数多く、死者の数をどのように取り集めたかはわからないが、公の数字には表れてこない人たちの不幸な死は、この数字をはるかに超えていると想像される。

峠を行く人びと

ところで、佐野造材は、恵須取と樺太東海岸の内路とを結ぶ内恵線の中間にも「布礼内事務所」を構えていた。道路沿いに建つ造材飯場には連日避難民が立ち寄り、ひと息入れてから山越えして行った。

ところが、この地まで持てるだけの荷物を背負うなどしてきたが、山越えを控えて体力の限界を悟ったかのように、避難民の多くは軽い金目のものと日用品のみの軽装になり、ほかは捨てて行った。やがて足の踏み場もないほどの荷物が山積みされていったというから、避難民の数の多さが図り知れよう。

第三章　逃避行の果てに

防空壕への退避

八月一六日、夜空がうっすらと白みかけた午前三時ごろ、静まり返っていた炭鉱住宅街にけたたましい空襲警報が鳴り響いた。太平の町に襲来したはじめてのソ連機空襲であった。爆撃による地響きと耳をつんざくような炸裂《さくれつ》音に襲われ、街中が火の海と化していく。燃えさかる火の手と悲鳴、怪我人を運ぶ人たちの声や安否を気遣《きづか》う人たちが右往左往し、混乱をきわめていた。

防空壕で一夜を明かした看護婦たちは思わず両手で耳をふさいだ。防空壕の入口に下げていた筵《むしろ》を透《すか》すように閃光《せんこう》が届いた瞬間、けたたましい衝撃音が轟《とどろ》いたのである。悲鳴を上げる看護婦もいた。

「患者対応者をのぞき、総員、病院に帰還します！」

緊急事態である。高橋フミ婦長は避難指示を出した。恐る恐る入口の筵を開けると、一日散に病院の非常口に駆け込んだ。振り向けば、街の北と南の住宅街や炭鉱住宅街に集中的に焼夷《しょうい》弾《だん》が投下されて炎が広がっている。警防団員があわただしく負傷者を病院に運んできた。負傷者の手当てに奔走する看護婦たち。上空をソ連機が飛び回っては機銃掃射を繰り返す。病院が攻撃から逃れられるという保証はない。患者のなかには、応急手当てを済ませてもらいながら息絶える人もいる。

「壕《ごう》に移せる人は運びますよ」

婦長は、より安全な場所をと、防空壕への避難を優先させることに決めた。手のすいている看護婦たちが、空襲の間隙を縫《ぬ》うようにして、患者を抱えたり担架《たんか》に乗せたりして壕に運び込んだ。

ソ連軍の空襲は、果たして大平炭鉱で出炭作業を止める意図があってのことなのか。広大な露天炭鉱の資源を確保している大平炭鉱に対して、資源を燃やすような決定的な攻撃はなく、もっぱら市街地への限定攻撃となった。重要な石炭燃料の供給の地である大平炭鉱は、当然のごとく接収後の重要な供給地となる思惑《おもわく》があったはず。単に威嚇《いかく》するような攻撃の仕方であった。広大な選炭場に連なる炭鉱関連施設は手つかずのままにしていることからも、その意図が透けて見えた。

その一方で、大平炭鉱病院上空を旋回するソ連機は、機銃掃射《きじゆうそうしや》を繰り返し、町民や、炭住街をさ迷う人たちを狙い撃ちにしていた。

病院と防空壕を往復する看護婦たちは、運び込まれる負傷患者の手当てに追われていた。処置室はもとより、手術室まで運び込まれる患者で混沌《こんとん》としていた。

予期せぬ空襲を憂慮して、病院に駆けつけた医師がいた。太平市街の開業医佐田医師である。院長・副院長の不在を知っており、緊急事態での混乱を察して応援に駆けつけてくれたのだ。率先して治療にあたり、緊急を要する患者の手術もになった。付き添う看護婦も、医師の補助から応急処置まで息つく間もないほど忙殺されていた。

「手術後の患者も、防空壕避難とします」

高橋婦長の指示はつづいた。看護婦は手術を終えた患者を四人がかりで担架に乗せると、点滴瓶《びん》を持ったまま、ソ連機が遠ざかる間合いを見て防空壕へと運び込んだ。

あわただしい病院内での治療に追われる看護婦たちが窓から外に視線を移すと、陽が高く上っていた。塔路《とうろ》方面からの避難民の行列は絶えることなくつづき、そのなかには足を引きずる人や肩を抱えられて歩いてきた人など負傷した人たちも多く、間断なく病院を埋め尽くしていた。

院長と副院長が不在のなか、患者対応は看護婦長高橋フミの判断に任されていた。

「ソ連軍は病院を襲うことはないでしょうが、万が一のため重篤《じゅうとく》患者を防空壕に避難させ、経過観察の場所にしましょう」

高台に位置する太平神社の下に掘られた防空壕に、八人の重篤患者を避難させた。全員が手分けして、患者を担架で運ぶ班、医薬品や補充医療品をまとめて運ぶ班、当座の食料を用意する班と、手際《てぎわ》良い行動で防空壕に仮設病室を移すとともに、あわせて看護婦の避難場所にした。

桜沢へ

早朝からつづいた空襲による患者の手当てがひと区切りしたころ、警防団の腕章をつけた男が、こんどは伝令として病院を訪れて高橋婦長に対面し、

「全員桜沢に退避すること」

と伝えた。その桜沢とは、太平市街地から南に広がる扇状地帯《せんじょうちたい》で、山系にはさまれて位置する。住民に対する避難指示と同様だが、病院内を見渡せば、まだ緊急処置を施した負傷者であふれていた。

「これだけの患者を差し置いて、看護婦だけが避難するわけにはいきません」

高橋婦長は毅然とした口調で言い切った。

「今朝入られた負傷者の包帯《ほうたい》の交換や入院患者の処置も残っている現況では、私たち看護婦がこれらの患者を見捨てるわけには参りません。病院に残ります」

高橋婦長の言葉に伝令は返す言葉もなく、頭を軽く下げると引き返して行った。

大平炭鉱病院の現状を考え、あわせてソ連軍の市街地への侵攻を想定すると、看護婦一同をどのように導けばよいのか。患者の対応という医療の当事者として、一方では命の危険にさらされる立場で、高橋婦長は正直、板ばさみの心境になっていた。

——いまになって患者を放って避難することもままならず、さりとて若い看護婦を預かる手前、ソ連兵の万が一の行動で穢《けが》されては、なによりも家族に申し訳が立たない。

婦長は心が重かった。ソ連軍の南下により太平市街地への侵攻はいよいよ身に迫る状況に入った。収容されている患者にもどこからともなく状況が伝わっているようで、負傷患者のなかには、ソ連兵に病院を接収された折に若い看護婦が凌辱《りょうじょく》される事態が起きては、わたしたちでは責任を追えなくなる、と主張する者も出た。

「ソ連軍の侵攻を前にして、自分たちの身より、看護婦さんたちこそ一刻も早く避難して身の安全を確保してほしい」

と嘆願する患者もあった。

患者の声を代表するように、ひとりの患者が高橋婦長に意見した。

「自分たちは負傷者や病人だから、いくらソ連兵でも手出しはしてこないでしょう。むしろ若い看護婦さんたちのほうが乱暴される危険が目に見えている。そんなことが起きては、いくら病人でも相済まない結果となる。看護婦さんたちは全員避難してください」

婦長もうなずいた。患者が訴えるような事態は容易に想像できた。若い乙女たちを預かる立場として、彼女たちの身の安全を第一に考えるのは当然のこと。といって、このまま患者を置き去りにしたまま避難するのは、医療現場を放棄するに等しく、看護婦としては罪深い。困惑が交差する婦長だが、事態の推移を考えると一刻の猶予《ゆうよ》もなかった。

桜沢　太平地区から上恵須取に南下する途中の広大な沢。武道沢への山道は、さらにひと山越えなければならない。

高橋婦長の脳裏に浮かんだのは大正九年（一九二〇）、ロシアのニコラエフスクで発生した、赤軍パルチザンにより民間人大量虐殺となった「尼港《にこう》事件」（日本人犠牲者七三一人〈判明分〉）の記憶であった。

——若い看護婦の親たちから「婦長さんにお任せします」と頼まれている。若い女性を預かっている以上、五体満足でお返しする義務がある。婦長として職場を預かる身、荷が重いのもまた事実である。

高橋婦長は看護婦を招集すると、胸の内を語った。

「ソ連軍の太平侵攻を目の前にして、このような患者さんを置き去りにするというのは、職場放棄に等しく断腸の思いです。ただ、伝令にもありましたが、危機が目前に迫るなかでは身を守ることも大切な使命です。そこで私たちも全員避難することにしました。各患者さんには治療薬や内服薬の用意をしておくとともに、緊急用の医薬品はみなさん携帯してください。白衣では目立ちますから平服に着替えて」

いつになく強張《こわば》った表情で、微《かす》かな声の震えを飲み込むようにして叫んだ。看護婦たちも納得した表情で顔を見合わせると、ただちに行動に移した。置き去りにしていく患者には言葉を尽くして詫《わ》びを入れ、手を握りしめて別れを告げ、無事を祈った。

一行は、いちど病院に戻りモンペのような身軽で目立たない服装に着替えると、リュックサックなどに、女性ならではの手回り品や麻酔注射薬なども詰めた。

看護婦千葉操の朝

この日、大平炭鉱病院の看護婦千葉操《ちばみさお》は、けたたましいサイレンの音で目を覚《さ》ました。勤務が明けて帰宅し、この日の朝を迎えたところだった（『フレップの島遠く』）。

窓のカーテンを開けると、夜空が白みかけていた。用意していたリュックサックに手回り品や救急医薬品のほか、大豆《だいず》・干しニンジンなどの非常食も詰めた。ソ連機の姿が見えなくなると、町の人びとは気ぜわしく動きはじめた。近所からの知らせでは、

「病院も解散になり、避難命令が出たわよ」

との情報を耳にした。婦長や仲が良かった看護婦仲間の顔が脳裏をかすめるなか、みずからも避難の覚悟を決めた。外へ出ると多くの避難民たちで、道路はあふれ返っていた。両サイドを山に囲まれた太平の街には、北に位置する塔路から山越えでやってきた避難民が道路いっぱいに歩き、しかも負傷者が多く、傷を負った人たちは大平炭鉱病院に集まっていた。

千葉操も、道行く人に交じり、祖父の住む家に向かった。ところが、突然の地響きとともにたくさんの戦車が視界に入った。隠れるところがないままに、道路脇のどぶ川に飛び込んだ。背丈の倍以上の深さがあるかと思われるような川。川岸に寄ると枯草を手づかみして、リュックを頭に戴《の》せた。そして、草の根をしっかりと握りしめながら川岸の足場を見つけては、滑り落ちないよう身を沈めて、首だけを少し出していた。

同時に飛び込んだ人たちも同じように川岸に沿って伏せていた。しだいにリュックが泥水に濡れて重くなり、口の中にも泥水が入りそうになっていた。

「どのくらい時間がたったのか、疲れからついウトウトと眠ってしまい、我に返ってあわててどぶ川から這《は》い上がりました」

全身泥まみれになった千葉操は、手足がふやけて感覚が鈍くなっていたという。

「周りを見渡すと、頭巾《ずきん》をかぶったまま撃たれて死んでしまったのか、疲れて溺れてしまったのか、ドロの中から何本もの白い手が突き出ていました。草むらのあちこちにも死体がころがっておりました。その白い手を見てもどうすることもできません。先に歩いていく人たちのあとを追い、惨《みじ》めで泣き出したい気持ちを振り払うようにしてヨロヨロと歩きはじめました」

ソ連軍の襲撃から、からくも九死に一生を得た千葉は、避難民の列に遅れながらついて歩いた。山道となる桜沢を登り、武道沢へと抜けてさらに胡桃沢《くるみざわ》を経由し、東海岸側の内路《ないろ》に抜けて行く〝内恵道路〟までは相当な距離があった。

「炭鉱長屋の人たちがいざというときのために共同でつくった防空壕」が祖父の家の近くにあり、四五分ほどで辿《たど》り着ける道程であったが、二日がかりでやっと辿り着いた。そして、防空壕から走り出してきた父親に介助された。

片山寿美は、太平から北に位置する海岸線の町、塔路から押し寄せるようにやって来る避難民や負傷者について手記にこう綴《つづ》る。

「塔路から太平を通過していく人びとは、塔路がはげしい艦砲射撃《かんぽうしゃげき》にさらされ、避難民の頭上を敵機が狙い撃つように機銃掃射《きじゅうそうしゃ》してきたことを口々に語り、ソ連軍の上陸はもはや時間の問題であり、私たちも早く逃げる準備をしたほうがよいと勧めていくのです。そういう人びともいつしかいなくなり、人影がすっかり途絶えたときは、正午を過ぎていたように思います」

一方、大平炭鉱事業所では、早朝のソ連軍空襲を機に社命で避難命令を出し、坑内員など社員の退避を優先する処置をとった。その折、鉱業所の関係者はどのように対応していたのか。元大平鉱業所会計課勤務の高西哲郎《たかにしてつろう》はこう回顧する（『樺太大平炭鉱病院殉職看護婦慰霊「鎮魂」の除幕式　記念誌』）。

「大平は空襲を受け、混乱状態になったのは翌一六日未明からでした。職員住宅と南社宅の二か所が爆撃され、負傷者が出て、駆けつけた付近の人たちで救出が行われ、戸板に乗せ病院に運んだ想い出があります。翌一七日になると、従業員の家族も混乱状態となり、かねてから避難所（丸越沢《まるこしざわ》に食料日用品を運んであった）に家族全員避難するよう各地区に伝達しましたが、あの混乱のなか、通報が徹底したかどうか詳細はわかりません」

　つまり、大平鉱業所関係者の避難先として丸越沢が用意され、食料や日用品が運び込まれていたというから、ソ連軍の侵攻を予測しての対策であった。大混乱のなかとはいえ、対応すべき段取りがあらかじめ決められていたのだ。前記のように、女子職員には避難指示が出され、避難を開始していたのである。

同鉱業所元工作課長の小野寺豊男《おのでらとよお》の場合はこうである。

「大勢の従業員と家族が太平神社の境内《けいだい》に集まって、ひとまず丸越沢に避難しようというので、住み慣れた大平炭鉱との最後の別れの儀を行い、御清酒をいただいて、いっせいに神社の石段を降りて当時の太平小学校の前を通って中の沢を横切って延々長蛇《ちょうだ》の列が展開されたのでした。自分は子どもが小さかったので、長旅を断念して近くの桜沢の沢田さん宅に一時避難させてもらうことに決め、神社の下を歩き出すと、鳥居の脇に横穴の防空壕があって、のぞいて見たら雫《しずく》が垂れるじめじめしたうす暗いなかで、看護婦さんたちが重病と思われる患者たちの看護にあたっているではありませんか。驚きました。たいへんなこととは思いながらも、ひたすら自分の避難場所へと急いだことなど、当時の自分たちのすさんだ気持ちがいまさらのように思いやられます」(『樺太大平炭鉱病院殉職看護婦慰霊「鎮魂」の除幕式　記念誌』)

一方、鉱業所からの避難命令で北の丸越沢にいた鉱業所の女子職員は、山道を南下して上恵須取にいたり、東海岸にいたる内恵道路《ないけいどうろ》に抜けて避難を開始していた。

元工作課長の小野寺豊男がみずからの避難途次に神社下の防空壕を覗《のぞ》いたところ、重症患者に付きっきりで看病しながら一時避難をしていた看護婦たちを見たという。ところが、看護婦たちは、鉱業所が丸越沢を避難場所としており、そこに避難すべしとの指示のあったことは知らされていなかった。

しかも、看護婦だけがまるで置き去りにされてもよいかのように、附属病院職員でもある看護婦たちに対する避難指示は、こうした経過をみる限り、職場からは出されていない。地区での伝令からの避難指示はあったものの、職業意識が優先した犠牲的な心情が痛々しく映る。院長・副院長が長期に不在という状況下での、病院の管理体制は果たしてどうなっていたのか、疑問も湧《わ》いてくる。

看護婦集団の避難行

大平炭鉱病院の場合、病院からの看護婦への避難社命は届いていない。鉱業所から伝令があったのは、一六日正午を回ってからである。鉱業所としても、病院内の動きを把握する体制になかったこともあり、手が回らなかったのか。病院裏手にある小高い丘の上の炭鉱神社の横穴が防空壕として炭鉱病院避難所になっていたこともあって、重篤な患者を避難させて看護婦も付き添って踏みとどまっていた。

ソ連軍侵攻による危険が迫っているため、再度、避難命令を伝令が伝えていたが、具体的に避難先の指定や、女子集団であることの重大さを認識しての対応がなされていない。病院の責任者が不在という状況のなかで、看護婦が病院の体制をどこまで把握《はあく》していたのかは疑問だが、仕事に対する使命感から患者を置いて避難することに躊躇《ちゅうちょ》する乙女たち……。彼女たちのまとめ役の高橋婦長とて妙案があったわけではない。

空襲の隙間を縫《ぬ》うようにして、看護婦の家族も顔を出すようになった。

「緊急避難命令が出て、婦女子と一五歳以下の男子を優先するとのことなので、娘を引き取らせてもらいます」

高橋婦長とて、家族の強い要望を止める意思はもたなかった。若い看護婦を預かっている立場だけに、むしろ安全な行動を優先する思いも人一倍強かった。

「戦争が収まればまた病院でお会いできますからね。元気で避難してくださいね」

婦長は、笑顔で若い看護婦を送り出した。同僚との別離の言葉もそこそこに家族とともに避難していく看護婦は三人ほどいた。

一方で、家族の避難とは別に、患者を残しては行けないという思いを抱く看護婦も多く、そんな娘をおもんぱかる父兄も多かった。言い出したら聞かない娘の安全を願いつつ、妥協せざるを得ない事例もあった。

「娘のいっさいを婦長さんにお任せしますので、よろしくお願いします」

と娘の意思を尊重して避難する人たちも多くいた。つぎからつぎと運び込まれる負傷者の応急措置に追われる看護婦たち、あわただしさに流される時間の経過のなかで、太平の市街には夕暮れが迫っていた。

防空壕から

ふたたび太平神社下にある防空壕に集合することになった看護婦たちは、頃合《ころあ》いをみては神社山の丘まで登り、太平市街を眺めてようすをうかがった。防空壕では、街から避難してきた人たちが口伝えで状況を知らせてくれた。

「塔路から山越えの道に、ソ連兵らしき人の列が見えた」

情報の正確さまではわからなかったが、看護婦たちの耳に届いた「ソ連兵」の言葉に戦慄《せんりつ》が走った。神社山の中腹に掘られた防空壕のあたりからも、市街は眺められた。

「遠くの山道に銃を持った兵隊らしい人の列が見えます」

看護婦のひとりが叫んだ。いっせいに太平・塔路間の山道の方角に視線を移すと、夕闇迫る山道を、縦列を組む一団が歩いてきた。

「いよいよソ連兵がくるのね」

「私たち大丈夫なのかしら」

「婦長さん、どうされるのですか」

口々に不安と恐怖を募らせる。せっかく防空壕に避難したのに、ここも安全ではなかった。

高橋婦長は若い看護婦の肩に手を差し伸べて落ち着かせた。

娘を連れて帰るといった親御さんに「任せてください」と預かった手前、なんとしてでも彼女たちの安全を確保しなければならない。万が一、ソ連兵に危害を加えられたら、親御さんに申し訳が立たない。

高橋婦長は、朝からつづいたソ連機の民間人に対する無差別の機銃掃射を見て、戦争の無慈悲をいやというほど見せつけられた。まだ見ぬソ連兵だが、若い看護婦全員が安全に生き延びられる保障はどこにも見当たらない。看護婦たちの右往左往する姿や気配を察した患者のひとりが、婦長に声をかけた。

「私たちに危害を加えることまではしないでしょうが、若い看護婦さんたちはそうはいかない。一刻も早く壕を出て安全な場所に避難してください」

防空壕からの避難を勧めてくれた。といって、ここから上恵須取までは二〇キロ以上の道程、闇のなかを女の足でいかに速く歩いても夜明けまでには行き着かない。太平に戻ることもできなくなり、残された道は、山越えで桜沢に出てさらに山越えをして恵須取川支流の武道に出るほか安全な道はない。避難民の長い列も見かけられた。ソ連兵に見つからないためには、やはり山道を行くのが最善の策であった。

緊急避難した看護婦一行

婦長　高橋フミ
副婦長　片山寿美、石川ひさ
看護婦　真田和代、佐藤春江、久住キヨ、瀬川百合子、寺井タケヨ、小林静江、丸山真子、藤原ヒデ、坂本きみゑ、長井久子、桜庭妙子、片山哲子、小林トシ子、今谷征子、関口美恵子、久保咲子、小山セツ子、近江谷きみゑ、浅原富躬子、村田末子

一行は、万が一の場合を考え、睡眠剤・麻薬注射などを各自が分担して非常袋に詰め込んだ。高橋婦長は、独自に切断刀（手術用メス）を用意していた。

武道沢へ

炭鉱神社の階段を避け、山道を這《は》うように上り詰めると、太平市街を一望する頂上に出た。

はるかに望む炭住街に人影はなく、家の灯《あか》りも消えたまま静まり返っている。市街地の大半は朝のソ連機の爆撃で焼き払われ、残り火の炎だけがくすぶっている。人影もまばらだった。

一行二三人は、高橋婦長を先頭に縦列になって歩いていた。神社の木立を過ぎると、やはり避難してきた町民が言葉を発することなくうつむき加減で歩いていく。山裾《やますそ》に沿い南下して小さな集落に入る。そこからこんどは平地の直線道路を桜沢の山まで進むと、本格的な山越えの道となる。途中で避難人が追い越して行く。しかも、女とみるや捨て台詞《ぜりふ》を投げかけていく者もいた。

「なんでいまごろ女のくせしてウロつくんだ」

「そこまでソ連軍が追ってきているのだ。女の足じゃとても逃げ通せるもんじゃない」

まるで怒りの矛先を向けるように、荒《すさ》んだ言葉を投げつけていく。デマなのか正しい情報なのか、とても判断できない。心ない男たちの視線と言葉に、乙女たちの不安は増幅していった。

しかも、桜沢の道路に下ったあと、さらに獣道《けものみち》同然の山道を登ってひと山越えなければ、めざす上恵須取と近くの武道にはたどり着けない。その距離二四キロほどで、まだ一〇キロはあった。若い乙女たちの足でも相当の負荷がかかっていた。ただ、安心材料と思われたのは、険《けわ》しい山道までソ連兵の侵攻はあり得ないだろうという思い込みだけであった。

坂本きみゑは懸命に歩きつづけた思いをこう語る。

「丘陵地帯であり、小高い山を二つ越えるのが、体力的に、精神的にたいへんでつらかったことを記憶しています」

二三人の女性たちの懸命さが滲《にじ》み出ている。

ソ連機は夜になってもやってきた。地上兵への援護なのだろう。機銃掃射はなかったが、太平市街の上空を旋回《せんかい》するようにして照明弾を投下していた。神社山の上空にも姿を見せるため、そのつど草むらに伏せて雑木林の中に身を隠した。その照明弾によって真昼のような光がしばし空を覆い、看護婦の一人ひとりの顔が見えた。久保咲子の祖母が心配して、一行から離れながらもあとを追いかけてきたという証言もあった。

楡の大木

樺太《からふと》の夏は陽の暮れるのが遅く、午後七時ごろにようやく西に傾きかけてから、午後九時ごろまでは、灯《あか》りを点《つ》けずに夜道を歩くことができたという。とはいえ山越えはきびしく、桜沢からの山道を越え武道沢の峠《とうげ》の上り下り。昼間の患者対応に追われたあとの夜がけの逃避行は、疲労が体に突き刺さった。若い看護婦たちでも歩いてくるのが精一杯で、精《せい》も魂《こん》も尽き果てていた。

先頭を行く高橋婦長は、武道沢の傾斜地を見回し、麓《ふもと》にたたずむ夕闇に沈む建物を見つけた。

歩いてたどり着くと「佐野造材部」の看板が掛かる飯場《はんば》と「佐野農場」の事務所が隣接する。会社名を耳にしたことはあったが、なにもかもがはじめてであった。

やっと人の気配《けはい》を感じられる場所までたどり着いたかとの思いもあり、ひと息つきながら腰を下ろした。高橋婦長の行動を眺めていた片山寿美は、それまで婦長の表情を読み取った記憶は少なかったが、このときの目には婦長の覚悟を見ていた。片山にとっても、そこは人の気配を感じる場所であり、人里離れた山の中に踏み込んでしまったとはとらえていない。しかも、婦長のちょっとした仕草《しぐさ》から、覚悟の重さを知ることになった。

——ついに婦長の高橋さんが決意を固めたのは、このときです。何ものかを心の底に秘めた、だれしもそうであるように、婦長はきびしく、そして静かな口調で言いました。

「自決をして身を守り、日本の国と最期をともにしましょう」

叫ぶでもなく、命ずる口調でもなく、自分に言い聞かせるように静かに発した。

「婦長さん、もちろんです」

「そのために逃げ延びたのですから」

婦長の言葉にだれもが頷《うなず》いた。異存があろうはずもなかった。姉妹に等しい同僚と一緒に静寂な死を願うこと。私たちは即座に同意しました——と片山は告白している。

決死の覚悟で病院を出て、助かろうとの思いでの逃避行であった。婦長以下仲間二三名とこのまま運命をともにすることになんの抵抗もない。戦場で敵兵につかまりそうになったら、凌辱《りょうじょく》される前に自害《じがい》せよと教えられた教訓をすんなりと受け入れていた。いまがその現場なのだと。自分のため、親のため、女として節度ある最期を飾る。

「ここに荷物を置いて行きましょう。持ち物は必要なものだけにしてください」

婦長の呼びかけに、だれもがリュックサックや手に持っていた荷を下ろし、事務所の玄関横にある空き地にまとめて置いた。

――あとは場所を探すだけ。

だれもが決意を固めていた。そのための持参薬などを用意した。あたりの地形がどうなっているのか闇の中では判然としないものの、傾斜地にあることは推察できた。農場に対峙《たいじ》するように、雑木林や背の高い草に覆われたたたずまいだったが、遠くは見通せない。一行は傾斜地を登っていくことにした。これまでの避難行で疲労も溜まっていたが、あとひと息歩けば適当な場所が見つかるだろうとの思いが看護婦たちの心を占めていた。

草地の中を最後の力を振り絞るように歩いた。片山寿美は相当歩いていると思っていたが、佐野飯場からは一〇〇メートルほどしか離れていなかった。疲労も頂点に達していたのだろう。小高い山に登っていながらも、闇の中にうっすらと浮かんだのは、丘の草原に立つ一本の大木であった。傘《かさ》を広げたように枝を張る楡《にれ》の大木である。暗闇の中に突き刺さるように立つ大木の周りは平坦に開けていた。

「あの木のあたりがいいでしょう」

婦長の掛け声に、だれもが足取り重く斜面を登った。枝を大きく広げた大木から楡の香りがした。この楡の木を中心に周囲が広がり、さらになだらかな斜面も広がっていた。乾いた地面に足の短い草が敷き詰めたように広がり、二三人がくつろぐにはもってこいの場所であった。

看護婦はそれぞれ、楡の木を囲むように腰を下ろした。手に持ってきた小袋から櫛《くし》を取り出して髪をとかす看護婦がいた。女のたしなみをきっちり守る人など、楡の木の周囲で、それぞれにくつろいだ。しゃがみ込んで見上げると楡の枝が空を覆う。

遠くからの爆音が耳に届いていた。夜中にもソ連軍の攻撃は止むことがなかったことを物語っていた。やがてこの地にもソ連兵がやってくるのだろうか。それまで、しばしの間、凌《しの》げる場所であれば申し分なかった。

いつもの会話がはじまった。副婦長の石川ひさがふだんと変わらない口調で思い出話を喋《しゃべ》りはじめた。見上げると、夜空に輝く星座が一面に広がっている。申し合わせたように思い出の日々が語られていく。そのたびに先輩にからかわれたことや、ドジを踏んだことなども告白され、そのたびに笑いを誘った。

二三人の看護婦集団は、話しはじめればとどまることを知らぬ。だれかが歌を口ずさめばそれにつづく。連なるように一人が二人となり、やがて全員の歌声となった。だれとはなしに「君が代」が歌われ、静かに合唱となった。万感の思いに溢れて涙を流す看護婦もいた。副婦長の石川ひさが手を挙げ、大好きな「山桜の歌」を口ずさむ。声を震わせながら朗々と歌った。

山ふところの山桜　一人匂《にお》える朝日かげ
見る人なしに今日もまた　明日は散りなんたそがれに……
人は見ずとも桜花　めぐみの露に咲きみちて
散るを命の花なれば　ただ春風の吹くままに

角笛の旋律のように幽玄な響きで歌う「山桜の歌」。両手をつなぎながら、石川の声にあわせて口ずさむ看護婦たち。覚悟を決めた落ち着きが戻り、表情も寮でくつろぐような明るさを宿していた。一度、二度と石川の歌声は、思いの丈《たけ》を解き放つように静寂のなかに広がっていた。だれもがこの場所を乙女としての最期の場所になることに、心を止めていた。

「みなさん、今夜はゆっくりと楽しんでくださいね。皆さんとお別れするのは、明日の朝にしましょう」

「婦長さん、ありがとうございます」

若い看護婦の快活な決意が飛び交う。最後まで仲間と一緒に過ごせる喜びを噛《か》みしめるように、話に華を咲かせて笑顔の絶えることはなかった。それぞれの思いを込め、納得して楽しみに浸っていた。夜が更《ふ》けるとともに、輪になった看護婦たちの歌声も止《や》み、まどろむように睡魔に身を任せた。

「長い長い一日を終え、八月一七日がはじまろうとする朝がた、それを断行することにしたのです」

片山寿美の回顧である。

第四章　八月一七日　夜明けのまどろみのなかで

夜明けとともに

東の空が白みはじめると、だれとはなく声をかけ合う二三人の看護婦たち。ゆっくりと目を覚《さ》ましていた。明けの明星《みょうじょう》が落ち着いた輝きを見せていた。

それぞれに、これまでの日常から解放された気分に浸っていた。片山寿美の脳裏をかすめる思いもあった。走馬灯のように頭にめぐってくるのは、過ぎ去った楽しい思い出ばかり。折に触れて歌い合った歌は、夜明けとともにふたたびはじまった。石川ひさの思い入れ深いという「山桜の歌」も耳にした。ありし日の出来事や思い出が胸の内を駆けめぐっていた。

「そうこうしているうちにも、決意の時は刻一刻と近づいてきたのです」

片山の記憶では、婦長が明けの明星を合図のように立ち上がると、丘の上から皇居の方角をあてずっぽうながら見定め、手を合わせていた。婦長の行動を見て、看護婦たちが周りに集まった。

「もういちど、君が代を歌いましょう」

婦長の言葉に斉唱《せいしょう》がはじまった。全員が瞑目《めいもく》し、両手を合わせていた。歌い終わって、おごそかに遥拝《ようはい》した。

片山は、

「このとき、死ぬことの恐怖感といったものは、特別になかったように記憶しています」と語る。

ひんやりと頬《ほお》を嘗《な》める朝の冷気のなか、三々五々、何よりもまずは髪を整えて身支度を済ませると、持参してきた麻薬注射・睡眠剤などを出し合ったが、麻薬注射などの薬品が少なくなっていた。切断刀は用意されていた。

避難途中の閃光弾《せんこうだん》に驚いて茂みに逃げて隠れた際に、持っていた布の袋から薬瓶が落ちて薬液が漏《も》れていたため、全員の致死量に足りないことがわかった。

片山は、

「ある限りの薬品を用いたうえ、さらに手首の血管を切ることにしました」

という。

先輩が自分の持ち分を分けて注射器に吸いこませた。仕事で対応する注射針をみずからの腕に刺す。ゆっくりと液が注射器から消えていった。そして、泰然《たいぜん》とその瞬間を待った。睡眠剤を口に入れる看護婦もいた。朝日の輝きがあたりを浮き彫りにしていくなかで、横になった看護婦たちは息を絶やす者から、胸を押さえながら静かになっていく者とさまざまだった。いつまでたっても意識が消えない看護婦がもがき苦しんでいる。注射した薬が致死量に達していないためだ。先輩格の看護婦が若い看護婦の状態を見て助け船を出す。

みずからも注射し終えて部下たちを見まわしていた婦長は、もがく看護婦を不憫《ふびん》に思った。手首の血管を切って出血死をと、用意していた切断刀を取り出すと、看護婦の元へ行き、手首を持ち上げながら、

「ごめんなさいね。許してね、メスを入れますからね」

と語りかける。

哀願するように頷《うなず》く若い乙女。手首の静脈を切断するように切り込む。一瞬走る激痛にも目頭を閉じて堪えた。切り口から噴き出す血、その手首をもう一方の手で支えながら、ゆっくりと崩れていく看護婦――。

「飲んだ薬の量が少なく、それでは死ねないので、メスで手首を切りました。メスが入る感触はいまでも覚えています」

最初で最後のハイキング　左から高橋婦長、片山、石川、青木。写真は青木さんの提供。

と回顧するのは、生還者のひとり桜庭妙子。当時、看護婦になりたての一八歳であったという。副婦長の片山寿美はこう証言する。

「高橋婦長は、ひるむ若い看護婦を一人ひとり、叱《しか》りつけながら切ったが、もう最後のころは、自分の注射が効きはじめて力を失い、倒れかかる身体にムチ打っては切っていました」

同じようにもがく看護婦の傍《かたわ》らにしゃがみ込み、手首を取って血管にメスを入れた。

「婦長さん、ありがとうございます」

切れ切れの声で婦長に声をかけ

る若い看護婦。出血が増すごとに身体が崩れていった。婦長にメスで切られたのは最後のほうだったと話すのは、坂本きみゑ。

「何人もの手首を切った刃は脂肪が着いてなかなか切れない。『痛ーい！』。何度も叫んだ。それでも『絶対に死ななければ』と、仲良しの先輩にさらに二か所を切ってもらい、両手首の計三か所を切った」

極限の精神状態にあったとはいえ、手首の静脈血管を切るのは苦痛をともなった。

「血が噴水のように二、三センチの高さまで吹き出すのを朦朧《もうろう》とするなかで見つめたまま意識が消えていった」という。

「三か所を切ってもらった人は、私のほかにもう二人の仲間がおりました。あるいは一か所であったり二か所であったりとメスを入れる際の混乱もあったようです」

あるいは、元看護婦の関口美恵子はこう語る。

「私は避難時の判断を誤ったおかげで、若いあなたたちを死に追いやることになってしまいました。どうかお許しくださいね」

と婦長はひとりづつ詫《わ》びたあと、服毒し、手首の静脈を切ったという。（インターネットより）

その婦長も意識が朦朧としてきた。みずから注射した薬物が効いてきたため、意識が混濁し、身体の自由が利《き》かなくなって身を崩した。

「私はその際、どういうわけか、ある予感がしてなりませんので、念入りに両手首にメスを入れてもらいました」

というのが片山寿美の意識の最後だったという。

鳴海竹太郎の救助

一方、沢の麓《ふもと》に建つ佐野造材の飯場《はんば》から、同僚とともにいつものように出てきた鳴海《なるみ》竹太郎《たけたろう》は、隣接する佐野農場の事務所玄関先の空き地に置かれていた荷物に目を奪われた。だれがなんの目的で置いていったのだろう、どうしたことかと訝《いぶか》しんだ。荷物を開けてみると、医療用の資材や女性用のものが詰まっていた。鳴海が声にした。

「看護婦が置いていった荷物だよ」

「看護婦が、なぜこんなところまできたのだ」

「たぶん避難してきたのだろう」

「このあたりで倒れているのかもしれないな。探したほうがいい」

事務所前からは丘の上は望めない。当たりをつけて探すしか手立てはないが、おおよその見当はついていた。三方に分かれて痕跡を探しながら斜面を登った。

佐野造材部の飯場は、大正一三年（一九二四）に前記した佐野恵策《さのけいさく》が、恵須取《えすとる》で造材業を手掛けるために入社した愛宕組の現場拠点である。その翌年に樺太造材飯場をこの武道沢《ぶどうざわ》に置き、木材の切り出しの拠点とした。樺太の泊居《とまりおる》・真岡《まおか》に一大製紙工場を操業する樺太工業会社（のちの王子製紙会社）に木材原料を供給するために興したもので、飯場には季節によって多くの人夫《にんぷ》が詰めていた。しかし、昭和一八年から戦況とともにパルプ産業も下り坂をみせ、それとともに人夫の本州移転がはじまった。佐野農場と造材部の飯場も残務整理のため三人の人夫が滞在するのみで、鳴海竹太郎は責任者だった。

その鳴海と、佐野造材部とのかかわりである。

青森県上北《かみきた》郡生まれの竹太郎は、宮大工として各地の寺院の修理などに携わっていた。兄弟も多く、家に仕送りをする義務を終えると、自由気ままに樺太をめざした。木材業の活発な恵須取まで足を運び、宮大工の腕を発揮して料亭を作り上げたのだが、ある日その料亭も火災に遭《あ》い、一晩で燃え尽きてしまった。

鳴海の喪失感の大きさは、大工道具を手放したことからもわかる。彼は仕事の関係で知り合った佐野造材部を訪ね、造材人夫として雇われていた。夏から秋にかけては山に入って木材の伐採をこなし、冬場になると馬橇《ばそり》での造材運び出しに従事していた。

大平鉱業所事務所　恵須取町太平という鉱区（面積 1,194 ヘクタール）をもつ樺太大平工業株式会社は、大正 13 年３月に大川平三郎によって開鉱された。同７年に石炭鉱の採掘を出願し、同 13 年設立の恵須取製紙工場の燃料炭供給の目的で採掘を開始した。同所は炭鉱事務所。

鳴海たちが楡《にれ》の木のある丘に横たわる看護婦たちの集団を見つけたのは、一七日も陽が高くなってからであった。楡の木が立っている丘の上に、見かけたことのない女性たちが横たわっているのを目のあたりにし、それが看護婦たちであることで異変を察知した。

「おーい、いたぞ」

鳴海は大声を出して仲間を呼び寄せると、看護婦集団が横たわる丘に駆け上がった。二三人の女性が、それぞれに横たわっていた。微動だにしない者から、うごめいている者、眠っているような者もおり、いずれも生きているのかわからない。

まずは声をかけた。

この発見時の経緯については、看護婦のひとりが佐野農場に知らせたとか、看護婦に付き添っていた祖母が佐野農場に駆け込んで助けを求めたとかの証言記録も残るが、竹太郎の息子の佐野修司は父からその点を耳にしており、キッパリ否定する。

「父は当時、農場横の飯場に寝泊まりしていましたから、直接見つけたのは自分たちで、農場事務所横の空き地に置かれていた荷物の状態を見て、看護婦さんがきているのではないかと思い、急いで仲間と探しにいったのです」


陽が高くなりはじめていた。片山は頬に注ぐ陽の暑さに刺激されたように意識がよみがえっていた。うわごとを吐く看護婦もいた。

「こんなんで死ねるのかしら」

「死ねませんでした。どうすれば死ねますか」

若い看護婦の声が、朦朧《もうろう》として夢うつつのような状態の片山の耳に届いた。

――まだ死ねないのか、このままにしていれば必ず死ねるはず。

「大丈夫よ、死ねるから」

婦長の声だな、と片山は気づき、薄れゆく意識のなかで叫んだ。

「じっとしているのですよ。そのうち血が出尽くしますからね」

片山は自分の声の加減もわからず、届いたかどうかさえ確信できなかったという。同じようにささやく看護婦がつづいた。手首の静脈を切ったのだから、時間はかかるが全身の血液が噴《ふ》き出して死ねるのだ、という意識に支配されていた。

汗ばむように甘いそよ風が頬をなでていく。このまま静かにしていればいずれ意識は遠ざかる。そして死ねるのだ、だれもがそう念じていた。

片山は深い眠りに落ちていったという。と、またどれかの声で呼び覚まされた。

「婦長さんも石川さんも、もうだめになっちゃったわ。このままで、私たちも死ねるのかしら」

同僚からの声に、自分も自然に反応していたのだ。

「きっと大丈夫よ。みんな同じようにしたのだから。それに水もないし、このまま静かにしていれば必ず死ねるわ」

このときの意識について、片山はこう語る。

「私は自分に声をかけてくれた同僚に、私の意識のあるがままに話しました。たしかこのときだったのでしょうか、日ざしが強く感じられ、それが記憶に強く残っております。そして、私はまたも眠りに落ちはしましたものの、その眠りは死にいたるほど深い眠りでは決してなかったのです」

死ねなかった看護婦たち

坂本きみゑは朦朧とした意識のなかで、ぱっと目覚めたように記憶がよみがえった。

「目が覚めたら血が止まっていたのです。人間の身体は自然と血が止まりますからね」

傍らに横たわっている同僚に、

「血が止まった！」と声をかけた。

坂本の声に反応するように上半身を興してきた友が、坂本の手首に泥まみれの手を差し出すと、傷口を指で触り、泥をよけて傷口をあらわにした。見る間に血が滲《にじ》んできた。坂本は「これでやっと死ねる」と振り出しに戻った思いでいた。

「あのときは死ななくてはいけなかったのです。生きていたらソ連兵に何をされるかわかりませんでしたから、その恐怖心のほうが強かったのです。でも、泥のついた手で傷口を触られて、よく感染しなかったですよね、いまにして思えばですけれど」

幾度となく苦悶《くもん》した当時を振り返る坂本きみゑ。その表情には無念の気持ちも覗かせていた。

片山の耳にしっかりと叫び声が届いた。

「だれかが声をかけながらこっちにやってくるわよ！」

驚いた片山は、その「だれか」がソ連兵なのではと反射的に気持ちを重くした。

「日本人かしら」

「ええ。二、三人いるけど、どうやら日本人に違いなさそうよ」

片山は、静かにしていれば感づかれないですむからと、目を閉じて耳を澄ませていた。まだ警戒心をゆるめるまでにはいたらなかったのだ。


片山の耳に男たちの叫び声が届いたのはかなり遠くからであったが、だんだんと男の声が近づいてきた。しかも、日本人であることに安堵《あんど》した。

自分たちに呼び掛けているのだと気づくまでに時間を要したものの、目が覚めて視界が開けると作業着姿の男たちが立っていた。看護婦たちの「死への夢を断ち切るような強い口調」の言葉に、はじめて意識が目覚めたのである。

男たちは、二三人の看護婦たちの自決現場を驚愕《きょうがく》の面持ちで見回した。横たわる女性たちの腕は血に染まり、息も絶え絶えに荒い呼吸を繰り返す者、肩を揺り動かすと反応する者、男の声に気づいて身を起こす者と、それぞれに意識を取り戻していた。

坂本きみゑは、太陽が煌々《こうこう》と照っていることに気づいて目が覚めた。樺太にしては珍しくいい天気だなという印象を抱いたという。耳に飛び込んできたのは同僚の話し声であった。

「佐野造材部の人が助けにきてくれて、元気な人は歩いていましたが、私は歩けなかったので、背負ってもらうことになりました」

佐野農場の社員たちは手分けして声をかけ、ひとりひとりの安否をたしかめた。反応のない看護婦は何度か揺り動かし、あるいは頸動脈《けいどうみゃく》に指を当て脈拍の状態をたしかめた。どの看護婦も、若い乙女たちばかりであることに、やるせなさを覚えた。衣服のいたるところを血で染め、血糊《ちのり》のついた手首を抑えてうめき声をあげる看護婦もいた。静かに横たわったままの看護婦のうち、六名はすでに息絶えていた。

「私らは、佐野の農場の者だが、あなた方の判断は急ぎすぎだったよ。昨日（八月一六日）と今日とでは状況が変わった。いまでは炭鉱に戻っていく人だってポツポツ出ている。とにかく、事務所へきて手当てをしなさい」

鳴海が声をかけると、介抱《かいほう》に反応した大半の看護婦たちが、意識を取り戻していた。片山寿美は、動かなくなっている婦長や仲間の姿を見て号泣した。ただただ泣いた。同時に自責の念にも襲われた。

――どうしてわたしだけ残していったの。高橋さんや石川さんと一緒のはずなのに、どう詫びれば赦《ゆる》してもらえるの？

片山寿美は、身を起こしている仲間たちと、絶命している六人の仲間の遺体を呆然《ぼうぜん》と眺めて

太平から武道沢へ　図の上方に位置する太平炭鉱市街地から山越えし、桜沢から武道沢へとたどることになる。山越えという難所でもあった。

いた。

絶命したのは婦長の高橋フミと副婦長の石川ひさ、それに久住キヨ・真田和代・佐藤春江・瀬川百合子の若手看護婦の合計六人であった。

「ソ連軍の動きもわかったことだし、ひとまずうちの飯場に身を移しましょう。私らがお手伝いするから、亡骸《なきがら》ともども避難しましょう」

佐野造材の責任者鳴海竹太郎に、造材の飯場に避難することを勧められた。片山寿美は、意を決し深々と頭を下げた。

「どうか仲間をお助けください。死にそうな仲間を助けてください」

喉《のど》の奥から絞り出すような声だった。

片山は一転、仲間の救助を優先させた。

この期《ご》に及んでは、心を鬼にしてでも生き延びる努力をしなければ、亡くなった仲間たちに申し訳が立たないとみずからに鞭《むち》打つ。そして、仲間たちを諭《さと》すように語りかけた。

「みなさん、これからのことは佐野農場さんにお願いしました。六人の亡骸とともに避難しましょう」

片山の呼びかけに、看護婦たちの嗚咽《おえつ》がゆっくりと止んだ。とはいえ、まだソ連軍に占領されている状態に変わりはないはず。この先どうすれば無事に戻れるのか、大きな壁に立ち向かっていた。

自決に加わっていた関口美恵子の証言もある。手首を切ったあとに意識を失ったという。

「それからどれくらい時間が経過したのか、八月の暑い太陽を浴び、あまりの暑さに喉の渇《かわ》きを覚え、意識を取り戻しました。奇《く》しくも一七人が生存しており、婦長以下六名はすでに絶命。死臭が漂うなかで意識を回復し、ある者は『水を水を』と口走っていました。私は意識朦朧でしたが、切られた手首をかばい、血で汚れた水筒を引きずり、四つんばいになって水を求めて草はらを彷徨《ほうこう》。馬か牛の足跡に溜まった水を発見し、同僚と二人で水をすすり合ったのです」（インターネットより）

この行動には、つぎのような証言も残っている。前出の元大平炭鉱病院看護婦の千葉操によると、

「友人のO（筆者注・近江谷きみゑ？）さんは、異常なまでの喉の渇きにフッと気がつき、朦朧とした意識のなかで頭を上げるると、折り重なるように倒れている友人たちが目に入りました。しかし、喉の引きつるような渇きにがまんができず、丘の下の小川に水を求めて、起き上がれない身体をズルズルと這《は》って進み、水をひと口飲んではっきりと意識を取り戻すことができたそうです」

この小川とは、武道沢を流れる武道川に流れ込む佐野川という支流、小さな川であった。

救助の思い

鳴海竹太郎は、息のある人はなんとしても助けなければならない、と執念を燃やしていた。いちどは死の旅立ちに出ながら、目的どおりに死ねなかった看護婦たちに、いかに生きようとする気持ちをよみがえらせるか。後悔が尾を引かないようにするか。そして、無事に収容してもらえるように懸命に説得し、行動に移した。

「もう心配しなくていいですよ。まずは元気な人から連れていきます」

男たちは動けない重篤《じゅうとく》の看護婦よりも、比較的元気な看護婦をさらに重篤化させないため、優先して救い出す提案をした。

「この状態では手の施しようもない。諦《あきら》めざるを得ないかな」

「まずは元気な人から運ぼう。これ以上悪くさせられないからな」

助けられた若い看護婦たちは声を震わせて泣いた。呼吸はしているが、ひとりでは起き上がれないような重篤者より、比較的軽症者を優先すべきだ。

「かわいそうだが、しばらくこのままそっとしておこう！」

鳴海は仲間に呼びかけた。

鳴海の危機管理に対する思いはこうであった。

「生きている人間から先に運べ。危ないという人間を優先して、軽症の者でも悪化させたら元も子もない。少しでも元気な者から運ぶべき」

という持論であった。戦時下での救助を優先すべき生存者は、生き延びる可能性の高い者から先に救助するという論理だが、医の論理とは真逆である。

傍らで見守っていた片山が、鳴海の提案に早速反応した。

「助かる命まで見捨てないでください。弱っている人を見殺しにしないでください」

片山の声に圧倒されて、男たちは頭を振った。

「大丈夫だよ、ひとりも死なすわけにはいかない。少しの間、辛いでしょうが、頑張って生きていてもらいましょう」

三人の男たちは手分けして、歩けない看護婦からひとりずつ背負い、足早に丘を降りて飯場

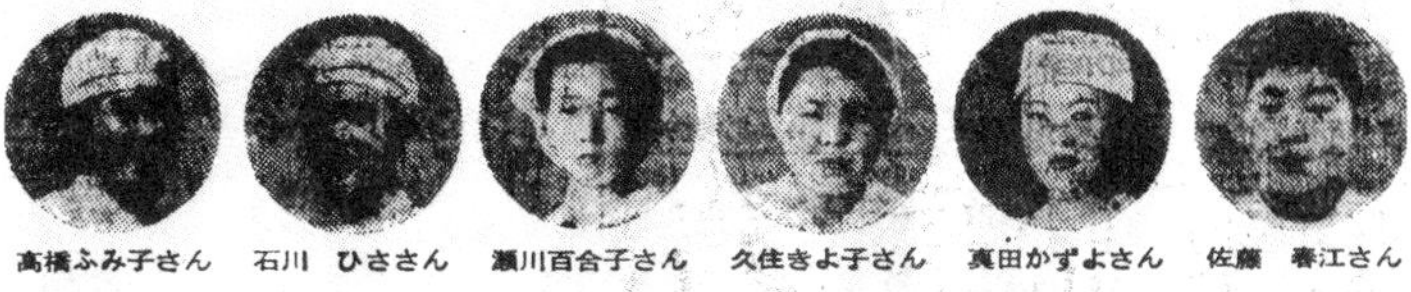

死亡した6人の看護婦（『北海タイムス』より）

に運び、布団に横たえた。ふたたび現場に戻っては、一人また一人と背負いながら看護婦を飯場に連れてきた。

重篤な看護婦は飯場で使っていた〝軍隊毛布〟を持ち出して、頭と足を持ち上げながら包み、担架《たんか》を運ぶ要領で運んだ。もちろん、救急処置は元気な看護婦があたり、置きっぱなしにしていた荷物を運び込み、わずかな薬品を治療に充《あ》てた。

「寿美さんのあのひと言がなかったら、私を含めてあと二、三人は死んでいたと思いますよ」

と語るのは生還した坂本きみゑ。みずからも含め片山のひと言がなかったなら、今日はなかったと振り返る。

一方、片山寿美は混濁する意識のなかで、生気がよみがえった思いをこう語る。

「私は朦朧とした頭をもたげて、周囲を見渡しました。死の淵から快復したばかりの私の視力は、定かではありませんでしたが、それでも高橋婦長・石川さん・真田さん・久住さん・佐藤さん・瀬川さんの六名の方々が、すでに息を引き取られていることだけは確認できました。結局、二三名のうち私も含めて一七名が生き残ったのです。しかし、何かにつけて、中心者として頑張っておられた婦長の高橋さんを失ってしまったいま、一七名で最古参の、しかも副婦長である私は、これから先のことを思うと途方に暮れてしまいました。でも、自分が取り残されたことだけを悲しんでばかりはいられません。私はいやがうえにも、すべての責任を負わなければならない立場に立たされていたわけなのです。どのようなことがあろうとも、お預かりした娘さんたちを、お母様のもとへお返しするまでは、ひとりの犠牲者もふやせない。死なせてはならないと、心に固く誓いました」

さらに、万が一の場合の手段も耳にし、安堵していた。「手榴弾《しゅりゅうだん》があるから」という鳴海の言葉であった。寿美はここにいたっても、まだいざというときの自決の手段を放棄していなかった。

「ソ連兵の危害に際しては、手榴弾があるから、決して恥をかくことのないようにしてあげる」との申し出に、片山は胸をなでおろした。

それほど新たな死に場所を探していたのも事実である。絶体絶命となった際の自死の機会は閉ざされていないことに、先に逝った仲間の元へ行ける道は閉ざされていないのだ、という新たな気持ちがわいてきていた。

余談になるが、筆者の知人で昭和四十年代に北海道大学医学部卒の麻酔科医の見解では、劇薬を注射した場合の致死率は高いが、手首の静脈血管を切った程度では、はげしい出血が起こり、一時意識を失うことはあっても、自然止血が起きることから、致死にはいたらない例が多いという。

つまり、人間の体内にある血液量は、体重の一三分の一（八パーセント）と言われており、体重が六〇キロの人で五リットル程度となる。ちなみに水分量は体重の五分の三（六〇パーセント）で、三六リットルほど。一般的に死にいたる出血量は総血液量の三分の一が抜けると立てなくなるという危険水域で、頸動脈の場合は致死量の出血が起きる。

腕を走る動脈は、右手の例で見ると、親指に近い側の腕に撓骨《とうこつ》動脈と小指側に尺骨《しやっこつ》動脈があり、腕の肩から肘《ひじ》に向かって走る上腕動脈から分かれ、掌で丸く連なる。位置は腕の中心に近い深さを走るため、この動脈をメスで切るのは至難の技という。一か所だけ静脈と接する場所が手首で、脈拍を測れる表面に出ている。

といって鋭利な刃物で深く切り込まない限り、致死量にいたるほどの出血は見られず、いずれ止血するという。

死亡した六人の場合は、劇薬（この場合は麻酔薬）を注入した結果のほうが、複合効果として致死に結びつくだろうとの見解であった。

ところで、戦時下での若い女性に指導されたり、強制所持させられたのが、敵に対したときの〝備え〟としての青酸カリであった。少量でも高い致死率のため、「護身用」と諭された風潮も流布されていた。率先して配った軍関係者や憲兵、それに組織的に用意されていた事例など、ごく当たり前の手段として、身近な社会で存在していた。それも、逓信《ていしん》関係での事例証言が多い。

樺太庁逓信局豊原郵便局や国境線に近い敷香《しすか》郵便局、西海岸の泊居《とまりおる》郵便局、真岡《まおか》郵便局と、多くの勤務地で電話交換手たちに配られていた。

仮にソ連軍の侵攻があっても逓信業務は軍関連としては欠かせない重要な通信網となる。当然ながら敵兵と遭遇するなどの危険にさらされると想定され、その折には大和撫子《やまとなでしこ》として潔《いさぎよ》く死を選択せよとの〝命令〟にほかならない。それが「護身用」という表現での自死の勧めであり、若い女性の選択肢とされていた。

あるいは、民間人が「手榴弾」を所持していたという現実に触れるとき、ソ連軍の侵攻により万が一身の危険にさらされるような折には、手榴弾で自爆せよという軍の命令だったのだ。無駄な抵抗とわかっていても敵に向かい、玉砕《ぎょくさい》することを厭《いと》わないという志向が、一般町民の間にも浸透させられていたことがわかる。

「いざというときに死のうと思い、手榴弾を手に入れていた」

鳴海竹太郎の性格を見越して、佐野農場と造材飯場の後始末を任されていたと語るのは、次男の鳴海修司。戦時下での覚悟を聞いていたその一端をこう語る。

「当時の父はなかなか荒っぽい性格でしたから、ソ連軍の占領後もソ連人と平気で喧嘩《けんか》をしていたみたいです」

佐野農場の存在

武道沢での佐野農場である。前記したように、恵須取川《えすとるがわ》の河口にもっとも近い大支流、武道川に流れ込む流域の沢は、二万町歩《ちょうぶ》はあろうかという広大で肥沃《ひよく》な土地が広がる。その農場内に傍流佐野川が流れている。

この地に農場を開いたのが、佐野恵策《さのけいさく》の義兄となる佐野雄丸《たけまる》。佐野恵策の親戚筋に当たる。膨大な山林から切り出した丸太を集積する佐野造材部の拠点をこの地に置いていた。その佐野川の分水嶺《ぶんすいれい》となる一八九メートルの山は、佐野山と名づけられていた。

佐野農場でのおもな作物栽培は、造材切り出しの際に使われる馬橇《ばそり》の馬の食糧となる燕麦《えんばく》や大豆《だいず》である。年間で一〇〇〇俵も生産していたというから、作付け面積の広大さが想像できよう。相当な数の馬はもとより、牛も飼われていた。

造材業が本格化するなかで、冬場の造材伐採もたいへんな作業量となる。そのための馬橇は一人一台から二台をつなげて操作するなど、員数にあわせた馬の数も相当数を要する。陸送はトラックに委ねても山下しの際は馬橇となるため、夏場にしっかりと馬を飼育するための農場でもあった。

農場と造材の後始末の役回りを仰せつけられた鳴海竹太郎は、ソ連軍の南樺太侵攻後も、二人の役夫とともに残務整理に当たっていた。

第五章　死ねなかった！

六人の亡骸

六人の仲間の亡骸《なきがら》を目にした看護婦たちは、死に切れずに生き延びたことへの後悔と罪悪感に襲われていた。

――なぜ死ねなかったのか。なぜ仲間とともに逝けなかったのか。死んだ仲間に申し訳が立たない。生き恥をさらしてしまった。

片山寿美《かたやまとしみ》は生きていたことへの悔恨《かいこん》に苛《さいな》まれていた。いさぎよく自死した先輩や友への申し訳が立たないと、みずからを追い込んでいたのである。

一方で、副婦長でもある立場から、婦長亡きあとの一六人の命を守る義務と覚悟をみずからに課していた。意識を取り戻したものの、出血量の多さから重篤《じゅうとく》になっている仲間が七人おり、快復させるための手当てをしたが、容態は一向に好転する気配が見られなかった。ただただ、安静にして見守るしかなかった。

事務所に運び込まれた六人の亡骸は、簡単な棺《ひつぎ》を手作りして丘の上に埋葬することにした。造材飯場に避難し終わった夕刻、糸を引くような雨が落ちてきた。だれもが、亡くなった六人の魂と哀しみの雨であるとともに、みずからの涙雨であることを噛《か》みしめていた。

片山寿美は、この日の心境をこう語っている。

「その晩（八月一七日）は、糸のような雨がしとしとと降りつづけたものです。今日一日が何ごともなかったように雨は静かに降っておりました。けれどもそれとは対照的に私の心はまだはげしく動揺しておりました。死を願いながら死ねなかった悲しみ。降伏そしてソ連兵の上陸という突然の出来事等々。考えれば考えるほど心の中は乱れ迷うばかりだったのです。そうして私はしばらく思い迷っていたものですが、はげしい心臓の鼓動もやがて平常の脈に戻っていくように、いつしか胸の嵐もおさまって安らかな心になっていきました。そのとき私は、年配者として責任をとり、亡くなった六人のあとを追おうと心に決めたのです。この決断は、それまであれこれと長いあいだ考えあぐねた結果でありましょうし、心の落ち着きを取り戻した私が、自然に選んだ道であったと言えましょう」

よみがえってなお、死への選択肢を手放さない片山寿美は、機会があればと決意するその顔には死相すら漂っていたようで、その姿を見ていた鳴海竹太郎《なるみたけたろう》は、

「片山寿美から目が離せない」

と注意深く見守っていた。

その片山寿美も、佐野農場の飯場まで背負われて降りてきた。前夜、闇のなかを相当歩いたような気はしていたが、実際にはそんなに距離を歩いていなかったことに気づいたという。

一夜明けて

看護婦のだれもが、まんじりともしない一夜を過ごした。重篤な仲間を気遣いながら手当てに明け暮れる者。飯場の宿泊所の薄布団の上で若い看護婦たちも一夜を明かした。

飯場の賄《まかな》い婦《ふ》が用意してくれた握り飯に手をつける看護婦もいたが、食欲のわかない者も多かった。だれもが手首の傷跡を治療し包帯《ほうたい》を厚く巻いていた。私服の裾《すそ》は泥で汚れ、腕の衣類は血で染まっていた。

昨夜来の雨とは打って変わり、からりとした快晴に覆われていた。桜沢《さくらざわ》への道がつづく武道《ぶどう》沢《ざわ》の山越え方面に目をやると、塔路《とうろ》方面から歩いてきたという避難民が、家族連れで大きなリュックサックを背負い、手に手に大きな風呂敷を抱えていた。夜を徹しての避難行を思わせ

るように、どの顔も憔悴《しょうすい》しきったまま黙々と歩いていた。

片山寿美ら先輩格の看護婦は、重篤な仲間の容態を気遣いながら見守っていた。時折額《ひたい》に濡《ぬ》れたタオルを当てがったり、枕元に寄り添って腰をおろしたりしていた。ふと、この先のことへ思いを馳《は》せると、展望の見えない明日が不安になり、心休まることはなかった。

日がな一日、佐野農場の飯場で身体を横たえて休め、交代で重篤な仲間の対応に当たっていた。寝ずの番で付き添うのは片山ほか同輩の看護婦たちであった。

仲間の手当てのための注射薬や医薬品が不足していた。何よりも治療薬と注射液を確保しなければならないため、病院まで取りに行くことにした。


佐野農場から大平《たいへい》炭鉱病院までは八キロほどの距離がある。片山は元気そうな若い看護婦に声をかけると、必要な薬品類をメモにして手渡した。

病院に向かった三人の看護婦にとっては三日ぶりに目にする太平《たいへい》市街、ソ連軍の空襲で焼け野原となっている街には住民たちが戻り、被災住宅の後片づけに追われていた。街中を汚れた姿で病院に向かう看護婦に振り返る人もおり、奇異なまなざしで見つめる人たちは、看護婦たちの衣服の異様さに驚いていたのである。人伝えに広まったのか、集団自決の噂《うわさ》を耳打ちする姿も見受けられた。

若い看護婦たちは、手首の包帯を上衣で覆い、通い慣れた病院の玄関を入った。病室には取り残された患者やその家族がおり、治療を望んで駆けつけた患者が病室や廊下を徘徊《はいかい》し、看護婦の姿を見つけると、だれもが声をかけてきた。手当てを望む者から励ましの声を上げる人たちもいた。ただ、病院関係者はいないため、灯《あか》りの消えた事務室やナースステーションは静まり返っていた。

三人は通い慣れた地下の薬品庫に足を運び、重篤者に使う治療薬や、全員の傷の手当てに使う衛生資材と薬品などをかき集め、手早くリュックサックに詰め込んだ。

途中、病室から看護婦さんと呼び止められる。そのつど、

「また戻りますから、もう少し頑張ってください」

と声を張り上げて励まし、足早に病院を出た。

快復の遅れた五人の看護婦は、命に別条がない状態に快復してはいたものの、果たして手当ての効果があるのかと懐疑的にならざるを得なかった。

病院へ

二三日になって、大平炭鉱病院からの伝令が訪れた。看護婦全員に対する帰還指示であった。伝令がくるということは、病院管理の事務方が機能していたことを示している。

「看護婦は病院に戻り、職場復帰するようにとのことです」

片山寿美は伝令の指示どおりを仲間に伝えた。佐野造材の飯場に残された一七名の看護婦にとっては、追われるように職場を逃げ出してきた手前、いまさら帰るなんてことは考えられないとの声や、ソ連兵に町を支配されている状況下で無事に病院業務を果たせるのか、さらに、病院長はどうしたのかなど、彼女たちなりの心のわだかまりを口にした。それぞれに意見も分かれた。

本来は病院を運営管轄する責任者が看護婦の安全を確保する義務があるはずなのに、院長や副院長不在はもとより、直轄の鉱業所による安全確保などの危機対応がなかったとの考え方も出た。ソ連軍の攻撃は予測されていたはずであり、実際に空襲によって傷病者が出た折の応急手当てなど、必要とされるのはやはり病院である。手当てを求めて訪れる患者に、看護婦としてでき得る限りの対応はしてきた。臨時に応援してくれた町医者もいたなかで、孤立した病院は看護婦だけが残されていた。時を待たずに避難命令が出され、重傷患者を引き連れて近くの防空壕に避難したのである。

ところが、現実にソ連軍が恵須取《えすとる》に攻め入るという段になると、看護婦自身の身の安全や命を守るべき指示や対応が途絶えた。いわば集団で放置されたも同然の立場に陥ったのだ。残された道は、看護婦みずからの判断で身を守らなければならない境遇となったことであった。

避難住民ともども、まともな情報も入ることなく退路を断たれ、さらに、安全地帯への避難が必要となった。孤立した二三人の看護婦に与えられた選択肢は、迫りくるソ連軍に投降するか、自死の道か、さらなる逃避行だけであった。もちろん、ソ連軍に投降して捕虜になるという判断はできない。逃避行の果てに考える道は、「死の選択」しかなかった。

そして、現実に死を選択し、六人は絶命し、一七人は死線をさまよいながら生き残り、いま佐野農場に身を寄せている。飯場に届いた事務的な職場復帰の伝令に、だれもが腑《ふ》に落ちないのは当然であった。いちどは清算した命、死ねなかったことで素直に病院に復帰するには、まだ胸の痞《つか》えが大きすぎた。

片山寿美も素直に受け取れなかった。これから先、何を支えに病院に戻ればいいのか。若い乙女たちも、胸をかきむしられるほどの狂おしい葛藤《かっとう》に苛《さいな》まれた。嵐のような責め苦と不安に、看護婦たちは静かに口を開いた。

「病院は本当に安全なのでしょうか」

「こんな状態で、私たちにいまさら病院で何ができるというのでしょう」

「いっそこのまま家族の元へ避難したいです」

「だれが私たちの安全を保障してくれるのでしょうか」

若い看護婦たちの焦燥《しょうそう》は、最年長の片山にも手に取るように理解できた。悩ましい現実が待っている。とはいえ、病院帰還の指示は、危機が去ったと捉えていいのではないか。やはり病院に戻り、負傷している患者の手当てに当たることが与えられた使命なのではないか。

職場死守を誓いながら避難してきた経緯を振り返ると、もういちど看護婦の原点に立ち返って責任の在り方を問い直すべきではないのか。それが、六人の仲間の死に報いる道ではないだろうか。生き残った者として、現実と向き合い、職場に戻ることにしてはどうか。意志の集約が図られ、全員での病院復帰を決めたのであった。

六柱の墓標

一時重体に陥っていた看護婦五名の容態はまだ快復途中にあり、自力では歩けないため、当面は佐野農場にお世話になるしかなかった。片山寿美は無理をさせずに、しばらくこのままの状態で見守ることにした。無事を祈り、引きつづき五人への対応のため看護婦二人を残し、片山副婦長ほか九人は、七人の後事《こうじ》を託すことにした。これまでお世話になった礼を述べると、鳴海竹太郎のはからいで馬車に乗り、大平炭鉱病院に帰還することにした。

あわせて、亡くなった六人の埋葬についても話し合われた。佐野農場の勧めもあり、暫定的《ざんてい》に丘の近くに穴を掘り仮埋葬することにした。とはいっても、実際の穴掘りは男衆の手で行われ、宮大工の腕をもつ鳴海の手で急ぎ棺《ひつぎ》をこしらえて遺体を納めると、丘に掘った穴に埋葬した。団子のよう盛り土になった埋葬地に、白木の簡単な板に名前を記しただけの墓標が建てられた。武道市街から僧侶を呼んで供養《くよう》してもらった。

看護婦のだれもが目を腫《は》らして両手を合わせた。流れる涙を拭《ぬぐ》うことなく、元気だったころの面影を思い浮かべながら弔《とむら》った。そして、それぞれに心に疵《きず》を抱えたまま、佐野農場をあとにしたのである。

結果として、この佐野農場の救助がなかったら、死者は六人以外にもふえていたであろう。感謝しても余りあるところだが、また禍根《かこん》の残る再出発でもあった。

戦禍後の大平炭鉱病院

病院はすでにソ連軍の管理下に置かれたが、日本人の手で運営されることが指示されていた。空襲の際に電線も破壊されたため、停電がつづいていた。夜には蝋燭《ろうそく》の灯《あか》りを頼りに、これまでどおりの看護体制を再開した。

ところが、夜半になると、ソ連の進駐軍兵士と思われるロシア語の声や歌が聞こえてくる。病院では片山副婦長以下、ふたたび不安に駆《か》られる日々ではあったが、ソ連兵が入ってくることはない地下薬品庫を整理して、そこで寝泊まりしていた。

ソ連兵も含めて、戦禍後の負傷した人たちが押し寄せる病院で、ふたたび診療や入院対応に追われる毎日を過ごしていくうちに、いつもの生活リズムが戻ってきた。ソ連兵の夜の声も聞こえなくなり、安全を見越して病院とつながる寄宿舎生活に戻った。いつもの部屋で枕を並べながら休むことができた。

武道沢の佐野農場に預けてきた五人の重傷者と付き添う看護婦二人が、ふたたび農場の馬車で病院に戻ってきた。静養の甲斐《かい》もあって元気を取り戻していた。病院には避難所から解放された看護婦の家族も訪れており、娘の無事な姿を前に涙を流す光景が広がっていた。亡くなった看護婦の家族も訪れ、仮埋葬した武道沢の地から遺骸を引き取り荼毘《だび》に付してほしいとの要望もあり、改めて埋葬地から運び出すことになった。

街に戻っていた千葉操も、病院のようすが気になっており、大平炭鉱病院を訪れた。

「病院の中はソ連兵や日本人の負傷者で溢《あふ》れ、五〇室以上あった病室はもちろん、廊下までも重症患者で埋まっていました。この現状を見て、私は看護婦として、ここに勤めていたことを話したところ、人出不足のため、すぐ病院で働くことができました」

かくして千葉も病院に復帰した。千葉は包帯もガーゼも足りないため、血だらけの包帯を煮《しゃ》沸《ふつ》消毒して再生包帯をつくった。ところが煮沸消毒後も匂いが取れず、何度洗っても膿《うみ》のシミは落ちることがなかったというから、苛酷《かこく》な環境に置かれたままだった。

そんななかで、千葉は、病院に帰還していた一七名の看護婦のうちの親しかった友と顔を合わせることができた。そして、「集団自決」の顚末《てんまつ》を耳にして、心を震わせた。病院に復帰した千葉の目に映った生還者たちの姿は、「手首に残る傷跡を細いガーゼで隠し、さらにそれを予防衣の袖《そで》口で隠して懸命に働いておりました」という。


武道沢の丘に土葬してきた六人については、佐野造材部をはじめ地域の人たちのはからいで、遺骸を荼毘《だび》に付すことになった。九月六日、自決から二一日目のことであった。

看護婦仲間も全員で立ち会った。婦長の高橋フミと瀬川百合子・石川ひさの両親も駆けつけ、荼毘に付したあと、遺骨を引き取っていった。真田和代・久住キヨ・佐藤春江の遺骨は看護婦たちの手で病院に持ち帰り、慣れ親しんだ看護婦宿舎に安置された。朝夕には全員で焼香《しょうこう》し冥福を祈った。

この三人の遺骨は、九月末には佐藤春江の姉が、久住キヨは親戚が引き取るが当面は友人が預かることで引き取りに来た。

残る真田和代の遺骨は、一〇月末になって山市街に住んでいた父親が、密航して北海道に帰っていたところ、娘の殉職の報を人づてに聞いてふたたび密航で戻ると、遺骨を抱え三度目の密航により無事北海道に帰ったという。

また、佐野農場や佐野造材の主要な幹部社員の多くも、難を逃れて樺太《からふと》からの自主的脱出を図り、北海道に渡った。

失意の片山寿美

ソ連進駐後の大平炭鉱病院で勤務に就《つ》いていた片山寿美は、父親が面会にきているとの知らせを受け、病院の玄関に小走りで向かった。片山の脳裏をかすめたのは、大平炭鉱病院看護婦の集団自決の話を聞きつけた父が、自分の遺骨を引き取りに駆けつけたものとの思いであった。

片山は父の顔を見るなり、こう言われた。

「死んだと思って諦《あきら》めていたけれど、元気だったんだ」

その父との対面で、「自死の決意」が失せていった。

「私が目の前で生きているのに驚きの目を見はり、あの気丈《きじょう》な父が大粒の涙をポタポタ流して喜んでくれたのです。どのようなことに遭遇しようとも涙ひとつ見せたことのなかった頑固な父。私が無事に生きていたそのことにただただ喜び、感涙《かんるい》をしたたり落としている父。それなのに、私はただ死ぬことのみを考え、ひたすらその機をうかがいながら、日を送ってきたのです。この父の姿に触れたとき、私の頬《ほお》にも熱い涙が流れ落ち、胸がいっぱいになってしまいました」

娘は死んだはずと遺骨を引き取りにきたであろう父と、死の機会をうかがいながら日々の生活を送っていたその娘が、再会を果たした瞬間である。

片山は素直に心情をさらけ出した。

「私はこれで本当に死に遅れてしまったのです。もはや死の時期をふたたび選ぶことなどできないだろうという考えが、心のどこかしこに生まれもしました。いわば父の涙が、死のほうへ傾いていた私の心を、生のほうへ引き戻してくれたのだと思います」

「自死の決意」が「死に遅れてしまった」と変化する機会となった父の涙。つまりは、みずからの死生観の変化であった。いつも怜悧《れいり》な目で自分を見つめている片山寿美の心情は、察して余りあるが、六人の御魂《みたま》を十字架として背負いつづける原動力も、自分自身への戒めであり、生者として苦しみを背負いつづけるという強烈な意志であった。

寿美と竹太郎

ただ、片山寿美は病院に復帰する前の佐野農場にて、すでに「自決の覚悟を固めていた」という。自死の覚悟は衰えていなかったようだ。

「そのころの日々というのは、どのようにして死んだらよいか、考えるのはそればっかりでした。私たち一七人を残して先立たれた六人の方々のうち、とくに高橋婦長さんと石川さんの二人とは、八年におよぶ寄宿舎生活をとおして結ばれた姉妹のような仲だっただけに、私ひとりが取り残され置き去りにされてしまったという思いは、どうしようもありませんでした。ほかの一六名のお友だちには察することのできない深い悲しみと辛い苦しみに、うちひしがれていたのです。『生きていて、本当によかったね』とだれかに言われるとき、そして、亡くなった方々のお母様がたにお会いするとき、この悲しみと苦しみはなおいっそう私の胸を締めつけてきたものでした」

片山の二人に対する慚愧《ざんき》の念は、他人の介在を許さないほどの絆で結ばれていたことを示唆している。心の支えを失い、「自死の決意を固めた」と言わしめた境地は、重い十字架としての証であったろうか。

片山の取り憑《つ》かれたように沈鬱《ちんうつ》な心の影に気づいていた鳴海は、「目が離せないな」との思いから放ってもおけず、寿美の父親が営む食堂「カサザール」に顔を出すたびに、声をかけていた。

その父も、死ねなかったと悔やむ娘の表情を見るに忍びなく、同じように心を痛めてくれる竹太郎の娘に対する思いやりに頭を下げた。

この時期の両親について、次男の修司はこう捉えていた。

「母は機会があれば死ぬことだけを考えていた時期だったようで、親父も母を放っておけなかったようです。放っておけば寿美は死ぬ、目が離せない、と感じていたようで、母の父親からも、面倒を見てもらいたいという話があったのではないでしょうか。とにかく感謝されていたようです」

病院に復帰後の九月、寿美は高橋前婦長の後釜《あとがま》として看護婦長の任に付き、後輩の指導にもあたっていた。そして、一年後の昭和二一年一〇月、竹太郎と結婚した。

「集団自決」現場に救助に駆けつけた竹太郎と一緒になった。武道沢の縁が二人を結びつけたのだ。生きる縁を結婚に結びつけることで新たな生き方を求めた寿美は、翌年六月に引き揚げて、北海道厚賀《あつが》に居場所を求めることになった。このとき、寿美の体の中に長男が宿っていたというから、子どもの出生をつうじて、あるいはみずからの助産婦としての仕事を重ね合わせて新たな生きがいを見つけたのであったろう。

ソ連の占領下に置かれた恵須取の街は、集団自決から一年を経て、一応の落ち着きを取り戻していた。ただ、この場所がすでに日本領ではなくなっていることが、悪夢ではなく現実なのだと思うには、心の疵《きず》は大きすぎた。

終章　日はまた昇る

デマか情報か

大平《たいへい》炭鉱病院看護婦集団自決のうわさは引き揚げ者の間にひそかに広まり、八月二〇日の真《ま》岡《おか》郵便局電話交換手の集団自決とともに、関係者の間で語り継がれることになった。

旧『北海タイムス』の連載「樺太《からふと》終戦ものがたり」で証言する樺太引き揚げ者のなかにも、集団自決した看護婦への思いを語る人びとが多くいた。

そのなかのひとり、高山哲子（旧姓、片山）は、こう話していた。

「一九日夜、内恵《ないけい》道路の牧場で、武《ぶ》道沢《どうざわ》からきた大平の人たちに看護婦さん自決の話を聞きました。私も看護婦寄宿舎によく遊びに行き、泊まって話し込んだりして知っている方が多かっただけに、悲しみはたとえようがありませんでした。戦後二〇年、いまもってあの人たちの崇高な死は、何人の人たちが知ってくれておりましょう。ある人は二〇年前の古傷に触れずともといいますが、私はそうは思いません。私は看護婦さんたちのはかない一生を思い、だれに責任をとっていただけるのかと大声で叫びたい気持ちをいままでもちつづけてきましたが、あの死を社会に知らせることが責務とも思うのです」

死にいたる経緯として、避難のため上恵須取《かみえすとる》に向かう途次、武道沢に分け入った高橋フミ婦長らは、途中「国民義勇隊」の男の人に会った。驚いた相手は、

「あんたたちは、なんでいまごろウロウロしているの、ソ連兵はどんどん上陸してきているんだ。もう逃げようがないぞ」

と突き放すように言うと、茂みに消えていった。このひと言で「もう最後が迫っていることを察し、自分たちがどうしなければならないかを感じた」と結んでいる。

この不用意に放たれた他人のひと言が、看護婦二三名の行く手を遮《さえぎ》ることにもなっていたのだ。

また、関口美恵子はこう語る。

「長い道のりの間、逃げ隠れの繰り返しで疲労も限界に達し、幾度も脱落しそうになりました。避難中に『我々は包囲された』とのデマが乱れ飛び、最悪の状況下で死を選ぶとの結論に合意し、近くの牧場の奥深くに死に場所を求めました」（インターネットより）

さりとて、だれが正しいソ連軍侵攻の情報をつかんでいたのかを知る術《すべ》もない。デマと切り捨てるにも比較する情報をもっていなかった。だれに訊《たず》ねれば正しい情報が得られるのかもわからない避難行。徘徊《はいかい》するだけで先の見えない絶望感と、行動の核心が得られない虚《むな》しさに襲われながら、やはりソ連軍と出会うことへの恐怖がつのる。言わずもがなに心に浮かぶ思いとは、乙女のまま身を守るという選択、つまり、みずからの命を絶つという結論であった。

仮説・高橋婦長のメッセージ？

先にも触れたが、ひとつだけ腑《ふ》に落ちない疑問が残った。婦長の行動についてである。結論から先に示すと、避難行の果てに辿《たど》り着いた武道沢での二三名の看護婦。もしもの場合は自決も覚悟の避難行に、婦長として引率してきた責任が問われてくる。結果として自決の道を選ばざるを得ないものの、果たして全員の死が目的だったのか——という疑問が湧《わ》いてきた。

つぎの五点について振り返ってみた。まずは集団自決行為の結末が手首の〝静脈切り〟に限定されたことである。

一、手首の静脈切りだけでは致死量の出血をともなわない。看護婦として医療のイロハを熟知していた婦長にして、静脈血管を切ることで、あえて死の行為を取り繕《つくろ》おうとしたのではないか。薬物を使っての複合自死行為を行い、しかし本音では犠牲者を抑えたい。若い看護婦たちの純真な思いでの婦長への同調意思。死への覚悟は固かった。彼女たちの一途《いちず》さがわかるゆえに、乙女たちの命をこのまま無にはしたくない、なんとか死出の旅から生還させたい。もちろん手首を切ることで充分死ねるとの思い込みは強かったが、結果として、二三人のうち一七人が生存していたことが、何よりの裏付けとはならなかったか。

二、亡くなった六人については不都合な事実となったが、手段とした注射薬（この場合、麻酔薬）が充分あり、手首の静脈切りで深く切り込んでしまった。しかし、全員に行きわたる致死量がなかったことは、逃避行中の山中で転んだりした際に持参していた薬瓶を破損した結果から、具体的な損失量はつかめないものの、足りなくなっていたことが裏付けられる。このとき、高橋婦長の脳裏をかすめたのは、若い後輩がひとりでも多く生き残る道をめざすことが自分の責任の取り方ではないのか——との思いだったのではないか。

三、防空壕に娘を迎えにきた親から託された「娘の一切を婦長さんにお任せしますので、よろしくお願いします」。命がけで乙女たちの命を守りとおし、無事な姿で親元に帰してあげなければならない。しかし、ソ連兵に凌辱《りようじよく》されてまで生き恥をかかせられない思いも強い。ただ、自死行為に追い詰められた看護婦たちを、この地までやってきたソ連兵が、この修羅場《しゅらば》で乱暴狼藉《ろうぜき》を働くことはないだろうとの読みも働いた。手首の損傷での擬似《ぎじ》自決に留めて生き延びる道を与えたのではないか。

四、荷物を置いた場所への思い。逃避行の果てに目的地を失い、孤立した集団が辿り着いた場所が武道沢。ソ連軍に占領されたと聞いた上恵須取市街地にはまだ遠く、山系から導かれる支流に位置する佐野農場の事務所と造材飯場。夜間のため人の気配はなかったが、婦長はこの佐野農場の事務所の空き地に荷物いっさいを下ろし、さらに高い場所を求めて沢を登った。

荷物いっさいをこの地に積み置くことで、夜が明けた折、農場関係者に異変を嗅《か》ぎ取ってもらえる、負傷した看護婦を救助してもらえるはずと、この地に賭けた思いがあったのではないか。

五、自決までの時間の取り方である。一六日は夜も更けており、明け方までの時間を全員で存分に分かち合うものにした。語らい、歌い、心残りのすべてを清算するために過ごす。東の空が明けるまで永らえようと。つまり、夜が明ければ佐野農場の人も気がついてくれる可能性が高くなる。夜明けのまどろみとともに昇る朝日を全員で拝んでからの自決行為へ。もちろん、注射薬が足りないことも頭に入っている。ある限りを回し打ちしたあと、とどめとして手首の静脈血管にメスを入れる。婦長が率先して――。

以上五点の思惑《おもわく》が読み取れる。反面、六人の犠牲者の存在もあり、この思惑を正当化しようとすれば、浮かばれないのが致死した若き女性たちとなる。婦長・副婦長のほかに四人の十代の娘たち、一七人も生き残ったのに、なぜうちの娘だけが率先して〝犠牲〟になったのか、という親の気持ちでは割り切れなくなるだろう。

終戦時の樺太住民の間でも、女性が頸動脈《けいどうみやく》切りで自死した事例が見られた。しかし、こと二三人の乙女たちが、頸動脈を切ることで起きる血の修羅場にさらされる血まみれの遺体――。それだけは当初から考えに入っていなかったのではないか。メスの数も足りないし、自決を試みたものの死ねなかったという状況をあえて創出するため、リスクの少ない手首切りを指示したのではなかったろうか。

ただ、青酸カリを使ったとの証言もなく、生き残った人たちは六人の仲間の御霊《みたま》への慚愧《ざんき》と追慕とを、生涯の十字架として背負うことになった。

一七人の生存者

やはり、佐野造材部の従業員三人が看護婦たちの置いた荷物を見て、異変を察し、さっそく救助に駆けつけた。ただ、引率責任者である高橋婦長ほか致死に足りた状態で息を引き取ったのは、ほかに五人となった。

高橋婦長がはからずも思い描いた償いの証とは、心と手首に疵《きず》を抱えたまま命を永らえた一七人の生存ではなかったか。生きて親元へ返したいとの高橋婦長の思いが、無言のメッセージとして一七人の生存に導いたのではないか。

筆者の独りよがりは否めないが、こう解釈すると合点《がてん》がいく。

坂本きみゑの想い

「生きる希望がなくなり、心が萎《しお》れました」

と語るのは坂本きみゑ（現、片山）。『北海道新聞』のインタビューに応《こた》え、

「凌辱されることが最大の屈辱と教わった。自決に異論はなかった」

と語っている。生き残った一七人はそろって病院に復帰していたが、死亡した同僚宅を訪ねたところ、遺族から拒否されたという。

「あんたがたの顔なんか見たくない、もう来ないでくれ」

と怒鳴られたことに対して、坂本は、

「相手にしてみたら私のことが憎らしいよね。なんでおまえたちだけが生き残ったんだ、と責め立てられる気がしました」

「みなさん、悲しみの先にだれを恨んでいいかわからなかったでしょう。でもだれも悪くはない」

第一回目の慰霊祭にも顔を出していた片山きみゑは、しっかりとした口調で振り返っていたという。戦後、道内に引き揚げ後に結婚し、市立稚内病院で看護婦長を務めていた。片山寿美と同様、六人の御霊を背負っての晩年であったが、退職後に市内の市民講座で講話を頼まれた際に、当時を少しだけ振り返った。

「あのときのことを語れるのは自分くらいしかいない」

との思いは片山寿美とも共通する。

「不運とは申せ、あの混乱のなかで若い女性のみの逃避行の末に、切迫した現場での葛藤《かっとう》を思うと、まことに憐れでなりません。もしだれか男性の上司がおったら、と悔いが残り残念です」

と振り返る元大平鉱業所会計課勤務の高西哲郎《たかにしてつろう》。

「もしも」は歴史のタブーと言われるものの、悔やまれるのは女性集団のみの行動であったことだろう。的確な情報を得る手段もなく、彷徨《ほうこう》の末に集団自決に走らざるを得なかった二三人への配慮について、病院運営を統括していた大平鉱業所はどのように捉えていたのか。高西哲郎が指摘するように、「男性の上司がおったら」の思いは、この時代の女性集団の孤立が自決に結びつく現実を如実に物語っている。軍事国家の社会が、そのように教唆《きょうさ》してきたのではなかったのか。軍事国家の危機管理に国民の生命の安全を求めても、また無粋な正義と捉えられる社会風潮が強かったのだ。

武道沢を訪ねて

写真家の斉藤マサヨシ氏が二〇一六年九月、サハリン・ウダールヌイ（旧、樺太恵須取町太平）を訪れ、現地の歴史にくわしいロシア人ジェニアに案内されてかつての武道沢を訪ねた。

旧道とみられる道跡から緩《ゆる》やかな斜面を一〇〇メートルほど登ったあたりに、いまも楡《にれ》の木が立つ。しかし、斉藤氏の聞くところによると、ここにはかつて楡の大木が立っていたが、三〇年ほど前に朽ち果て偶然にもその木から二つの芽が出て、今日の姿の楡となって育っているという。膝《ひざ》が埋まるほどのブッシュに覆われた小高い丘で、七〇年ほど前の集団自決の現場は想像するのみだが、道路跡にあるはずの佐野農場や造材飯場やかつての集落などは跡形もなく消えていたという。

武道沢から平野部にいたるなだらかな扇状地形は当時と変わらず、旧佐野川もブッシュのなかから顔を出していたという。大自然のなかに佇《たたず》む武道沢の丘は、そこが、看護婦二三名の自決現場であったことすら忘れ去られる光景ながら、ロシア人ジェニアは遺族や日本のマスコミ関係者を数多く案内してきた、と斉藤に自慢気に話したという。

二五年目の「山桜の歌」

後半生を六人の御霊《みたま》を背負うように生きてきた片山寿美《かたやまとしみ》。戦後を振り返り、みずからの思いの一端にこう触れている。

「昭和二〇年八月一七日の早朝に、突風の如《ご》く過ぎ去っていったあの出来事。夢に見るのは毎夜でした。そして、夢を見ては泣きじゃくり、その泣き声でハッと夢から覚《さ》める毎夜だったのです。夢はいまだにつづいております。夢の中に広がる楽しい白衣生活・寄宿舎生活。そのうち突如として私だけが皆から取り残されてしまう。あれやこれやと自問自答がしばらくつづき、『ああ、私は生き残ってしまうのだ』とつぶやいたところで、目が覚める。

死んだ人に心から約束し、それを実行できなかった自分には、幸せを願う資格などありはしないと思いこみ、心の晴れぬ人生を送っていたのが当時の私でした」

戦後も片山の人生観を支配していたものは、「友に置き去りにされ、死に場所を失ってしまった悲しみと苦しみのほうがはるかにまさっていた」のである。苦悩のブラックホールの入口に立ち、みずからをさらしたいとの思いは、樺太《からふと》から引き揚げ後の身の置き方にも表れていた。あえて辛酸《しんさん》を嘗《な》める生活に甘んじたことからも推察できる。それでも癒《いや》されることなく、十字架を引きずりつづけてきたという、壮絶な人生を送ってきた。

しかし、暗澹《あんたん》たる日常ばかりではなかった。希望の灯とともに心安らぐ生《い》き甲斐《がい》も授かっていた。

「心の悲しみは別として、私は子どもに恵まれ、子どもへの愛情に心安らぐ母親となり、また、父が他界するまで一緒に生活できたことを感謝するようにもなりました。子どもの誕生と成長、そして寿命を全《まっと》うして逝《い》った父――人生の途上でつぎからつぎへと起こる新しい出来事は、人間の心をも新しくさせるものなのでしょうか。深々と疵を負っていた私の心は、日々の生活によって、しだいしだいに回復していったのです」

生きるための鎹《かすがい》を見つけた片山寿美は、みずからの幸せとは別に、修道士のように自分に課した心がけもあった。

「一日たりとも欠かしはしなかった、亡くなった六名の方々への語りかけにしても、知らぬ間に生活の喜びを報告する自分になっておりました」

平凡に生きる喜びを積み重ねることで現れた心の変化にも素直に向き合いながら、六人の御霊に報告することを怠らなかったという。

三畳間ほどの開拓農家の物置に住み、蛇に悩まされる毎日を送ったという門別《もんべつ》町豊田（現、沙流郡日高町豊田）という僻地で、助産所の看板を揚げての日々、アイヌの人たちや貧しい生活を強《し》いられていた人たちの出産に立ち会った。費用を請求するようなこともなかったという。その後は二人の子どもの進学のために厚賀町の市街地に移り、隣接する新冠《にいかつぷ》町の町立母子健康センターの助産婦として働いた。寿美が取り上げた新生児は三〇〇〇人ほどというから、新冠町の現在の人口の六割ほどを彼女の手で取り上げたことになる。

新しい命の誕生の現場で介添えする寿美の姿は、女性たちにとっては優しい〝町の産婆さん〟そのものであったことは言うまでもない。

平成四年（一九九二）七月一一日、念願の慰霊碑が完成した。

片山寿美が戦後も背負いつづけてきた六人の御霊に対する思いが、慰霊碑として祀《まつ》ることができた喜びはひとしおであった。札幌市の護国神社境内に建立された「樺太大平炭鉱病院殉職看護婦慰霊『鎮魂』の碑」は、民間人の殉職碑としてははじめてというもの。この鎮魂碑をもって、慰霊に報いたいとした当事者の思いが成就された。

殉職看護婦慰霊「鎮魂」の碑

慰霊碑建立趣意書には、それまでの関係者が沈黙してきた思いとして、

「悲しい出来事だっただけに、興味本位な事件として扱われることを恐れ、生存者もひたすら

沈黙を守りつづけてきました。当時の状況からしてやむを得なかったと思います」と解説している。
札幌護国神社境内には、「鎮魂」の碑が立てられ、「碑文」には以下のように刻まれている。

碑　文

太平洋戦争末期の昭和二十年八月、樺太はソ連軍の突然の参戦で大混乱となった。恵須取町太平地区も十六日未明の空襲で住民は一斉に避難した。炭鉱病院看護婦二十三人も夕刻になって避難を始めたが、途中の武道沢でソ連軍に退路を断たれ、最悪の事態を予測した高橋婦長らは、十七日未明に集団自決を図り、六人が絶命した。あまりにも悲しい事件であった。以来、四十七年。殉職者への思いを募らせる遺族や生存者、この事件を終生忘れてはならないとする元太平地区居住者らが発起人となり、ゆかりの人たちや王子製紙・十條製紙・本州製紙・神崎製紙の旧王子製紙系四社、その他の関係団体の協力でこの碑を建立した。ここに六姫命の御霊を祀り、永遠の鎮魂と祖国の限りない平和を祈念する。
平成四年七月十一日
樺太大平炭鉱病院
殉職看護婦慰霊碑建立実行委員会

台座の上に備え付けられた、縦〇・九五メートル、横一・二〇メートルのインド産黒御影石《くろみかげいし》の裏側に六人の殉職者名が刻まれている。

昭和二十年八月十七日
樺太恵須取町字武道沢に於自決
大平炭鉱病院看護婦殉職者
　高橋　フミ（三十二才）
　石川　ひさ（二十四才）
　真田　和代（二十才）
　久住　キヨ（十九才）
　佐藤　春江（十八才）
　瀬川百合子（十七才）

この慰霊碑ですべてが完結するわけではないものの、当事者として背負ってきた思いが少しは和《やわ》らぎ、六人の御霊を悼む慰霊碑ができたことで、心の重荷も解けたのではないだろうか。

鎮魂
碑文

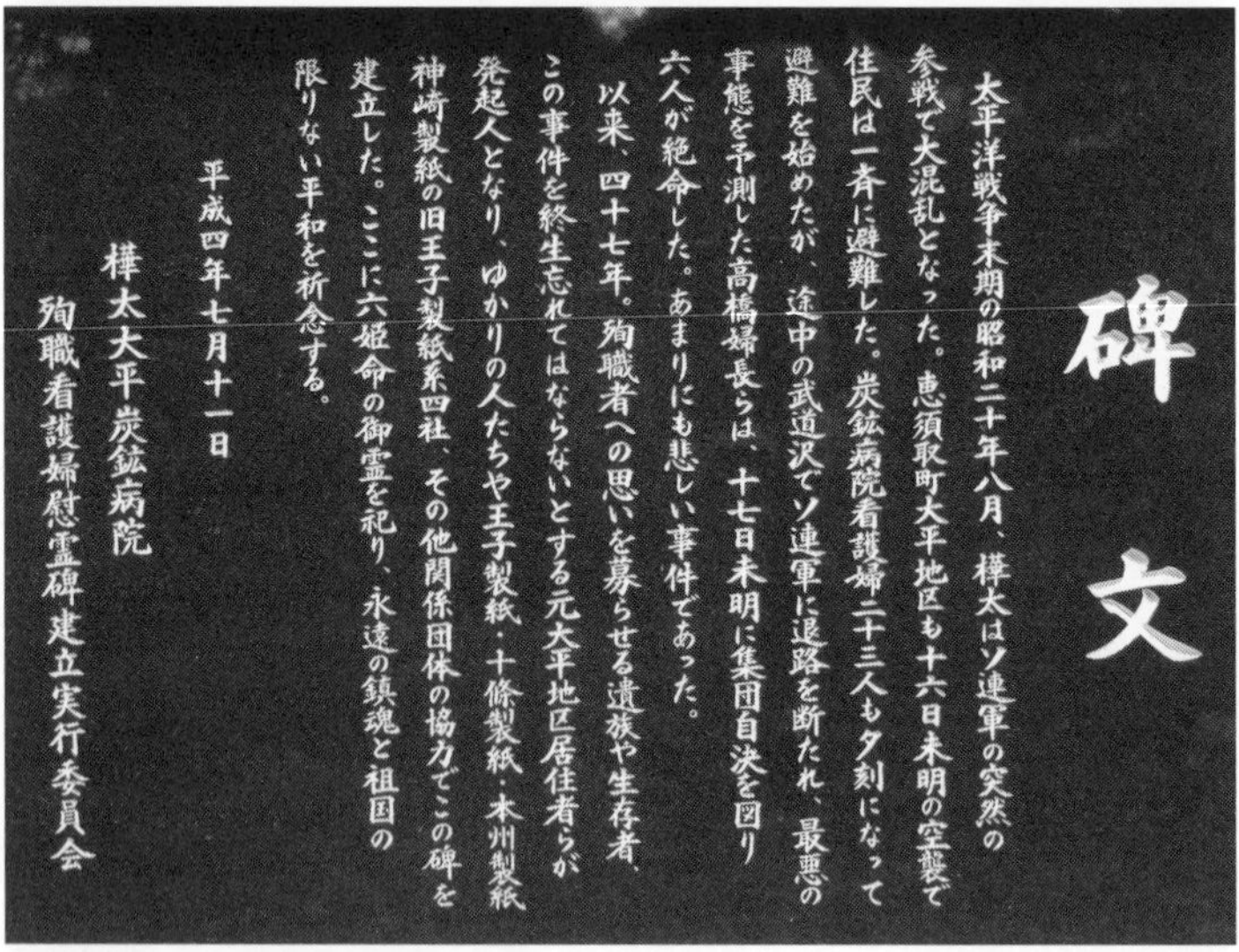
碑文
太平洋戦争末期の昭和二十年八月、樺太はソ連軍の突然の
参戦で大混乱となった。恵須取町大平地区も十六日未明の空襲で
住民は一斉に避難した。炭鉱病院看護婦二十三人も夕刻になって
避難を始めたが、途中の武道沢でソ連軍に退路を断たれ、最悪の
事態を予測した高橋婦長らは、十七日未明に集団自決を図り
六人が絶命した。あまりにも悲しい事件であった。
以来、四十七年。殉職者への思いを募らせる遺族や生存者、
この事件を終生忘れてはならないとする元大平地区居住者らが
発起人となり、ゆかりの人たちや王子製紙・十條製紙・本州製紙
神崎製紙の旧王子製紙系四社、その他関係団体の協力でこの碑を
建立した。ここに六姫命の御霊を祀り、永遠の鎮魂と祖国の
限りない平和を祈念する。
平成四年七月十一日
樺太大平炭鉱病院
殉職看護婦慰霊碑建立実行委員会

「鎮魂」の碑　札幌護国神社境内に立つ。

片山寿美は回想する。

「集まってきた人たち、とくに終戦の折におさげ髪だった人たちが、それぞれ母となり家庭の人となり、または職場にあって元気に勤めておられたりして、幸せそうな皆様と六名の方々の遺影の前で、

『これで良かったんですね』

『亡き方々が何よりも喜んでいてくださるでしょうね』

と歓談したものです。出席者二四名の私たちの前に安置された六つの遺影。それは私にとって毎日見慣れたものでしたが、しかし、この日ばかりはことさらに遺影の一人ひとりの方々が、私たちにむかって微笑《ほほえ》みかけているように感じられてなりませんでした」

はじめて慰霊祭を催すことができたことで、六人の御霊を慰める地を得た。生き残った者にしかわからない、責苦《せめく》と慟哭《どうこく》の渦潮が絶えるときのなかった日々。心に宿る六人の魂が、この鎮魂碑によって少しは安らぎの場を得たのではないだろうか。片山寿美が自分たちにとっての本当の「終戦の日」、と打ち明けた心情こそ偽りのない内省であった。

「思えば、私たちの苦しみは終戦の翌日からはじまったわけです。それはじつに永いものでしたが、二五年の歳月を経て高橋婦長以下六名の霊を慰められたということは、この第一回慰霊祭こそ私にとって真実の終戦であるといえるはずです」

この日を境に、樺太への思いはきっちりと整理された。

「私は時折あの楡《にれ》の大木をしのびはいたしますが、二度と樺太の地へ行きたいとは思いません。楽しかった私の青春の日々が一瞬にして無惨に崩れさったのは、あの樺太だったからです」

片山寿美としての日々を清算し、鳴海寿美として生きる術《すべ》を掴《つか》み取ったひとりの女性の戦争は終わった。

また、慰霊祭にも足を運び旧交を暖めあった桜庭妙子も、

「いまだから言えるが、つらく、思い出すと嫌《いや》な気持ちになる。戦争になると常識では考えられないことが起こる。戦争に行った人ばかりではなく、多くの人が犠牲になった。戦争は愚《おろ》か。罪のない人が死んだりする。（あのときのことは）一生涯、背負っていかなければならない」


劇的な出会いを経て、戦後は夫婦として新冠町で生活した、父と母の元で育った鳴海《なるみ》修司《しゅうじ》。母の「集団自決」に走った行動について、心境をこう語ってくれた。

「母の手記を読んでいたこともあり、母の性格からすれば当時の考え方として仕方がなかったのだろうと思います。上恵須取《かみえすとる》のほうからの避難民と出会っていなければ、目標としていた上恵須取へ向かっていたのでしょうけれど、そこで、そっちもだめだ、こっちもだめだということになったときに、もういる場所がないというふうに判断したのだろうと思いますよね。ただ、

死ぬことまではなかったのではないかというふうにも思いますけれど、いまだから言えることであって、当時としてはそういう選択をしても仕方のない状況だったのだろうなと理解しています」

戦前の明治憲法下での教育を受けていた世代ゆえに、たいがいの人はそういう考え方をもっていたのではないか、と総括している。

「昭和四五年八月一七日の第一回目の慰霊祭をやったことにより、心の重荷がなくなったのだろうと思います。ただ、自分だけが生きていて、死んだ方に何も報いることができなかったということに対しては、生命を全《まっと》うするまで葛藤《かっとう》を抱きつづけていたのだろうと思います」

その鳴海寿美、二〇一三年に九五歳で、竹太郎は一九九五年に八六歳で、それぞれ波乱の生涯を閉じている。

片山きみゑの証言

一七人の生還者のひとりに、坂本きみゑがいた。坂本は、終戦から二年ほど大平で働いたあと、樺太から北海道に引き揚げ、美唄《びばい》の市立病院に勤務。この間、札幌医科大学病院にて看護婦講習を受けて正看護婦の資格を取り、結婚後に片山きみゑとして稚内《わっかない》に移り住む。市立稚内病院の看護婦長を務めたあと、市内の小学校や市民講座において、「子や孫に、あんなつらい思いをさせたくない」と反戦の意味も込めて、当時を回顧して話をすることもあった。
昭和四五年八月の第一回の慰霊祭は、大平炭鉱時代の副婦長だった鳴海寿美が音頭を取って
はじめ、三年おきの慰霊祭も初回から出席していた。
「本州に行った人たちも集まりまして、懇親会で旧交を暖めるのを楽しみにしておりました。
五〇年が過ぎて、これで終わりにしようとしたのです」
片山はいまも、大平炭鉱病院跡に行ってみたいとは思わないという。
「亡くなった六人の方々には、安らかに眠ってください、もうすぐ私も行きますから、という
感じでしょうか。でも、あのときはどうしても死ななくちゃいけないという思いが強くて、生
きていてどうしようかと思っておりましたね」
片山の両手首には、いまもくっきりと疵痕《きずあと》が残る。笑顔を見せながら左右の手首の疵痕を示
してくれたが、
「左手と右手と二か所あります。しばらく痛かったですよ」と右手に二か所ある疵痕を示しな
がら、
「ここがいちばん痛い。婦長さん、意識朦朧《もうろう》としていたから、きちんと切れなかったんです。
左手はきれいなんですが」
と二センチほど細く皮が盛り上った右手の疵を示した。

「しばらくの間は、寒くなったらヒリヒリと痛んでいたのですが、いまは痺《しび》れはなくなりました。触るとザラザラというか違和感はあります」

令和元年（二〇一九）一月、稚内市教育委員会の「令和元年稚内市樺太記念館講座〈稚内学〉・その2、戦前～戦後の宗谷・樺太」イベントで、インタビューを受けた折は爽やかな笑顔を見せて言葉を結んだ片山きみゑ。その横顔には、かすかな憂いも浮かんでいた。

往時を語る片山（旧姓、坂本）きみゑさん　「子や孫にあんな辛い思いをさせたくない」との意思で往時を振り返る坂本さんは、勇気ある証言を残している。

『序幕式記念誌』には、ふくよかで精一杯おしゃれな服装で、屈託《くったく》のない青春の笑顔を見せる乙女たちの姿がある。高橋婦長・石川ひさ副婦長、そして鳴海寿美の現役当時の若き姿に関係者ならずとも胸を打たれる。

あのとき、戦争という悪魔の所業がなければ当たり前に幸せな人生を送っていたはずなのに、と悔やみつつも、石ころのように人の命を無残に奪うのが戦争の本質であると、改めて思い知らされる。

しかし、樺太での女性の集団自決は、まだ終わらなかった。昭和二〇年八月二〇日。三日前の恵須取・大平炭鉱病院看護婦が逃避行の果てに臨んだ集団自決につづくかのように、真岡《まおか》町に上陸侵攻したソ連軍の攻撃の最中、電話通信業務を死守していた真岡郵便局電話交換室にて、自決事件が起きた。

電話交換手たちは、なぜみずからの命を絶つことになったのか。死を選択せざるを得ない淵に立たされていたのか。樺太終戦時のもうひとつの陰を追いかけてみたい。

【第二部】

こちら交換室ただいま九人亡くなりました

——真岡郵便局電話交換手集団自決——

こちら交換室
ただいま九人
亡くなりました

真岡局の風景　昭和 11 年ごろの真岡局市内台での業務風景。交換手のうしろで指導しているのが桜井千代子。

「九人の乙女の碑」から——プロローグとして

日本の最北端に位置する稚内市《わっかない》。その高台にある稚内公園、「氷雪《ひょうせつ》の門《もん》」の近くに佇《たたず》む「九人の乙女の碑」には、ブレスト（受話器）を着けた若い女性のレリーフと、「皆さん　これが最後です　さようなら　さようなら」のメッセージが大きく刻まれている。

プレートの表面に概要がこう紹介される。

〈昭和二十年八月二十日ソ連軍が樺太《からふと》真岡《まおか》上陸を開始しようとした　その時突如日本軍との戦いが始まった　戦火と化した真岡の町　その中で交換台に向かった九人の乙女等は死を以って己の職場を守った　窓越しにみる砲弾のさく烈　刻々迫る危険　今はこれまでと死の交換台に向かい「皆さん　これが最後です　さようなら　さようなら」の言葉を残して静かに青酸加里をのみ　夢多き若き花の命を絶ち職に殉じた　戦争は二度と繰り返すまじ　平和の祈りをこめ

て　ここに九人の乙女の霊を慰む〉
この碑《ひ》文《ぶん》を読む限り、〈今はこれまでと死の交換台に向かい〉冒頭のメッセージを伝え、〈静かに青酸加里をのみ〉という行為が、じつに劇的でいさぎよく映る。一方、疑問も膨《ふく》らんだ。自決現場となった郵便局の位置や電話交換室の場所や局舎内のようす。局内にほかの職員はい

「九人の乙女の碑」　昭和38年、稚内公園の一隅に建立された。

「九人の乙女の碑」のレリーフ　札幌出身の彫刻家本郷新が制作した電話校歌手のレリーフ。

なかったのかなど、現場の状況に対する多くの疑問が湧《わ》いた。〈刻々迫る危険〉とはいかなる〈危険〉なのか、なぜ自決にまでつながったのか――。

樺太戦史を象徴する悲劇と今日に伝えられる「九人の乙女」の全容を知りたく、まずは昭和四〇年に発表された、旧真岡郵便局長上田《うえだ》豊蔵《とよぞう》の「〝交換台に散った九人の乙女〟の真相」という「手記」を水先案内に、また、同氏からの取材で同四五年八月の『北海タイムス』（現在廃刊）紙上に載せた連載「樺太終戦ものがたり」における「九人の乙女」も頼りに、全体像に迫ってみた。

結果は、新聞連載の「九人の乙女」記事の大半は、元局長の手記をベースに展開していることを知った。取材をはじめた昭和六〇年代も、真岡郵便局関係者の多くは健在で、詳細な証言を集めることも容易であった。

局の最高責任者にあった人物が、「手記」として「九人の乙女」像を発表した責任は重い。だれもが確証ある証言として捉えてしまうからだ。しかし、八月二〇日の真岡郵便局全体の動きを再現してみると、「手記」とはいくつもの乖離《かいり》が認められ、事実の隠蔽《いんぺい》も映し出された。なぜ〝殉職美談〟として、樺太の終戦秘話に祭り上げられたのか。大要が判明した。

あの日の朝、電話交換室から電信課へ届いたラストメッセージ『こちら交換室、ただいま九人が亡くなりました』の背景をたどってみた。

第一章　引き揚げ組と残留組と「決死隊」

元真岡郵便局電話主事補、斎藤春子の秘密

昭和六一年（一九八六）七月、札幌市南区澄川の閑静な住宅街に孫と一緒に余生を送る斎藤春子を訪ね、四一年前の心の扉を開いていただいた。偶然にもその日は、彼女にとって人生の転機となる「命令」を受けた四四年前の同じ日である。

「だれも信じてくれはしないでしょうね。妹にも話したことありませんでした。私の胸にだけ収めてきたことでしたから」

斎藤春子が、胸に秘めていたある日の真相をはじめて語ってくれたのである。

ある日とは、昭和二〇年七月の少し蒸し暑い日の昼下がり。上田《うえだ》豊蔵《とよぞう》局長の呼び出しを受け、

真岡郵便局庁舎　窓口対応の事務を１階に配置した庁舎には、中二階もあった。旧交換室は後方２階部分。大正期の写真か。

局長室で直接局長の口から指示されたというエピソードであった。

その瞬間、斎藤みずから「〝特攻隊長〟を仰せつかった」との覚悟を抱いたが、その気概は姉妹の確執《かくしつ》からやむを得ず身を引くことになった悔恨《かいこん》で打ち消され、胸のなかに閉じ込めていたのである。

老境にいる斎藤春子は、戦後はじめて第三者に話すことであると前置きしながらも、凛《りん》として背筋を伸ばし、優しく語りかけてくる。話が熱を帯びると、かつての「電話交換手」の張りがよみがえったような表情を見せてくれた。

斎藤春子は大正七年（一九一八）、斎藤家の女四人、男二人の六人姉弟の二女として生まれ、昭和八年（一九三三）、一六歳で電話事務員として真岡《まおか》郵便局に採用された。事件当時二八歳を迎えていたが、電話主事補として、五人いた主事補のなかでは若い任用であった。現在の職階にたとえるなら、係長職の主任に継ぐ地位といえようか。

春子と六歳下の妹美枝子も真岡郵便局電信係として勤務しており、姉妹そろって郵便局勤めの身であった。父満次郎は昭和一九年に脳溢血《のういっけつ》で倒れ、五七歳で生涯を閉じていた。その後、真岡町山下町二丁目の斎藤家には母チヨと妹の美枝子、一六歳の君子、一二歳の信男と住み、父亡きあとの家計を春子が支えていた。

「電話交換室で午後の勤務に就《つ》いていましたら、主事補の鈴木かずえさんが来て、局長さんが呼んでいますから一緒に行きましょうと私を呼びにきたのです」

電話交換室は別棟の二階にあり、局長室は本棟の一階にあった。

春子は承知したものの、この時期の局長の呼び出しを怪訝《けげん》に思った。というのも、日ごろ業務の指示や連絡はすべて筆頭主事補の鈴木かずえをとおして伝えられており、主事補の春子といえども局長室に直接顔を出す機会はなかったからである。

春子は交換室を離れるため、休憩室にいた代務の可香谷《かがや》シゲに代わってくれるよう声をかけてから、鈴木に従って階下に降りた。

電話交換室と廊下をはさむだけの休憩室は、四畳半余りの畳敷きと板の間になっており、片隅に置かれたオルガンと年中はずすことのない石炭ストーブ、簡単なテーブルと椅子《いす》が備えられ、簡易な炊事《すいじ》もできる部屋であった。隣接して仮眠室がある。ここは女子専用となっており、一階の電信係の女子職員もこの休憩室の畳敷きの場所に布団《ふとん》を敷いて寝ていた。

電話交換手の業務は四〇分ごとに二〇分間の休憩が取れるため、交代で休憩するときは編み物やお喋《しゃべ》りに費やす恰好《かっこう》の場所であった。勤務は四班体制で、休みとなる「明け番」、通常勤務の「日勤」「長勤」「夜勤」の四交代制をとっている。このため四日に一度巡ってくる「夜勤」の日は、家から解放されて過ごす一夜となるため、娘盛りの彼女たちにとっては楽しみのひと時でもある。

自宅から材料を持ち寄り、味噌《みそ》汁《しる》や汁粉《しるこ》をつくって夜食として食べ、〝外泊〟の夜を彼女らなりに楽しんでいたのである。

新人交換手であった佐々木愛子はこう語る。

「新入りの場合、石炭ストーブの回りを掃除《そうじ》

真岡局の幹部交換手たち（昭和15年9月）　前列左から石井克子、鈴木かずえ。後列左から桜井千代子、上野ハナ。最古参の鈴木かずえは上田局長の信頼が高かった。

したり、石炭を運んできたり、灰《はい》をきれいにするなど、当番の人もいましたが、自分は新入りでしたから少しでも早く出勤してやるという意識をもっておりました。仕事はきびしかったですが、恐いという雰囲気《ふんいき》ではなかった」

しかも、仕事は「お国のためになっているんだ」という意識も強かったという。また、局ぐるみで開かれる慰安会も毎年楽しみな行事のひとつで、各職場交流の恰好の機会となっていた。

春子と交代で電話交換室に戻った代務の可香谷シゲは二三歳。同僚から「ガヤさん」と親しみを込めて呼ばれ、楽天家でものおじしない明るい性格から、局内の男女を問わずに好かれていた。十代が多い交換手のなかにあって、後輩にとっては頼もしいお姉さんと慕われていた。和服の似合う優しい顔立ちである。春子と同じ班に属し、主事補を補佐する役割の「代務」に就いていた。

「当時は憲兵隊がしょっちゅう出入りしておりましてね、彼らが顔を出すたびに緊張してなるべく口をきかないようにしていました。戦争の話はいっさいしません。彼らはいつも、いちばん威張っておりましたね。緊急、緊急といってね、通話をつなぐのが少しでも遅いとすぐ電話で主事補が呼ばれました。それ以上の緊急がありますから、いつも緊急ばかりを優先させなかったですが……」

電話交換室に憲兵が頻繁《ひんぱん》に出入りするようになるにつれ、戦況が緊迫してきたことを肌で感じていたと春子は語る。

職務命令としての「残留」

春子は鈴木かずえにともなわれ、局長室のドアを軽くノックして入った。

「お呼びでございますか」

机を前にした上田局長の前に進み、一礼した。右手に鈴木かずえも控えている。局長室は二畳間ほどの小部屋であった。春子は「標準服」と呼ばれる紺《こん》の長袖《ながそで》の事務服を羽織り、もんぺ姿という出で立ちである。

若き日の上田豊蔵　口髭に眼鏡という特徴で、豊原逓信局から真岡郵便局長になった。

上田局長は浅黒い面長《おもなが》の顔に鼻先までずり落ちた丸眼鏡を、ペン軸を持つ親指で戻してから顔を上げた。薄くなった頭髪をひと掻《か》きするような仕草をしてから斎藤を見つめると、話しかけてきた。

「これからは戦局もきびしくなってきます。ご承知のとおり真岡郵便局は西海岸の中枢局として本土との電話交換業務を行い、国家の命運を左右する重要な任務をになってきました。このため非常災害時などの場合でも、電話交換業務を最後まで死守しなければなりません。この任務を遂行するため、最後まで残って仕事をする人を最低でも二四、五人選考してください」

ひと呼吸おいてから、ふたたび春子に話しかけてきた。

「そこで、主事補のあなたにその指揮をとっていただきたい。私はいっさい口出ししませんから、あなたが全責任をもって指揮してください」

上田局長は、最後まで残って仕事をする人を選ぶため、春子が全責任をもって指揮をとるようにと言った。選考の基準は身体の丈夫な人。しかも、局長はいっさい口出しをしないとも付け加えたのである。

「私は腑《ふ》に落ちませんでした。上には三人の主事補がおります。それも優秀な先輩たちです。さらに電話主事がいるのに、なぜ私に全責任を任せるから指揮をとってくれと言われるのか。ちょっとおかしいのではと思いましたが、局長さんの命令ですから仕方がないのかと思いました」

相手は真岡郵便局長である。局のトップが局長室に部下を呼び、指揮をとれと指示することは明らかに「業務命令」であると受け止めた春子は、腑に落ちないことを口にすることもなく即答した。

「わかりました」

と言って、具体的な指示もなかったため局長室をあとにした。春子は歩きながら局長の言葉を反芻《はんすう》した。

「最後まで残って仕事をする人を最低でも二四、五人選考してください」ということは、職場を死守しようということである。つまり、時局柄、非常事態に備えて「決死隊」を組織する動きが具体化しており、ついに真岡郵便局にもその時期がきたのか、と春子は心を引き締めた。

「あっ、これは私が〝特攻隊〟の隊長さんを仰《おお》せつかったんだと思いました。自分の命はこれしかない、死ななきゃならないんだと腹をくくりました。さてこれからどうしましょう。私のような者でできるのかしら。でもやらなければならないのでしょう。心の中に重い負担を抱えることになりました」

もちろん春子も、戦時下にあって電話交換業務の職務遂行が重要であることは充分承知していた。残留のための人選を指示されることがなかったとしても、電話交換手として最後まで残って仕事を全《まっと》うする意気込みはもっていた。命を惜しむことなどこれっぽっちもなかったという。

春子の責任番号は「四番」、先輩主事補が二人おり、二人の電話主事をさしおいて、春子に局長が「指揮をとるように」と指示された真意を図りかねたが、同時にその先輩をさしおいて責任ある仕事を委《ゆだ》ねられたという昂揚《こうよう》感が沸き上がった。いまこそ「逓信乙女《ていしんおとめ》」の気概をみせたい、改めて決死の覚悟を抱いたのである。

局長室を出て交換室に戻る途次、鈴木かずえが声をかけてきた。

「春子さん、じつは私、静岡に帰るつもりでおります」

筆頭主事補として現場の頂点にいた鈴木は、このとき身籠《みごも》っており、故郷に疎開《そかい》するつもりだと打ち明けた。

この日を境に春子の「決死の覚悟」は、渦潮《うずしお》のように日々大きくなっていくのだが、その後、残留交換手を募る目立った動きはなかった。立ち消えになったのかとさえ思ったという。

「逓信乙女」と「決死隊」はなぜ準備されたか

この時期いわれた「逓信乙女」の原型である。昭和一八年（一九四三）五月より、二二歳から三九歳までの未婚の女子は「勤労報国隊」に組織され、さらにそれまで男子が就《つ》いていた分野にまで女子が進出、女学生も含めて再編され、「女子挺身隊《ていしんたい》」として広範囲な動員がはじまった。というのも、沖縄を本土の防波堤として総力戦を企て、本土を戦場と化してまでも徹底玉砕《ぎょくさい》を貫く方針を打ち出していた大本営《だいほんえい》は、同一九年三月、「決戦非常措置要綱」を発して、電気通信業務の強化に乗り出した。

〈決戦ノ現段階ニ鑑《かんが》ミ電気通信ニ関スル決戦非常措置ヲ強化推進シ、モッテ戦局ノ打開ニ最終

的寄与ヲナサントス〉

と、「電気通信」の職場も決戦の方針に組み込まれた。

あるいは、『札幌の電信電話八十年のあゆみ』によると、同二〇年五月、運輸通信省の外局であった通信院を内閣総理大臣の管轄として逓信院に改称するとともに、「非常逓信本部」を設置した。その任務とは、

〈逓信局及び重要通信官署の権限を拡大して、その地方の自戦体制を強化刷新し、また逓信従業員の戦時服務規律を定め、隊組織を編成して責任体制の確立と指揮発令の強力徹底を期す〉

ことであった。

四月には「北海道地方戦時通信協議会」を発足させ、札幌逓信局長を委員長とする軍・官・民の委員・幹事をもって、非常時における逓信機能の統合運用・回収転用・通話制限取締りなどを協議する組織とした。

さらに、逓信部内の対応組織として、郵便・電信・電話局の「業務部隊」、電気通信工事局の「工作隊」、集配特定局・非現業局の「特設部隊」の三部隊が編成されている。

〈隊員男子は在郷《ざいごう》軍人を中心として、女子は志願者を中心として、平常は現業事務遂行の中核となり、敵襲などによる非常災害時には決死隊として、最後のひとりになるまで重要通信の疎通、逓信施設の防衛、被害の復旧に挺身《ていしん》する任務をもっていた〉

と、北海道の戦時下における逓信業務体制が展開されるが、本州や北海道に限らず樺太《からふと》の逓信体制とて同様だった。

ただ、「電信・電話」業務は即席で習得できるものでもなく、〈在郷軍人を中心として〉や、電話交換業務を〈女子は志願者を中心として〉とある文言が、だれを指すのか曖昧《あいまい》だが、〈敵襲などによる非常災害時には決死隊として、最後のひとりになるまで（中略）挺身する任務をもっていた〉と、職場死守を目的とする「決死隊」の存在を逓信業務の非常時の手段とすると明記している。

〈本土決戦〉に収斂《しゅうれん》される逓信組織だが、樺太の豊原《とよはら》逓信局での取組みが、本土ほどの緊迫感はなかったにせよ、北海道との交信や通信も頻繁化し、緊迫化するにつれて同じレベルにいたったことは否《いな》めない。樺太の逓信業務においても、この「決死隊」的な業務死守は、後述するが、豊原局はもとより、真岡局・泊居《とまりおる》局・敷香《しすか》局・蘭泊《らんどまり》局の電話交換手の証言からも裏付けられる。

札幌電話局の電話交換手の職場を伝える新聞にも、戦意高揚を煽《あお》る記事が目立つ。たとえ爆弾が炸裂《さくれつ》しても職場を死守するという電話交換手の決意を紹介し、〈断じて職場死守〉を誓い、堅い使命感に燃える交換手を取り上げている。

こと札幌に限らず、電信電話の職場に身を置く乙女たちは、「女子通信戦士」の気概を胸に秘めて仕事に臨んでいたのである。

斎藤春子が、上田局長から命じられた「職場死守」のための残留交換手の確保について、「特攻隊長を仰せつかった」と反射的に認めた心情には、「女子通信戦士」の気概が背景にあったからにほかならない。

しかし、真岡郵便局長上田豊蔵は戦後に発表する手記のなかで、これら「残留」への指示・命令いっさいを否定し、「決死隊」の存在すら薄める証言をしている。「女子通信戦士」の気概で当たり前のように「決死隊」の在り方が鼓舞《こぶ》され、それを否定する根拠が見当たらない時代背景があったにもかかわらず、である。

この事件を語る「上田手記」のなかで、筆者が腑に落ちない根拠のひとつでもあった。

乙女たちの八月一五日

じつは、昭和二〇年八月八日、ソ連（ソビエト社会主義共和国連邦）は、日本に宣戦を布告し、翌九日、北緯五〇度の国境線を突破して南下をはじめたのである。国境線から南樺太《みなみからふと》全体が一気に緊張することになった。

真岡が一気に緊張する事態が起きたのは、八月九日であった。証言するのは昭和五年真岡生

まれで、二〇年四月に豊原電気通信局工事局真岡出張所に勤務していた宇田《うだ》正勝《まさかつ》である。電話交換業務の点検修理保全を請け負い、電話交換室の一部にも「六〇番」の機器を置いて職務をになっていた。その宇田がこう語る。

「八月九日午前八時半ごろ、いきなり空襲のサイレンが鳴った。いつも訓練では先に警戒警報のサイレンが鳴る約束であったが、この朝はちがった。急を告げるサイレンの音に、所内にいた局員一同『これは本物だ！』と叫んで外に飛び出した。逃げるためではなく、敵機を見るためである。見上げていた町の空を北から南へ「ヤク型」単発機が低空ですごいスピードで飛び抜けて行った。高浜町の丘に遮《さえぎ》られて視界から消

天然の良港と海岸段丘に連なる真岡町市街　樺太でもっとも温暖なる地域として、冬季も海表面が氷結することなく、内地との船舶の往来が絶えなかった。西海岸の要港である。

えた瞬間、ちょうどこの地点にあった監視《かんし》哨《しょう》の対空機銃が発砲した。射撃音はずいぶんと短く聞こえた。

ひとりが『一発か二発しか撃たなかったな』と言うと、ほかの人は『機関銃だもの一〇発は撃っているさ』と応じる。私は五、六発かなと思った。そんな話し合いのなかで土田作次という先輩が受話器を取って監視哨へつないだ。『いま何発撃ちましたか』と訊《たず》ねると、軍隊口調で『タダイマノ発射弾数、二九発ナリ』との回答があった。だれもそんなに撃っていたとは思わなかった。

このソ連機は、町のはずれにあった第四国民学校に射撃を加えたと聞いて、自転車で見にいくと、南東側のトタン屋根二、三か所が剥《は》がれて軒《のき》の破風板《はふいた》も少し割れてぶら下がっていた。聞けばグラウンドにいた児童が狙われたそうだ」

この朝の「ヤク型」単発機の空襲が、真岡町におけるはじめての〝空襲〟となり、その後もつづいた。この「ヤク型」戦闘機とは、ソ連の主力戦闘機であり、改良機は多数存在していた。真岡の空襲は、この後もつづいた。一〇日と一一日の午前中、短い時間であったが二機編隊の単発機が、上空高く輪を描きながら飛来。宇田の耳には「虻《あぶ》のような音を振りまいていった」ように聞こえたという。


こうしたソ連軍の不穏な動きに呼応するかのように、樺太庁は一〇日、鉄道局・船舶運営会・陸海軍等関係連絡会議において、島民の緊急疎開要綱を作成、老幼婦女子（老人、一四歳以下の児童・幼児と婦女子）、病人・不具者の優先的輸送計画が決定された。一二日には、札幌に樺太庁北海道事務所が設置され、一三日から大泊《おおどまり》・真岡・本斗《ほんと》の三港を邦人輸送港に指定し、あらゆる船を動員して前記在留邦人の本土への引き揚げを開始したのである。

あわただしさが増す樺太に、昭和二〇年八月一五日正午、「終戦の詔勅《しょうちょく》」が発せられた。

真岡郵便局二階にある電話交換室には、壁に有線放送の拡声器が取り付けられ、比較的広い部屋のため局内の職員が整列して、居ずまいを正した。

朕《ちん》深ク　世界ノ大勢ト帝国ノ現状トニ鑑《かんが》ミ　非常ノ措置ヲ以テ　時局ヲ収拾セムト欲シ茲《ここ》ニ
忠良ナル爾《なんじ》臣民ニ告グ

スピーカーから聞こえる声は聞き取りにくかった。だれもがひと言も聞き洩らすまいと聞き耳をたてていたが、やがて言葉の意味から一人、二人と頭《こうべ》を垂《た》れていく。嗚咽《おえつ》が漏れ出した。予期せぬ事態であった。

主事補の斎藤春子もそのなかにいた。

「雑音が入り、よく聞こえなかったが、終戦だということはよくわかりました。日本が負けたんだという気持ちでしたが、私はほっとしました。これからどうなるのかわからないが、とにかく戦争は終わったんだ。同時に、これから大変だろうな、どうなるんだろうという気持ちも湧《わ》いてきました」

この日の豊原逓信局の模様を伝える『樺太新聞』は、「戦い抜いた逓信」と見出しをつけた記事を出した。

〈戦場樺太の通信を守り抜いた豊原逓信局全局員も十五日正午、畏《かしこ》くも御放送遊ばされる玉音を拝聴、けふのこの日までただ逓信報国の念に燃えたぎった全局員の胸に流れるのはただ熱涙のみ。ある者はまぶたに溢れる涙を拭《ぬぐ》ひもやらず、またある女子局員は制し切れず廊下に走り出て床に伏した。

戦い抜いた皇国《こうこく》通信戦士の涙がいま惜しみなく流れている〉（『樺太終戦史』所収）

この玉音放送は、真岡郵便局の電話交換手たちの運命をも一変させることになる。

勤務明けで自宅にいた電話交換手の姉妹は、「詔勅」の日に引き揚げ命令を受け、交換室の仲間と再会することもなく真岡をあとにすることになった。

その姉妹交換手とは、伊藤愛子と幸子である。この日、正午に重大放送があるというので隣組の班長宅に集合するように連絡をもらい、早い時間から呼び出されて詰めていた。班長宅の玄関先で待機させられ、お喋りはきつく止められていた。だれもが居ずまいを正してその放送を待っていた。

突然、班長が玄関先から昂《たかぶ》った大声で叫んだ。

「只今より、戦局について、畏《かしこ》くも天皇陛下御自ら、重大なお言葉を発せられる。各自、謹んでご拝聴すること――」

開襟《かいきん》シャツの襟元《えりもと》を広げた班長は、思いっきり背を反《そ》らせて、両手を身体に貼り付けたような恰好《かっこう》で叫んでいた。顔を紅潮《こうちょう》させ、口角《こうかく》から泡《あわ》を飛ばしながらである。雑音に混じって甲高《かんだか》い声がかすかに聞こえた。はっきりとは聞き取りにくい音声であったが、しだいに集団のなかから声をひそめながらつぶやく言葉に、伊藤姉妹はハッとした。

「戦争に負けたってこと」

顔を突き合わせながら、不思議な気持ちでその場に立ちすくんでいた。

真岡町の緊急疎開は、八月一五日の谷町からはじまった。谷町の王子製紙の社宅に住んでいた愛子と幸子は、班長宅から自宅に戻ると間もなく、こんどは、

「緊急疎開命令が出ている、ただちに波止場に集合するように。局のほうには、後日電話をかけておけばそれでよい」

ふたたび班長が港へ集合せよとの指示を伝えにきたのである。正午の「詔勅」を聞いたあとだけに、時間の余裕もないまま姉妹は母親と旅支度をはじめた。

「局に行っている時間はないわね」

「公衆電話から報告しよう」

愛子は、港へ下る途中にある公会堂の公衆電話から連絡しようと思った。愛子にとってこの引き揚げは緊急疎開であり、落ち着いたらまた真岡に戻れるものという思いがあった。いましがたラジオで「終戦の詔勅」を耳にしたものの、日本が負けたのだという実感はなかった。

旅支度に懸命な母の姿を見て、また戻るのにどうしてそんなに荷物を持つのだろうと、不思議だったという。愛子は小さなリュックサックに、身につけるものと友人にもらった大切な品ものだけ、いずれも簡易な身の回りのものだけを詰めた。

「愛子、ちゃんと大事な物を持てるだけ持って行くんだよ」

という母に、

「すぐ戻れるのだから簡単なものだけでいいのよ」

「ばかなことを言うんじゃない。いま持って行かないとどうなるかわからないんだから」

母の言葉に腹立たしさすら覚える愛子だが、結局はリュックサックひとつで押しとおした。

とにかく時間がない。母親を急《せ》き立てながら家を出ると、公会堂前で公衆電話ボックスに入った。なんとしてでも職場へだけは連絡しなければという義務感からである。

応答したのは可香谷《かがや》シゲであった。突然の疎開命令で局に顔を出す時間がないことを説明して、ひとときの別れを告げた。先輩たちがつぎつぎに電話口で道中の無事を祈ってくれた。

「自分たちもあとから引き揚げるからね。勤務先の心配はいらないのよ。青森の局に届けておくと、ちゃんと勤められるようになるから、最寄りの局に電話をするのよ」

励ましの言葉が受話器に響いた。疎開先の再就職のことまで気遣ってくれる言葉に安堵した。安心して疎開できる喜びと、先輩たちと別れる寂しさに、涙が止まらなかった。妹も傍らにいたが、愛子は別れの言葉を言うと受話器を置いた。

先輩の声を聞いて涙した愛子だが、真岡を離れることに不思議と寂しさや悲しさは湧いてこなかったという。波止場に着いて、乗船の列に並んだ。みんなが一反風呂敷《いったんふろしき》や大きなリュックサックを膨《ふく》らませて背負い、両手にも荷物をぶら下げている。

小さなリュックサックひとつの自分を見る周囲の目線に、愛子は訝《いぶか》しがった。また戻れるのだからと信じきっていたものの、引き揚げ者の姿としてはとても不自然に映る自分の出で立ちに、一抹《いちまつ》の不安もよぎる。

可香谷シゲ　和服の似合うお姉さん役の優しさをもった女性。多くの男女から慕われていたという。

乗船を待つ列を見守る憲兵が大きな声で叫んでいた。

「日本は負けたのではない。また帰れるのだぞ」

なぜ憲兵がそんなことを言うのだろう、愛子ははっとして思い直した。もしかしたら、このまま真岡に二度と戻れないのでは、との胸騒ぎを覚えた。

残留交換手を募る

最初に上田局長から斎藤春子《さいとうはるこ》にもちかけられた電話交換手の残留は、八月一六日の朝礼から具体的に動きだした。すでに緊急疎開《そかい》で町を離れ、職場を離れていく電話交換手が続出するなか、班ごとに行われる朝礼の場で、はじめて鈴木かずえの口から残留のことが告げられたのである。

一五日の夜勤番であった主事補の斎藤春子は、一六日朝の朝礼にも加わっていた。朝礼は交換室前の宿直室で行われている。日常勤務者との交代が午前八時のため、その一〇分前に行われる。話をするのは主事補か代務で、勤務の割り振りや連絡事項がある場合に限って主事補の鈴木かずえが伝えることになっていた。この朝の鈴木かずえは、やや緊張した口調で説明に当たった。傍らに斎藤春子も控えている。

鈴木は、緊急疎開命令が出されて職場を離れる交換手も出ている現状を話し、仮にソ連軍が上陸して電話交換業務の移管が行われるまでは業務を遂行しなければならないと前置きし、残って交換業務をつづけてもらえる人は、いちど家族と相談したうえで、返事を聞かせてほしい旨《むね》を説いた。

「はい、私残ります」

「私も残ります」

「残るわ。残りたいです」

その場にいた交換手のほぼ全員が手を挙げ、声を出して残る意思を表した。日ごろから、電話交換業務の使命に燃える交換手たちにとって、家族や自分のことより職場の業務を優先させる思いは、身についた心情であった。この場では、集団心理も働いて、同調する成り行きでもあった。

「本日は希望者を募《つの》りません。家族とご相談のうえで、班長さんに伝えてください」

鈴木は興奮する交換手たちに、後日希望を聞くとだけ告げた。傍らの春子も声を掛けた。

「皆さんのお気持ちはわかりましたが、いちど家に帰って、ご両親と相談してから決めてくださいね。それから私に申し出てくださいね」

斎藤の言葉に納得したようで、朝礼は解散したが、お互いに残ろうと約束し合った熱い思いが交差し合い、狭い宿直室が沸《わ》いた。だが、本人の意志とは別に、自宅に帰って親に説得されて引き揚げ組に入る交換手の数もふえていった。

「具体的な人選については、電話主事や鈴木かずえさん、それに私より先輩主事補の上野ハナさんも入って決めていかれたようでした。私は加わっておりません」

斎藤春子が人選に加わらなかったのは、その後春子自身も引き揚げ組に入ってしまうからであった。

昭和 11 年ごろの真岡郵便局、市内交換台　正装した交換手や主事席も映り、若き上田豊蔵の立ち姿を確認できる。

その後、残留希望者が固まっていくことになるが、残留組として加わる交換手に葛《か》西節子《さいせつこ》の例もあった。

「募集をしているのは知っていましたが、希望者がいない場合は責任番号順に残ってもらうことになるからと、あらかじめ主事補から言われていました。私の場合は、責任番号からいっても当然該当する順位におり、残らなければならないのだよと母に言いましたら、母は仕方がないと納得したようでしたが、諦めざるを得なかったのでしょうね」

葛西が言う「責任番号」とは、斎藤春子も証言するとおり、電話交換手の経験年数によって付けられる「番号」のことである。葛西節子は先頭から数えて二十番代だという。入局六、七年目となる葛西は交換手でも中堅クラスにいた。上田局長が斎藤春子に指示した「最低でも二四、五人は残ってもらいたい」という員数を考えると、葛西節子の「責任番号」では当然残留組に入る。

「希望者が少ない場合は〝強制残留〟組に入るものですから、それなら最初から残る覚悟でおりました」

葛西の家は本町六丁目。郵便局から三〇〇メートルほどの場所で、魚の加工屋を営んでいた。近所に交換手仲間の川島キミが住んでいた。葛西は一歳年下の川島キミとは友達として親しく付き合っていたという。

その川島キミについて、斎藤春子はこう証言する。

「残留組は最終的に二四、五人になったようですが、そのうち二人から私のところに申し出がありまして、この二人だけは当初の残留組からはずしました」

そのひとりが川島キミであったという。

「私残りたいのですが、家の人から一緒に引き揚げましょうと言われました。考えてはいるんですけれど」

という川島キミに、春子は、

「ご両親が反対しているのに残るって頑張ってもいけませんよ。あなた一緒にお帰りなさいと言って、二人だけは私の判断で残留組からはずしました」

と春子は配慮した。しかし、結果的に川島キミは二〇日に残ってしまう。この点について、葛西節子はこう補足する。

「引き揚げるはずだった川島キミさんですが、おとなしい性格の方でした。友達である私が残ると言ったので、一緒に残る決意をしたのでしょう。『九人の乙女』のひとり吉田八重子さんと同期で、伊藤千枝さんはひとつ上の年齢でした」

その葛西と川島の地域は、一七日に緊急疎開することになっていた。

「家族の引き揚げは一七日でしたが、その日は日勤でしたから見送りに行けませんでした」

八月一七日、葛西の母親と妹が稚内《わっかない》に引き揚げて行った。


同じく残留組に入った渡辺照は、栄町八丁目に住んでいた。この地区は一九日の朝、引き揚げることが決まっていた。一八日、休憩室で先輩の可香谷《かがや》シゲに持ちかけられて残留を決意したという。

「私は決死隊として残ることにしたけれど、あなたはどうするの。お父さんもいるんだから安心でしょう。必ず帰れるから一緒に残らない?」

「私も残ります」

照子は、シゲの誘いに即答した。

「父が一緒に残るという心強さもありました。業務を引き継いだら小笠原丸《おがさわらまる》で引き揚げる計画があると聞かされましたから、二つ返事で決めました」

というが、家に帰ると両親の猛反対にあった。父親に、ソ連軍につかまったら両足を二頭の馬に縛られて走らされる股裂《またさ》きにあうのだぞ、とまで言われて反対されたが、父親と一緒に残ると言って押しとおしたという。

「母の猛烈な反対にあいましたが、お国のために電話交換業務を守らなくてはならないと、残ることを貫きました」

照子は当時の親子の葛藤《かっとう》を噛《か》みしめるようにそう証言する。

可香谷シゲの〝覚悟〟については、兄信夫が聞いていた。

北日本汽船に勤め、結婚して実家から独立していた可香谷信夫は、召集されて真岡中学からの〝学徒派遣部隊〟に召集されて駐屯《ちゅうとん》していた。一五日の「終戦の詔勅」後、部隊は解散になって除隊となり、一六日夕刻、帰宅途中に架《か》かる三宅坂《みやけざか》の橋のたもとで妹のシゲと顔を合わせたのである。実家は高浜町の王子製紙の社宅にあった。

信夫は久々に顔を見る妹に喜び、シゲも兄の元気な姿を見て笑顔で言った。

第一章　引き揚げ組と残留組と「決死隊」

「家族はみんな引き揚げるけれど、私だけ残ることになったの。でも、中学生に電話交換の仕事を教えたらすぐ引き揚げることになっているの。兄さん、心配しないでね」

「女、子どもは引き揚げることになっているだろう。ソ連兵がやってきたら、女たちはなぶりものにあうんだから、引き揚げたほうが身のためだぞ」

信夫はシゲの身を気遣った。ソ連軍進駐後に起こりうる占領地の惨状を説いたのである。

「大丈夫よ、兄さん。いざというときの覚悟はちゃんとできているから。青酸カリをもらってあるから、いざとなったらこれを飲んで死ぬつもりよ」

明るく言ってのけるシゲの覚悟に、一瞬返す言葉を失ったが、

「おまえ死ぬなよ。北海道へ引き揚げてみんなと一緒に暮らすんだからな」

信夫は諭すように言葉をかけると、

「はい」

シゲも素直に応えた。可香谷信夫は、素直で優しい妹だったと振り返るが、シゲのロマンスについてもこう語っている。

「シゲが憲兵と親しかったと言われているが、あくまでも情報交換が目的で色恋の付き合いはなかったと思います。私の同級生なんですが、士官学校を出た大尉《たいい》で、南方の戦線に召集されていたんです。召集前はちょくちょく家に遊びに来ており、シゲも話をしていたので、彼と一

緒になりたかったようだったな。召集後にシゲから聞いた話でしたけれど」

年ごろの妹を思いやる兄信夫だったが、それがシゲの顔を見た最後の機会となってしまった。

一九日夜、シゲは自宅に電話をかけていたと信夫は語る。

「お腹が空《す》いたから、何か食べ物を持ってきてほしいと母親に電話をかけてきたのだが、持っていかなかったようで、せめてそれだけでも届けてやりたかったと母が後悔しておりました」

可香谷シゲと母親との普段着のようすがうかがえる。


一人娘の宿命に苦しみ、泣く泣く引き揚げの道を選んだ交換手もいた。

木本孝子には、二度目となる苦渋《くじゅう》の選択であった。というのも、王子製紙に勤務する父を置いて、高齢の母親をひとりで疎開させるわけにはいかず、引き揚げざるを得なかったのである。

「じつは、一七年に入局する前、親友と一緒に従軍看護婦になって戦地に行く約束をしたのですが、一人娘のため母に懇願されて残らざるを得なかったのです。そしていま、交換手として仲間とともに決死隊に入ることもかなわずに仲間と別れなければならない運命に、腹立たしいというか、取り残されたようでとても悲しい気持ちでした」

仕事に情熱を傾け、青春を賭《か》けようと描いた二度の夢が、一人娘という境遇から自由に職業選択ができない無念さを噛《か》みしめた木本孝子。真岡郵便局での電話交換手としての思い出であった。

形式上は「募集」という方法で残留交換手を募ったが、戦前の教育を受け、戦中の職務遂行の思いを抱いている彼女たちにとって、決死の覚悟を抱いて仕事に臨む姿勢はむしろ普通の思いであったという。戦時下の通信確保を絶対的なものとする逓信《ていしん》組織の姿勢がどうあれ、純粋に職場死守の気概《きがい》を貫こうとする彼女たちにとって、残留を拒む理由があるとすれば家の事情だけであった。引き揚げ交換手の多くは、家庭の事情からやむなく残留を断念したというのが本音である。仕事に賭ける「逓信乙女」たちの使命感は熱かった。

衝突する姉妹

「特攻隊長」を仰せつかったと、職場に残る意思を固めていた電話主事補斎藤春子に、ちょっとしたトラブルが発生した。地域ごとの緊急疎開命令は一八日の引き揚げとなっていた。

斎藤家は真岡郵便局に二人の娘を預けていた。つまり、姉妹で勤務していたことから、二人とも仕事のために残るということは、母親にとってどうしても許せない一線であった。

ことの起こりは、一八日の昼過ぎ、引き揚げ命令の時刻であった。

春子が局長室に呼ばれたのである。こんどは何事かとの思いでふたたび局長室を訪れた春子に、上田局長がこう告げた。

「先ほどお母さんから電話があってね、二人の娘を郵便局に預けたままでは引き揚げられない。どちらかひとりを返してくれと言ってきているぞ。美枝子さんと相談してどちらかひとり引き揚げるようにしてください」

春子は愕然《がくぜん》とした。母が局長に直談判《じかだんぱん》したことに対する驚きと、電信係に勤める妹も残留することへの不満であった。仕事に対する責任の度合いから判断すると、当然電話主事補である自分の立場は重い。それを理解しないで勝手に残るとする妹への反発であった。

「私は〝特攻隊の隊長〟でしたが、そのことをどうしても妹に言えなかった。もちろん妹もそんなことを知る由もなかったですからね」

春子の思いは複雑だった。斎藤家に引き揚げ命令が入ったのは一七日である。引き揚げは翌一八日。「残留交換手」を募る密命を胸に秘めていた春子にとって、職責からいっても引き揚げるわけにはいかないのだ。

一方の美枝子も、すでに職場の仲良しと残留を決意していたのである。電信係の同僚薬丸信子《やくまるのぶこ》と約束をした手前、姉に言われて翻意する意思もなかった。

その夜、家族会議を開いて話し合いをもったが折り合いがつかない。侃々諤々《かんかんがくがく》、姉妹の主張が衝突した。痺《しび》れを切らしたのは母親である。ひと月前に夫を亡くし、喪に服していた矢先のこの時期に、こんどは娘二人を置いて引き揚げることはできなかったのだ。

翌朝、母親が局長へ電話を入れ、直談判となった。

「局長さん、このようなときに娘二人を局に預けたままでは引き揚げられません。ひとりは諦めても、ひとりだけはどうしても連れて帰りますから、娘を返してください」

電話で訴えた母親の言葉を、春子は局長から聞かされ、胸を痛めた。局長室を出たその足で、電信係へ行き美枝子を廊下に呼び出すと、

「あなたね、お母さんが局長さんに直談判したっていうじゃないの。こんなことって恥ずかしくないの？　私は最初から仕事の都合で残らなければならないって言っていたでしょう。だから、あなたがお母さんと一緒に引き揚げてちょうだいって言っているのに、どうしてわからないの」

春子の叱責《しっせき》に、美枝子も頑《がん》として譲らない。

「だって、母さんは姉さんと一緒に引き揚げるって言っているのよ。私はヤクちゃんと残ることに決めたし、主事さんにもそう言ってあるから残る人数に入っているの、だからだめよ」

「ソ連軍が来るというし、どういう事態になるかわからないのよ。若いあなたがお帰りなさい」

「大丈夫よ。仕事の引き継ぎが終わったら小笠原丸で引き揚げることになっているんだから」

美枝子も一歩も引かない。押し問答を繰り返しても埒《らち》が明かないため、姉である春子が諦めた。

「そんなに私の言うことを聞かないで残りたいっていうのなら、どうぞ残りなさい。私が帰りますから。その代わり、どんな事態になっても私を恨まないでよ。いいですね」

美枝子は深く頷《うなず》いた。身をひるがえして局長室に向かった春子は、上田局長に報告した。

「局長さん、妹が譲りませんので、私が引き揚げさせていただきます」

「ああそうか、そうしてください。道中気をつけて引き揚げるように」

春子は局長室を出ると二階の電話交換室に足を運び、電話主事の大山一男に挨拶《あいさつ》し、先輩の鈴木かずえの元へも顔を出した。

「局長さんから言われまして、妹と私のどちらかが残るようにとのことでしたが、私が引き揚げさせていただきます。局長さんにも報告して参りました」

「それはいいことです。お父さんが亡くなって間もないことですし、幼い弟さんたちもいることですからね。電信の妹さんが残るのであれば、あなたはお母さんと一緒に引き揚げてくださいね」

鈴木は励ましの言葉を送ってくれた。この日、日勤《にっきん》に就いていた主事補の高石ミキや代務の可香谷シゲとも言葉を交わしてから、交換台に着いていた後輩交換手に通話の合間をぬって別れを告げた。

郵便局をあとにした春子は、いつもの勤務服である標準服にもんぺ姿で、緊急袋を肩から下げて波止場へ足を速めた。引き揚げ者でごった返す港で、母と弟たちを見つけて合流したのである。

引き揚げ船といっても港に係留《けいりゅう》されるのは二隻《せき》の艀船《はしけぶね》と、それを曳航《えいこう》する発動機船であった。ほかにも漁船や艀船が引き揚げ船として駆り出されている。乗船の順番を待っている間に、高石ミキと可香谷シゲが見送りに現れた。

「わざわざ来ていただいてありがとうね」

「ふたりで春子さんの分まで頑張りますから、どうか心配なさらずにお帰りくださいね。それと、これ、私の形見と思って餞別《せんべつ》代わりにもらってください」

高石ミキが小脇に抱えていた風呂敷包みを春子の前に差し出した。

「ミキさんの形見って大袈裟《おおげさ》ですよ。何かしら」

春子は風呂敷包みを少し開いた。和服用の雨コートであった。

「ミキさん、ありがたくいただくわ。ありがとうございます。落ち着いたら連絡しますからね、交換室をお願いします」

春子は疎開先の住所を書いたメモを高石に渡して再会を約した。

「シゲさんも元気で頑張ってね」

春子は可香谷シゲに声を掛けた。

「私なんて生きてないでしょうね。春子さん、敵が来て乱暴されそうになったら、ひとりでも突いて死んでやるわよ」

シゲの強気の言葉に春子は吹き出した。

「でもね、もう戦争は終わったのよ。早まったことだけはしないでちょうだいね、この船だって艀船ですから、いつ沈むかわからないでしょう。私のほうが先に死ぬことだってあるのよ」

「春子さん、お元気でね」

「またお会いしましょう、無理をしないでね」

「道中お気をつけください」

シゲの声が印象的だったと語る春子。

乗船の合図とともに、群れを成すような列が艀船に飲み込まれていった。喫水線《きっすいせん》も浅く、春子の言うとおり、いつ転覆するか安全の保証はない。本来は積荷用の艀船で宗谷《そうや》海峡を渡るなど、平常時なら考えられない異常な航海である。波のうねりしだいでは海の藻屑《もくず》と消える可能性は高い。しかし、いまはそんなことを言っていられない火急の事態にある。本土に引き揚げられることだけでも恵まれていると言えた。

春子の覚悟も、この艀船を見る限り大袈裟ではなかった。ゆっくりと岸壁を離れていく船。春子の視界からゆっくりと遠ざかっていく高石ミキと可香谷シゲの姿。四一年前を回顧する昭和六一年当時の斎藤春子の証言には、脳裏に浮かぶふたりの残影と耳に残る言葉が印象的だった。

「私なんか生きていないわよ」という可香谷シゲの言葉や、残留組の行動を思いやるとき、〝決死隊〟から離脱せざるを得なかったことへの悔やみが、春子の心に澱《おり》のように溜まっていた。

各局で出された残留命令

電話交換手残留の動きであるが、真岡郵便局以外の局ではどうだったのか。樺太の中心都市として唯一、市制を敷く豊原市《とよはら》。行政・経済・文化の中心地であった。真岡より南にあり、内陸に開けた人口三万七〇〇〇余名（昭和一六年現在）の街である。

逓信事業の記録によれば、豊原逓信局は全島の中枢局であり、郵便局はそれまで樺太庁交通部逓信課に置かれていたが、昭和一八年四月、樺太庁が大東亜省《だいとうあ》から内務省に移管となり、内地に編入されると同時に、交通部逓信課も逓信省に移管されて「豊原逓信局」に昇格していた。

つまり、本土並みに逓信省の管轄下に入り、業務部と工務部、さらに工事局も置かれて、樺太管内の全職員は約四〇〇〇名という大所帯となったのだ。

豊原逓信局庁舎　全島の中枢局であり、郵便局はそれまで樺太庁交通部逓信課に置かれていたが、昭和18年に樺太が大東亜省から内務省に移管になり、内地に編入されると同時に逓信省に移管され、「豊原逓信局」となった。

当時の郵便局の機能は、現在の郵政と電信をあわせた組織となっており、樺太島内に七局の「普通局」と、ほかに「特定局」が配備されていた。

豊原逓信局の建物に同居する豊原郵便局の電話交換は、昭和六年全国に先駆けて市内通話が自動化され、近代的なダイヤル通話制を採っていた。このため電話交換業務は市外通話と案内業務のみの取扱いとなり、電話交換手も少なかった。

一方、真岡郵便局は樺太西海岸を縦の都市でつなぐ「普通局」であった。豊原―真岡線は電話網の大動脈であり、真岡局は豊原・大泊に次ぐ樺太の主要局となっていたという。

豊原市でも、一六日から町内ごとの緊急疎開がはじまった。豊原の電話交換室では、筆

豊原郵便局自動交換室内の試験台　昭和６年、全国に先駆けて市内通話の自動化に踏み切り、電話交換業務は市外通話のみとなって交換手も半減した。

頭格の電話主事補渡辺テツが、家族と一緒に引き揚げるように電話主事から指示されていた。電話交換手が引き揚げたあとは、軍関係の男手で代行させる計画になっていたという。

「電話主事は、負けた国なんだから女子が残ることはない、家族と一緒に引き揚げたらいいよと言ってくれましたが、逓信局の伊賀憲治課長が、真岡でも二〇名も残るのに、樺太一の局が、だれも残らないということはないだろう、と言われましてね、私と石沢さんが残ることにしました」

と話す渡辺テツ。つまり、前任の局長で、上部組織に当たる豊原逓信局の業務課長伊賀憲治が、交換手の引き揚げより職務優先を説いたことになる。

「私たちは、自主的に残る腹づもりでおりましたから」

筆頭主事補だった渡辺テツは、同僚主事補の石沢春枝とふたりで業務をつづける決意であったという。一般交換手の引き揚げを優先させてもらい、渡辺が交換手の給与計算を行い、石沢が交換業務に就くということで、一五日からふたりとも局に泊まり込んでいたが、二、三日すると、疎開できなかった柏倉明子らが職場復帰してきたという。

豊原局の「残留」に際しては、こんな約束が示されていた。〈逓信省の「小笠原丸」が来たらすぐ帰す。ソ連軍が進駐《しんちゅう》してこないうちに引き揚げられるはずだ。それまで、内地との通信を確保してもらう〉というもので、逓信省船「小笠原丸」回航による引き揚げを担保にしていたのである。ただ、具体的な引き揚げの日程は示されていない。渡辺もその「小笠原丸」で引き揚げることができると信じていたという。

また、この「小笠原丸」が真岡港まで回航されるという情報は聞かされていなかったというから、稚泊《ちはく》航路の往来基地である大泊港を起点とする引き揚げであった。

真岡郵便局の北に位置し、「普通局」でもあった泊居《とまりおる》局の電話交換室でも、主だった電話交換手に残留の指示が出されていた。

残留を指示されていた交換手の顔ぶれは、筆頭主事補の外城《そとしろ》サト、主事補榊《さかき》ナセ・成田カナ、それに代務の米塚アヒ子（彼女の場合は加藤電話主事からの信頼が高かったためという）・鈴木好子。いずれも本人の口から残留の申し出があったとの証言を得ており、主事補や代務といった責任番号一番からのベテラン組である。もうひとり鳴海美枝子も加えた六人が残留組となっていた。

主事補の榊ナセは責任番号二番、残留の指示は電話主事からであったという。

「終戦直後でしたか、いちど泊居が空襲に遭うのですが、加藤主事から外城・米塚アヒ子と私の三人に対して引き揚げの命令が出ているが、親が引き揚げてもあなた方は一応残ってくださいと指示されました。このとき指示がなくても、私たちは最後まで残る気持ちでおりました」

このように、豊原局を主軸とする主要対地局のひとつ泊居局でも、明らかに残留の指示が下りていたのである。

第二章　非常体制の夜

非常体制に入る

昭和二〇年（一九四五）八月一九日朝、真岡《まおか》郵便局の二階にある宿直室で行われた朝礼での訓示が、電話交換手たちの肺腑《はいふ》をえぐった。

「本日の夜勤から非常体制に入ります。宿直にあたっている方は大変でしょうが、お国のためです、頑張ってください。緊急時の際は、一般の通話は取り止め、軍や関係機関などへ遺漏《いろう》のないよう取り次いでください」

伝達したのは電話主事補の鈴木かずえであった。

電話交換業務はふだんから二四時間体制で運営され、一組一二人ほどでひとつの班を構成し、四交代制をとっていた。一五日からはじまった緊急疎開による引き揚げ電話交換手が続出し、六〇人以上もいた交換手も櫛《くし》の歯《は》が抜けるように少なくなった。

非常時における電話交換業務をつづけるために残留する交換手と、引き揚げ予定の交換手。引き揚げる予定でいた木本孝子は、電話交換室や休憩室での雰囲気に違和感を抱いたという。

「同僚のなかで、私は残る、私はだめと言って、なんとなくグループができてしまうみたいでしたね。引き揚げる人は、どうしても控えめになっていきました」

木本は、〝決死隊〟に加わることができないというある種の後ろめたさを抱くことになったという。もちろん残留するために選抜された交換手が夜勤もになうため、昼間の勤務番に当たった残留組も、二四時間体制に組み入れられた。緊急事態に対応する〝決死隊〟となったのである。

ただ、終戦からすでに四日を経たこの時点での「非常体制」とは何を意味するのか。不可解にも思われるが、その背景にソ連軍の動向が深く陰を落としていた。

「いよいよソ連軍がやってくるのね」

交換手同士でこのような言葉が交わされた。一九日の夜勤から非常体制が組まれることになった。二〇人余りとなった残留交換手を二班に分け、主事補上野ハナを筆頭とする「上野班」と、主事補高石ミキを筆頭とする「高石班」が組織された。この夜は「高石班」が勤務に就いていた。

高石ミキ　姉妹で真岡局の電話交換手を務める。芯が強く、明るく優しいお姉さん役だったという。

「終戦の詔勅《しょうちょく》」の発表後、樺太《からふと》庁は、戦闘の終結に注目し、住民の安全保護のため官公署をはじめとする主要建物での白旗掲揚を指示、ラジオをつうじて白旗を掲げるよう放送した。『樺太終戦史』では、〈空襲から身を守り、流言蜚語《りゅうげんひご》に惑わされず、また火災を出さないよう努めてソ連軍の平和進駐《しんちゅう》に心を砕いた〉と記すが、結果から追う戦史ではいかようにも脚色できる。ソ連軍進駐を予知した上での「平和進駐」に心を砕いたと記すが、それは結果として願ったことであり、実際にソ連軍が「平和進駐」をめざしていたのか。あるいは真岡町民の各戸で白旗掲揚が徹底されたのか、その事実を証言する人はいない。

日本が「終戦の詔勅」をもって無条件降伏を宣言し、軍の攻撃停止を命じた一六日、ソ連軍は南樺太西海岸の北に位置する塔路《とうろ》・恵須取《えすとる》に艦砲射撃《かんぽうしゃげき》を開始し、上陸侵攻の挙に出た。武力占領を目的としたソ連軍の南樺太制圧は、日本領土の占領そのものであった。

樺太西海岸の北からの避難民の多くは、鉄道駅のある町まで長蛇の逃避行をつづけ、最初の引き揚げ港に指定されている真岡港や、鉄道の中継地である真岡駅に集結していた。駅構内はもとより、港周辺はこうした引き揚げ予定者でごった返していた。

持ち込まれた青酸カリ

ところで、豊原《とよはら》電気通信工事局真岡出張所の新人職員として入所したばかりの宇田《うだ》正勝《まさかつ》は、電話交換室にも頻繁《ひんぱん》に出入りし、顔見知りの交換手も多かった。宇田は親しくしてもらっていた高石ミキとこんなやり取りがあったことを語った。

ふだんどおり、電話交換室に顔を出すと、高石ミキが声をかけてきた。

「今日はあなたが来ると思って、お汁粉《しるこ》を取っておいたわよ。休憩室にあるから召し上がってね」

宇田は、高石の言葉に笑顔で応えると、交換室を出て左側にある小さな部屋に入った。はじめて入る女子休憩室である。部屋の中央に長方形のテーブルが置かれ、両側に縁台《えんだい》と椅子《いす》が置いてある。突き当たりが大きな窓になっており、左手には高床に畳敷《たたみじ》きになった仮眠室があり、ロッカーが並べられていた。

テーブルの上には、朱塗りの椀《わん》がひとつ、箸《はし》を乗せ紙をかぶせてあった。宇田は椅子に腰かけると紙をはがして椀を手にした。椀の六分目ほどが埋まっている。ひと口すする。まるで砂糖屋の前を走って通った程度の甘さだと感じたという。団子らしきものは入っていないが、小豆《あずき》の粒は確認できた。宇田は心も温かくなった。自分が交換室に来る日を知って、あらかじめ用意してくれた高石ミキの心配りに心が和《やわ》らいだという。

その宇田が発表した「手記」が、この事件の核となる青酸カリの出所を証言していたのである。

昭和五〇年に社団法人全国樺太連盟の機関紙『樺連情報』（昭和五〇年八月一日発行号）に掲載されたその手記は、こんな書き出しではじまっていた。

「今日までひとり、胸の中にとどめてきた思い出、それはささいな出来事ではあろうが、唯一の証人として事態を後世に伝えることは、私の果たさねばならぬ義務ではと考え、ペンをとることにした」

引き揚げ後、三〇年余り沈黙を守った宇田が、なぜこの時期に筆を執ることになったのか。宇田にとっては〝ささいな出来事〟であったろうが、一方で、その証言内容は事件の核心に触れる事実が含まれていることを意味するもので、自分の「義務」と悟り、告白したのであった。みずからを「唯一の証人」とする〝出来事〟とは、昭和二〇年八月一七日の豊原電気通信工事局真岡出張所内での〝出来事〟であった。

「昭和二〇年、私は豊原電気通信工事局真岡出張所に勤務していた。

天皇陛下の詔勅に流した涙のまだ乾かぬ一七日の夕方であった。作業に出払った局員はまだ帰ってこず、ガランとした所内にひとり居残っていた私は、廊下に出て洗面所の窓からぼんやり外を見ていた。事務室の戸が開き、これもひとりだけ残っていた女子事務員の古川亮子さん(当時二一歳)が出てきた。顔立ちの美しい人であったが、そのときの思いつめたような表情は怖《こわ》いほどであった。

この人は温かい心の持ち主で、いまひとりの事務員、小林慶子さん(当時二〇歳)とともに小指を切り、しぼりとった血で「八幡大宮」と血書したのぼりを軍に献じたことのある乙女だった。当時、『樺太新聞』に写真入りで報道された。

事務室から出てきた古川さんは、錠のおりている薬品室の錠をはずして中に入った。それまで薬品室の中を見たことのなかった私は、好奇心にかられて中をのぞきこんだ。右側に二段ほど棚《たな》があり、多くのガラス瓶《びん》が並んでいた。棚の一部がボックスになっていてガラス戸にも鍵がかかっていたのだ。

その鍵をあけ、中から茶色のガラスビンを取り出した古川さんは、入口に立っていた私に目もくれず事務室に戻った。よほど思いつめていたのか、薬品室の戸も事務室の戸も開けっ放しのままだった。何をするのか。私は、興味がわいて古川さんから目をはなさずにいた。古川さんは、自分の机に新聞紙を広げ、その上にビンの内容物を広げた。それは白っぽい結晶のかたまりであった。

事務用の千枚通しでゴッゴッそのかたまりを突いていたが、手に負えなかったのでしょう、椅子を立って私のところに来ると『ドライバー貸してちょうだい』と手を差し出した。

私がドライバーを渡すと、奪い取るようにして事務室に入った。ドライバーをノミがわり、ペンチを金槌《かなづち》がわりに使ってかたまりを砕き、さらにペンチの頭で細かくした。私は手伝いながらノドにつかえていた言葉を言った。

『これ、なんですか』

『青酸カリよ』

にこりともしない顔で返事が返ってきた。

しかし、この返事を聞いて私はシメタと思った。

——これさえあれば、いざというときに死ねる——。

『ぼくにも、ちょうだい』

ポンと無造作に、角砂糖くらいの粒をひとつ、指でつまんでくれた。

『なんだ、たったこれだけ』

『それだけあれば、あんたなんか一〇人も死ねるわよ』

『じゃあ、こんなにどうするのさ』

『交換の人たちにあげるのよ』

会話をつづけながら、古川さんは砕いた青酸カリを新聞紙に小さくくるめると、手さげ袋に入れた。やがて戸締りをすませると、

『局に寄って、そのまま帰るから』

と言って帰っていった。これが古川さんを見た最後だった」


ここまでが、青酸カリが持ち出された証言である。現場には古川亮子と宇田正勝のふたりしかいなかった。宇田は翌一八日夕刻、所長の妻の荷造りを手伝ったあと、所長に呼ばれて職場に出勤した。そこで、所長とこんなやり取りをしていた。当時の所長は、「通信技手」蓮沼義《はすぬまよし》伊《ただ》である。

「その夕方、蓮沼所長に呼ばれて事務室に行くと、所長ひとりがいて、

『君は青酸カリをもっているそうだな、そんな物をもってどうするんだ。よこせ』

『いやです』

そのときは、小ビンに入れてポケットにもっていたけれど、渡さなかった。

所長は暗い顔をして下を向き、それ以上言葉をつづけなかった。異常な時期であったために、無理に取り上げることを躊躇《ちゅうちょ》したのでしょう」

注目すべきは、蓮沼所長が、一八日の時点で宇田が青酸カリを所持していることをなぜ知っていたのか、疑問も湧くが理由は簡単に解ける。宇田のもっていた青酸カリは、前日に事務所で古川亮子からもらい受けていたものであり、その事実を知っているのは古川亮子だけであった。つまり、持ち出し現場にいなかった上司の蓮沼所長が知ったということは、持ち出した当事者の古川亮子が蓮沼所長と接触していたことを裏付けてくれる。では、古川亮子は、いつ、どこで蓮沼所長と接触したのか。

古川は一七日夕刻、「局に寄って帰る」と事務所を出た。向かった先は真岡郵便局。そこには当然のごとく蓮沼所長がいて青酸カリの包みを手渡した。そして、宇田に少量の青酸カリを分けたことも報告していたのである。この事実は重い。青酸カリの持ち込みが具体的に証明されたのである。動かしようのない事実であった。

宇田は自身のその後の行動について、こう展開する。

「一九日は用務の小母《おば》さんの疎開の手伝いで終った。二隻《せき》ずつロープにつながれた艀《はしけ》が発動機船に引かれて真岡の沖を南に向かうのを見送りながら、無事に着けるのかと心配だった。

家で夕食を終えてから、郵便局へ急いだ。先輩の寺内さん（当時一七歳）が交換室で待っているためで、家族が疎開してひとりになってしまった彼と、所長と、いまひとりの同僚佐々木さんと四人で、今夜から共同生活をする約束をしていたのだ。場所は工事局の用務員室。宿直者は、所長・寺内・佐々木・宇田であった。夜の時間を交換室で過ごそうというわけであった。

交換室は、職場の一部でもありほとんどの交換手とは顔なじみであった。私の場合はとくに、亡姉（橋詰澄子）が真岡の王子製紙の交換手をしていた関係上、局の交換の人たちとの交際もあったようで、そのためか主任の高石ミキさんはいろいろと面倒をみてくださった。

一九日の夜は一〇時ごろまで交換室で無為に時間を過ごした。高石ミキさんに今夜から泊まる用務員室の電話番号を知らせて、急用の際の連絡を頼み、別れのあいさつをした。これが本当の別れの言葉になるとも知らず。

『さようなら。気をつけて帰りなさい』

高石さんの笑顔と、交換台に着いているため振り返って目礼だけを送ってくれた人たちの顔。明日をも知れぬ敗戦の混乱時に、身を捨て石として職場を守りつづけた人びとの最後の姿だった。

工事局に帰ってから、所長も交えて、ひとしきり雑談をして床に入った四人は雑魚寝《ざこね》だった」

吉田八重子と赤飯

一九日の午後二時ごろ、「高石班」で夜勤当番となる交換手吉田八重子の元に赤飯が届けられた。その吉田家は二〇日が引き揚げ日となっており、離れ離れになる家族の無事を祈って赤飯が炊《た》かれたのだ。父親・長兄、そして弟の武とともに職場に残ることになった八重子の元を訪ねたのはその武である。いつも姉の用事で交換室を訪ねており、二階の交換室は勝手知ったる場所。ドアを開けて顔を出すと、監督席に着いていた高石ミキが吉田八重子に声をかけた。

「八重ちゃん、武君よ。代わってあげるから外していいわよ」

「あ、はい。武ちゃん、もう少しで交代に入るから休憩室で待っていてね」

交換室には市内交換機一〇台と市外が五台設備されていた。市内線の交換台に着いていた八重子は、ブレストをはずすと席を立った。電話の繁忙時間帯は、一〇台に全員が着いて競うように着信灯の点滅するレバーを押し、通話希望の番号器にジャックを差し込むのだが、この日は比較的空いていた。高石が着台したのを見て、八重子は交換台を離れた。

「ごめんなさい、班長さん。弟が夜食を持ってきたものですから」

「あら、いいわねー」

「はい、班長さんの分も残しておきますから」

休憩室では、武が風呂敷に包んだ重箱に手をかけたまま、固くなって立っていた。

吉田八重子　宿直日の19日、弟が持ってきた赤飯を休憩室で食べて、歓声を上げていた。

「あら、立ちっぱなしだったの」

八重子は笑顔で武をテーブルに招き、自分も腰を下ろした。

「はいこれ、職場の人にもあげるようにってさ」

「ありがとう。わあっ、お赤飯か。夜まで待てないから、つまみ食いしちゃおう」

風呂敷をほどいて重箱を開けた八重子は、赤飯を前に歓声を上げた。休憩していた同僚にも声をかけると、皿を取り出し赤飯を小分けにして盛り付けた。

「やっぱりお母さんのつくったお赤飯ね、おいしいわ」

笑顔で頰張《ほおば》る姉の表情を眺めていた武は、二日前の夜を思い返していた。引き揚げる母と、残ると言い張る姉が、言い争った夜であった。なんとしてでも一緒に引き揚げてほしいと哀願する母親に対して、最後まで仕事を優先すると言って譲らぬ姉。その話に武が割り込んだ。

「姉さんたちの仕事は、ぼくたち真岡中学の男子生徒が引き受けることになっているんだ。心配せずに母さんと帰ってよ」

「何言っているの、武ちゃんになんかできるものですか」

このひと言で母親は折れた。

八重子は赤飯を頬張りながら武に話しかける。

「今夜はおじさんの家に泊まるんだって？」

「明日の船出が早いからね」

「お母さんたち、稚内《わっかない》まで無事に航海できるわよね。そうしたら真岡に残るのは四人になっちゃうのね。武ちゃんも来年は卒業だし、頑張って勉強しなければね」

「戦争は終わったけど、このあとどうなるのかな」

「お母さんのあとを追いかけて、すぐ引き揚げられるわよ」

神妙な口調ながら、武を励ます八重子の目が潤《うる》んでいた。壁の時計が容赦《ようしゃ》なく時を刻んでいく。

「あっ、もう交代の時間だわ。武ちゃんはゆっくりしていってね。身体を大事に、しっかり頑張るのよ」

四一年前の姉の表情が、いまも瞼《まぶた》に浮かぶと語る吉田武。

「姉は私への言葉を、家族への遺言と思って話していたのでしょう。覚悟の思いのように聞こえておりました」

　吉田家で、八重子と最後に言葉を交わしたひとりである。

沢田キミとバリカン

　午後七時を過ぎていた。電話交換室では「高石班」が夜勤に入り、交換手のひとり沢田キミは休憩に入っていた。ドアがノックされた。

「キミちゃん、弟さんがいらしているわよ」

　可香谷《かがや》シゲの声だった。キミは立ち上がると廊下に立っている弟富治を見つけた。

「これ、バリカン持ってきたよ」

「ありがとう。そうね、隣の部屋を借りましょうか」

と、交換室の南側を間仕切りしただけの試験係に、弟を誘った。通称「六〇番」と呼ばれる、一般加入電話の故障を担当する試験係である。正式には「豊原電気通信工事局真岡出張所電信電話係」の名称をもつが、だれもが「六〇番」と呼んでいた。交換台に一般の故障の知らせが入ると、交換室の片隅に陣取る「六〇番」の電話を鳴らす。

「何番故障です」と職員が受けて修理に入る。職場には常時四人あまりの職員が在駐し、こちらも日勤・長勤・当直との連絡と二四時間体制が組まれていた。

沢田富治は、一九年一二月に逓信講習所を出て姉キミが勤務する真岡郵便局に配属になっていた。キミとは三歳違いの一六歳。いつもの職場に入った富治は、てっきり姉から何か話があるのだろうと思っていた。

「ちょっとの間、ここを借りるわよ」

暇をもてあましている宿直担当に声をかけると、椅子を借りて富治を促した。

「さあ、ここに座って。散髪してあげるから」

事務机に向かって富治を座らせる、風呂敷包みからバリカンを取り出し、その風呂敷を富治の首に広げてうしろで結んだ。

「風呂敷の両端を持っていてね」

「ここで髪を刈るの」

「そうよ、さあ、早く」

富治は照れくさそうに風呂敷を広げた。手際よくバリカンを入れる姉にしぶしぶ従いながら、頭を押さえる姉の手のぬくもりを感じとった。

この日夕刻、日勤を終えて職場をあとにしようとしていた富治は、キミに声をかけられた。夕食後でいいからバリカンと剃刀《かみそり》を持ってくるように言いつけられていた。てっきり姉たちが使うものとばかり思っていた富治は、二つ返事で引き受けたものの、まさか自分の頭を刈られ

真岡郵便局の電話交換手たち　中列左から２人目が沢田キミ。その右隣りが渡辺照。ともに18、19歳と若手組。

ることは考え及ばなかったという。

「姉ちゃん、虎刈りは嫌《いや》だぜ」

「なに生意気言ってるの、姉の腕を信じなさい」

「そうかなあー」

キミは、ひととおり刈り終わると、休憩室に戻って石鹸《せっけん》入れと手拭《てぬぐ》いを手にして戻り、剃刀で顔を剃《そ》った。

「はい、おまちどうさま。どう、さっぱりしたでしょう」

キミは富治の頭を撫《な》で回しながら声をかけた。富治はニヤニヤ笑って見ている同僚の顔を見て、照れ笑いを浮かべながら姉の手を振り払った。

「お母さんによろしく伝えてね」

キミは風呂敷を丸めると試験係の部屋を

あとにした。富治もすぐに帰る気になれず、宿直者としばらく話し込み、午後一〇時で泊まりに入るのを見て、引き揚げることにした。休憩室から笑い声が漏れていた。

「上野班」の班長上野ハナは、応援で交換室に詰めていた。「日勤」からつづけて交換業務をこなす後輩の手助けをしようと、自分も市外台に着いていたのだ。

「何かあったらすぐ連絡くださいね」

上野ハナは、二〇日、日付が代わったのを見届けると局をあとにしていた。

昭和二〇年八月二〇日、真岡郵便局で夜を明かす「高石班」の電話交換手は、つぎの顔ぶれである。

主事補　高石　ミキ（二四）
代　務　可香谷　シゲ（二三）
　　　　伊藤　千枝（二三）
　　　　吉田八重子（二一）
　　　　高城　淑子（二〇）
　　　　川島　キミ（一九）

沢田　キミ（一九）
渡辺　照（一八）
境　サツエ（一八）
岡田　恵美子（一七）
松橋　みどり（一七）

主事補の高石ミキが二四歳、可香谷シゲが二三歳と二〇代が五人。ほか六人がまだ一〇代という若き乙女たち一一人が、それぞれ交代で電話交換業務に就いていた。

電信係のサヨナラパーティー

真岡郵便局の一階では、電信係の宿直組も業務をこなしていた。

通信業務は、ふだんから、午後九時過ぎまでは仕事の手を休めることができず、宿直といえども日中と変わらぬ業務量をこなさなければならなかった。このため、夜食の準備にとりかかるのは、女子職員の手が空いてくる時刻となる。室内に年中取り付けてある石炭ストーブの上で煮炊きをし、午後一〇時を過ぎるころから、交代で食事にありつく。この夜食をとるひとときがまた宿直者の楽しみでもあった。仮眠場所は、男子職員は電信係の奥にある部屋で、女子職員は二階の休憩室となる。

この日、二〇日に福島県郡山《こおりやま》の第二航空隊に入隊する予定のベテラン職員菅沼啓三が終戦で召集解除となり、職場に顔を出していた。家で身体をもてあましていたところ、

「お別れパーティーをするから来ないか」

と電話をもらい、夕刻にやってきていた。

ソ連の対日参戦後の情勢は、南樺太全域がソ連に占領される日も間近いという。となれば郵便局も接収されることが予測される。職場で机を並べた仲間とも散り散りになる前に、お別れ会をしようと発案されたのである。

通信室に詰めていた水越正巳は、郵便局から七分余りで行ける、山手五丁目に自宅があった。一七日に母親と姉と妹が引き揚げ、家は空のため、向かいの篠田宅に寝泊まりさせてもらっていた。まだ顔ににきびが残る一六歳、同僚ふたりとともに電信係の宿直者のなかで一番の若手であった。

召集解除で家にいた菅沼同様、明け番の日は釣りに行き時間つぶしをしていた。

「防波堤で釣りをやるのですが、釣れ過ぎておもしろくないのです。磯舟に乗って沖に出ても一時間もすれば御用籠いっぱいになるほど釣れるため、本来の釣りの醍醐味《だいごみ》はなかったですね」

と水越は笑う。

この夜、電信課の非常体制で宿直に入っていた職員は九人で、勤務外者一人を含めて一〇人となる。

電信主事　平井　重蔵（三五）
　　　　　飯塚　保房（二四）
　　　　　菅沼　啓三（二〇）（勤務外）
　　　　　大和田　実（二〇）
　　　　　斎藤　美枝子（二一）
　　　　　薬丸　信子（二〇）
　　　　　阿部　宏（一七）
　　　　　水越　正巳（一六）
　　　　　守山　弘（一六）
　　　　　吉村　三次（一六）

電信主事の平井重蔵が宿直に就いていた。管理職に相当する主事が宿直する場合、真岡郵便局全体を統括する責任をもたされるのだ。

この日の宿直組にふたりの女子職員、斎藤美枝子と薬丸信子がいた。ともに二一、二〇歳の若き乙女である。パーティーの準備にはこのふたりが率先してあたった。食事のメニューは、まぜご飯に野菜の煮込みと焼き魚。いずれも石炭ストーブの上で調理したものである。煮物や焼き魚の匂いが部屋に漂い、空腹の身には強い刺激となる。もちろんアルコールも用意してある。斎藤美枝子の姉婿《あねむこ》が酒屋を営んでおり、昼に店を訪れて日本酒と洋酒を融通してもらった。

戦時下の物価統制のなかでも、樺太は本土ほど物資が窮していなかったのか、日本酒や洋酒を調達できた。これだけで充分すぎる品揃いである。

宴会がはじまったのは、通信回線が一段落した午後一〇時を回ったあたりである。主事の机や着電台・通信台などの椅子を引き寄せると、火を落とした石炭ストーブを囲むように座る。終戦後の時期でもあり、灯火管制も解除されて、久しぶりに事務室の明かりをつけたままでの即席パーティーとなった。

「非常体制という慌《あわ》ただしい情勢となりました。終戦の詔勅も出され、これからすんなりとソ連に引き渡しされるのか想像もつかない状況ですが、みなさんの身の上と健康を祈念しまして、乾杯しましょう」

平井主事の乾杯の音頭で、ささやかなさよならパーティーが幕を開けた。といっても、着電器のランプの点滅にはだれもが注意を払い、即応できる心構えでいた。

戦時下には居丈高《いたけだか》に乗り込んできた憲兵の姿があり、何もかもが統制されていた生活の窮屈さが、八月一五日を境に少しは緩んでいった。張り詰めていた糸が急に切れるような、絶望や不安が澱《よど》んでいなかったというなら嘘《うそ》になる。だれも口に出しては言わないが、不安を抱えていた。母親の意に背《そむ》いてまでも、あるいは姉妹との諍《いさか》いを経てまで職場に残留するいまの自分が異常なのだと。

少なからず、心の澱《おり》を流してくれたのがこの夜のアルコールであり、身内の宴という気安さであった。もちろん解放感もあった。同席する菅沼は下戸ながら、久々の酒席の気分に浸っていた。

宿直責任主事の平井重蔵も、この夜ばかりは役職の肩書きを外し、久々の日本酒の味に思いを委ねていた。アルコールが心の壁を取り除いてくれた。だれもが心地よい酔いと解放感から話も弾んだ。

幸い、着信もなく、宴会は午前三時ごろまでつづいてお開きとなった。斎藤と薬丸は後片付けを済ませると、二階の休憩室に上がり、事務服だけ脱いで薄い敷布団の上に身体を伸ばした。心弾んだあとの軽い睡魔《すいま》に吸い込まれていった。

電信係では、徹夜で当たる職員を残して、通信室の奥の宿直室に入った。アルコールの入った男たちはいびきの競演の場となるのだが、それも平和な光景であった。

この時間、真岡郵便局内に身を置く職員は、電信係と電話交換手、それに試験係の宿直者と、郵便係の事務職員境登《さかいのぼる》と同僚二人が別棟一階にある郵便係休憩室に、さらには雑務手木村猛二も宿直していた。

「一八日に母と妹たちが艀船《はしけぶね》に乗せられて引き揚げたから、家から米を運んでくると同僚とともに局に泊まりがけでいた。郵便の仕分けなど仕事も忙しかったので、この日も泊まっていたよ」

境登の妹が電話交換手の境サツエである。もちろんこの夜も宿直で二階にいることは承知していたという。

電信係の職員や平井主事も、郵便係の職員の宿泊組を把握しており、二階の電話交換室においても、電信係同様に徹夜で業務を遂行する職員がいることは折込み済みである。

八月一九日から二〇日未明にかけて、真岡郵便局庁舎内にいた職員は二五人であった。

第三章　八月二〇日　一二人の電話交換手の朝

八月二〇日の朝

夜明けの街を覆う海霧《うみぎり》は真岡《まおか》の夏の風物詩でもある。肌にべとつく冷たい霧が、この日の朝も、市街地や水平線をすっぽり包み込んでいた。ふだんと変わらぬ海霧の朝なのだが、港と駅は避難民や、引き揚げ船で埋まっていた。

真岡港には、ソ連軍の襲撃により恵須取《えすとる》方面から避難してきた漁船や、緊急疎開で引き揚げる予定の艀《はしけ》などが幾艘《いくそう》も岸壁に係留《けいりゅう》されている。すでに船底からデッキまで人で埋め尽くされ、寝返りすら打てない場所で女性や子どもたちが身を寄せ合っており、岸壁では背中に大きなリュックサック、両手に荷物を持ちながら艀への乗船を待つ人垣もできていた。

一方、真岡駅も鉄道で避難してきた人たちであふれていた。貨車や有蓋車《ゆうがいしゃ》を仕立てた列車が

昭和８年ごろの真岡市街　海岸段丘と湾とで湾曲する市街地は、豊かな海の幸と林業・パルプ、王子製紙工場などで繁栄していた。

ホームに停車している。列車内や駅構内、ホームで一夜を明かす避難民で埋まっていた。一番列車の出発を心待ちにする女性と子どもたち。どの表情も不安と疲れで生気を失くしていた。時折、火がついたように響く赤子の泣き声に目を覚ます人たちもいたが、大半の人たちは泥のように眠っていた。

真岡郵便局の電話交換室にも、けだるい朝が訪れていた。夜勤の最後の深夜勤務は市内台に二人、市外台に一人、それも主事補か代務が着くことになっている。この朝、高石ミキは市外台にいた。

午前六時になると、当直班の班長が、真っ先にラジオのスイッチを入れる。豊《とよ》

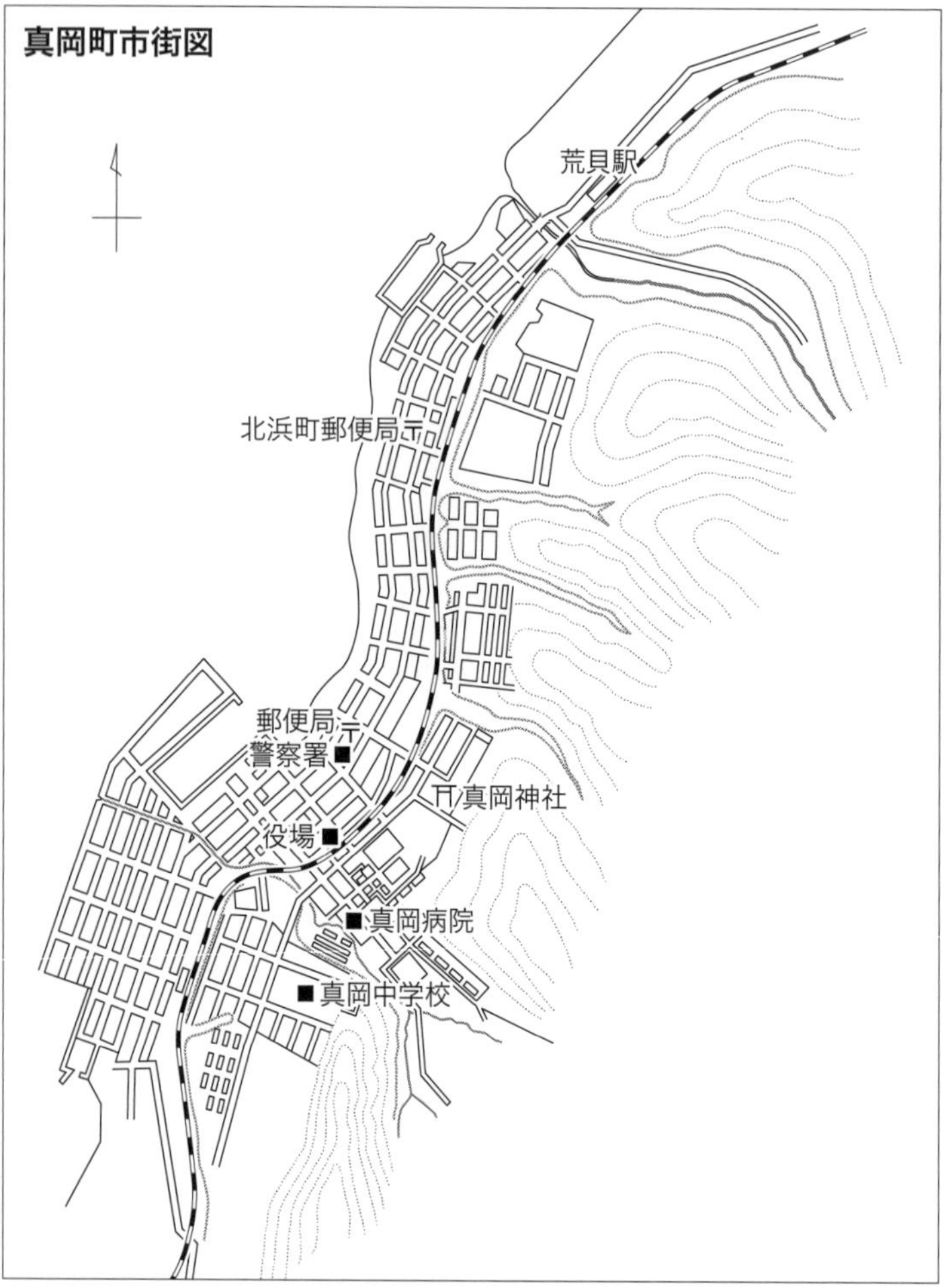
真岡町市街図
荒貝駅
北浜町郵便局
郵便局
警察署
真岡神社
役場
真岡病院
真岡中学校

原《はら》にあるラジオ放送局の電波を受信し、それを町内の各家庭に有線で流しているのだが、そのラジオからは決まって、

「昔、昔、その昔、しいの木林のすぐそばに」

と音楽が流れてくる。着台している交換手たちは、この「お山の杉の子」を耳にすると、夜勤から解放されることにほっとするという。宿直室では、布団《ふとん》から出て押入れに戻すと、めいめいに洗顔や化粧、身だしなみを整え、午前八時の日勤班との交代に備えていた。

真岡郵便局元電話交換手桜井千代子の回想による朝のようすであるが、二〇日の朝は、一本の市外通話に震撼《しんかん》した。市外台に着いていた班長の高石ミキの手が、反射的に着信ランプが点滅するレバーに張り付いた。

「はい、真岡局です」

モニターに聞こえてきたのは「幌泊監視哨《ほろとまりかんししょう》」の男の声である。高石はブレストを付けたまま、叫んだ。

「幌泊監視哨からの緊急連絡よ！」

高石の昂《たかぶ》った声に、市内台に着台している二人の交換手が市外台に移ってモニターすると同時に、メモの用意をする。高石は復唱した。

「ソ連軍艦四、五隻《せき》、幌泊沖で進路を変え、真岡方面に向かった、ということですね。承知し

ました。ただちに各方面に伝えます」

ソ連艦隊が真岡方面に向かったという第一報であった。高石は真っ先に壁の時計を見てメモに記した。午前五時四〇分を指している。

幌泊の位置とは、真岡の北八キロメートルほどにあり、蘭泊《らんどまり》と真岡のほぼ中間地点。重装備の軍艦の船足が遅いとしても、真岡まではわずかな距離である。


豊原電気通信工事局真岡出張所の宿直室。泊まり込んでいた宇田正勝《うだまさかつ》は、眠ったと思った途端、はげしい電話のベルに呼び覚まされた。

ガバッと寺内がはね起きて受話器を取った。高石からであった。

「いま野田の交換から連絡があって、野田の沖を輸送船二隻、駆逐艦《くちくかん》四隻のソ連艦隊が真岡の方へ向かっているそうだ」

「いよいよ明日は外国の軍隊が来るのか」

そう思いながら柱時計で時間を確認した。ちょうど、午前二時を指していたと証言するが、連絡を受け取る側の豊原局や泊居局《とまりおる》において、この時間での受信の裏付け証言はとれていない。

朝、目が覚めたときはすでに所長が朝食の支度を整えていた。急いで洗面をすまし、チャブ台を出して茶碗《ちゃわん》を並べていると電話が鳴った。これも寺内が受けた。

「高石さんから、いま港にソ連の上陸用舟艇《しゆうてい》が入ってきているそうだ」

反射的に時計を見ると六時ちょっと過ぎ。

「飯を食べてからにしろよ」

止める所長の声を振り切って、同僚の佐々木と二人で外へ出た。薄い乳白色のガスが立ちこめている静かな朝だった。

走って三宅坂《みやけざか》の裾《すそ》を曲がり公会堂の焼跡の前に出る。そこから港まで一直線の御幸通《みゆきどお》りとなる。港近くまで走っていくと、港のほうから一四、五人の半裸の人びとがこちらへ走ってきた。港で荷役作業をしていた朝鮮の人たちだった。

呼び止めて聞くと、私たち官帽官服姿であったためか、周りに寄ってきて、口々にソ連軍が来たというのである。

そのことならすでに知っていたので、この人たちと別れて港へ向かって二、三歩行きかけたとき、静かな町の空気を切り裂いて機銃の発射音が鳴り響いた。それは港のほうで起きた銃音だった。

ソ連艦隊

そのソ連艦隊の動きである。

八月一七日、ソ連軍第一梯団《ていだん》は七隻の哨戒艇《しょうかいてい》に約三〇〇人の兵士を乗船させ、ソフガニ（ソビエツカヤ・ガバン）を出航、つづいて第二、第三梯団も出航。沿海州沿いに南下しつつ掃海《そうかい》艇《てい》や駆逐艦による対潜水艦や対魚雷、そして敵前上陸などの洋上訓練を行いながら、南樺太西沿岸に接近、いったんは北上すると見せかけて北から真岡の港をめざしたのである。

支援艦艇一個分遣隊と上陸用舟艇三個分遣隊に編成されたこの部隊は、総勢で三五〇〇名からなり、護衛艦一隻、機雷《きらいふ》敷設《せつかん》艦一隻、大型駆逐艦二隻、哨戒艇五隻、掃海艇四隻、輸送船六隻、高速魚雷艇四隻という大部隊であった。

高石ミキは傍らの交換手に指示した。

緊急時の連絡体制に組み込まれている関係先に、通報するためである。みずからも着台して連絡網に配信した。

「総員起こし、非常呼集よ！」

代務の可香谷《かがや》シゲが、宿直室のドアを開けて叫んだ。

「みんな起きて、非常呼集よ！」

真岡郵便局では、緊急事態が発生した場合、「非常呼集」と称した召集義務が課せられており、連絡先として軍や警察が優先され、豊原逓信局《ていしんきょく》などの関係連絡先から、局の幹部職員宅への連絡まで、それぞれ役職順に手配する緊急連絡網を用意していた。しかも、これほど大がかりな非常呼集をかけるのは、これまでの戦時下でもなく、この日がはじめての試みであった。


可香谷シゲは、二階の休憩室に仮眠していた電信係の女子職員にも声をかけた。

「起きて、ソ連の艦隊が真岡にやってくるのよ」

電信係の斎藤美枝子と薬丸信子は、反射的に跳ね起きた。

「ミイちゃん、行こう」

薬丸が斎藤に声をかけた。起き上がって布団を二つ折りにして押入れに放り込み、ツッカケを履《は》いて階下に走った。

庁舎一階、通信室の着信台はランプが点灯している。菅沼が受けていたのは真岡―蘭泊線であった。〈ただいま、ウラジオ艦隊護衛船も入れて二一隻南下しています〉という電信文であった。時間を確認するため壁にかけてある時計を見た。五時四五分である。五分後に返電した。


主事補高石ミキは、市内台や市外台に着台した交換手に連絡先を割り振りしたあと、自分でも市内台に着くと、最初に局長上田《うえだ》豊蔵《とよぞう》の元に連絡を入れた。

「ただいま、幌泊監視哨より緊急連絡が入り、ソ連艦隊四、五隻が幌泊沖で針路を変え、真岡方面に向かったとの情報です」

「了解した、ただちに非常呼集をかけなさい」

上田局長が受話器を置いたのは、局から三〇メートルほど離れた元料亭「進明亭」の大広間である。この元料亭は、昭和一八年、戦時統制のため店を閉めた折に、郵便局から至近距離にあって広くて使い勝手がいいため局が借用し、宿泊や会議場所に当てるとともに、保険業務の一部もここで事務を執っていた。

この日、上田局長と一緒に泊まっていたのは、庶務主事の斉藤英徳と郵便主事の菊池覚次郎である。上田は大広間に敷いてある布団の上で、斉藤主事に指示した。

「斉藤君、ソ連艦隊が近づいている。局へ急行して機密書類の焼却を行ってくれ」

斉藤英徳はすでに目覚め、身支度を整えていた。出動に備えてゲートルを脚に巻きつけ、国民服を着た。

「承知しました」

局全体での緊急体制とは、宿直責任者となる主事が、業務担当の主事六人と毎日交代で局に泊まり込んで緊急時に備えることだった。庶務主事の斉藤の元には、すでにソ連軍の動きについて「ウラジオ艦隊の陸戦隊が南下している」との情報が入っていたという。

「このような事態だから、職員に二か月分の給与を払おうと思い、調書をつくって豊原逓信局へ請求したのです。つぎの日に送ってくることになっていました」

経理を含む庶務担当の主事として、斉藤は緊急疎開が発生する場合の取り扱いで、職員給与を二か月分支払う用意をしており、すでに決済事務処理を終えていた。

斉藤は、二〇日朝のソ連軍の動きを耳にしても、特別に驚かなかったという。そして、緊急時で優先する仕事は、軍関係の連絡用暗号表などを焼却することであった。進明亭を飛び出した斉藤は、一目散に局に走った。


昭和二〇年八月の時点における真岡郵便局の機構は、局長の下に各係ごとの主事（課長職相当）が置かれ、職場の管理者となっていた。樺太庁交通部逓信課時代に発行された職員録と、当時の在職者の証言を基に再構成してみる。

局長	上田　豊蔵
庶務主事	斉藤　英徳
保険主事	加藤　欽一
郵便主事	菊池　覚次郎
為替主事	大谷　照雄

電信主事　平井　重蔵
電話主事　菅原　寅次郎
電話主事　大山　一男

電話担当主事は、戦時体制の通信確保として、二〇年八月一日付で大山一男が増員された。それまでの大山は、昭和一八年から逓信省直属で主事待遇の「検閲官補」として、真岡郵便局で取り扱う電報や手紙類の郵便物を憲兵・司法警察とともに検閲する仕事に就いており、検閲の内部責任者であった。自宅があるのは、局から歩いて五〇分ほどのところにある小さな魚村の智志内《ちしない》。実家は漁業を営んでいた。新任の電話主事であるため、

「とにかく電話の仕事を覚えることに集中し、主事補たちに交換業務のイロハを聞いたり、六四名の交換手の名前を覚えたりと懸命でしたね」

大山は就任間もない時期を振り返る。一九日も局におり、宿直当番ではないためひととおりの業務を終えると帰宅した。翌朝もふだんどおりに起き、七時少し前に朝食をとり出勤に備えたという。発令間もない大山主事の自室には電話が設備されておらず、大山の元に非常呼集は入らなかった。

電話交換室には、入局一七年のベテラン主事補鈴木かずえを筆頭に、石井克子・上野ハナ・斎藤春子、そして桜井千代子もいたが、彼女は庶務の物品担当が手薄になったことから、急遽《きゅうきょ》庶務主任として交換室から離れることになった。後任の主事補に高石ミキが八月一日付けで昇格。それぞれ班編成を組み、主事補は班の責任者となっていた。

「緊急疎開」による引き揚げで、一八日に主事補の斎藤春子が真岡を離れていた。鈴木かずえも引き揚げ予定となっているため日中の勤務に就いていた。非常体制が組まれた一九日からは、上野ハナと高石ミキの二人の主事補が交代で夜勤班をになった。その主事補を補佐する「代務」も班ごとに一人配置され、責任番号の早い交換手が補佐に就いていた。

電話交換室を統括するのは電話主事であるが、日常業務に関しては、上田局長の信頼の厚い鈴木かずえが現場責任者として指揮監督を任され、ふだんの服務管理や規律の保持から業務の告知など、現場いっさいを彼女が取り仕切っていた。

その鈴木かずえの逸話がある。

一九日夜、宿直に就いていた高城《たかぎ》淑子《としこ》の兄高城英雄氏と同期で、真岡郵便局の試験台に勤務していた北林久悦《きたばやしひさよし》氏が、当時の述懐を手紙に綴ってくれた。

〈男から電話がかかってきます。彼女たちは交換台に着いたまま、禁じられているこれらのラ

高城淑子　ふだんからおしゃれな服装とその美貌から、郵便局では評判の交換手。ミシンを大切に持っていた。

ブコールにこたえ、密《ひそ》かに会話を楽しんでいました。監督台は交換台の電話をモニターできるようになっています。鈴木のバーサンはこの会話摘発の才があり、いつも金切り声をあげて彼女たちを叱《しか》っていました〉

戦時下とはいえ、若い男女の恋は時代に拘束されない。若い電話交換手たちが交換台で交わす「ラブコール」である。

一〇代はもとより二〇代という若い女性ばかりの交換室で、交換業務の合間を縫って恋の語らいも電話で生まれる。私語や私用通話はきびしく戒められているが、若さは止められない。服務規律にやかましい主任鈴木かずえは、乙女の声のささやき合いにもきびしく対応した。交換手たちと上司との駆け引きが想像できておもしろい。

同じ交換室で間仕切りされただけの故障係の試験台にいて、咎《とが》められる「ラブコール」現場を垣間見た人ならではの証言である。

非常呼集で、電話が設置されている幹部職員の自宅に連絡が入った。電話主事菅原寅次郎の自宅にも「非常呼集」がかかった。菅原は出局の途中、近くに住む電話交換手の志賀晴代の家に立ち寄って声をかけた。

「緊急事態になったので、すまんが出てくれないか」

折り良く、準備していた志賀晴代は、

「ただちに出局します」

菅原主事の非常呼集に応えた志賀は、万全の服装で家を飛び出した。高浜町六丁目にあった自宅から局までは歩いて二〇分ほど。晴代はブラウスの下に、前年に戦死した兄寿治の遺品でもある、寄せ書きされた日の丸の旗を腹巻きのように巻きつけ、紺の上着を着てモンペをはき、脛《すね》にはこれも兄の遺品となったゲートルを巻いて、防空頭巾《ずきん》をかぶる、という出で立ちであった。肩から提《さ》げたズック製の非常袋ともいえるバッグには、乾パンやモルヒネ瓶を入れていたという。

志賀晴代の決意

八人姉弟の四女で、妹のツルとトヨも電話交換手として勤務していた晴代は、東京の洋裁ドレスメーカー学院に一年間学ぶため交換手を退職していた。帰郷後、女性の多い職場で洋裁教師として指導していたが、交換業務が多忙となり、手が足りないところからベテランとして再度交換手に迎えられたのである。人格・力量ともにお手本となる女性であっただけに、局上層部の信頼も厚かった。

引き揚げは一九日に予定されていたが、二〇日朝六時の受付に変更されたため、晴代も午前四時には起きて、出勤の身支度などを整えていた。

じつは、一九日に晴代の兄満喜が豊原で召集解除となり、夜半に帰宅した。満喜はすぐに晴代の存在と、そのザン切りにした髪を見て、心を痛めていた。晴代ともども家族はすでに引き揚げているだろうと思ったのが、翌朝に延びており、晴代が職場に残るため引き揚げないということを耳にして衝撃を受けた。

「女と子どもは引き揚げることになっているのに、中学生に交換業務を指導してから引き揚げることになっていると言うし、それまで三つ編みにして伸ばしていた晴代の髪がバッサリと切り落とされている姿を見て、妹に問い詰められなかった」

兄の満喜といえども、それ以上強くは言えなかったという。

「どうしたんだい、その頭」

晴代は黙っていたが、妹二人が泣きながら新聞紙の包みを差し出した。晴代は引き揚げる妹たちに三〇センチほどあった自慢の髪の束を渡していたのだ。

妹が泣いて語るには、晴代が自分の手で髪を切り落とし、新聞紙に包んで差し出したという。

「この髪の毛を一緒に持っていって。私のぶんまで親孝行してちょうだいね」

妹に話しかける晴代の言葉に驚いた母マツが、

「なんでこんなことするの、縁起でもない」

と唇を噛《か》んだ。晴代の覚悟のほどがわかるだけに、問い詰めることもできない。

「お母さん、寿治兄さんの遺品、私が預かりますから」

「そんなものどうするの」

志賀晴代　看護婦経験もあり、いつも非常用のズック袋にモルヒネ液アンプルと注射器を忍ばせており、自決用にも使用したという。

「寿治兄さんの遺品と一緒に、明日職場に行きます。大丈夫よ、寿治兄さんがちゃんと私を守ってくれてるからね」

晴代は仏壇に供《そな》えてある寿治兄の遺品の、日の丸の旗と、身につけていたゲートルを持ってきた。マツは言葉が出なかった。明日引き揚げる母親と妹、晴代と最後の夜になるやも知れないという思いが、母と姉妹の間に立ちはだかっていた。

翌朝、早朝から家族の別れのはなむけに餅《もち》を搗《つ》いた。長男満喜の精一杯の心尽くしである。その後午前六時にはじまる引き揚げ船の受付を済ませるため、満喜は妻の久子をともない、五時半にリヤカーを仕立てて持ち込みの荷物を積み、港に出かけた。

「一家で持ち込める荷物は三梱包《こんぽう》と決められていましたから、あらかじめ運んでおいたのですが、六時半を過ぎたころ、区長からの伝令という使いが来て、引き揚げ中止だから自宅へ帰れということになったのです。なぜなのだと問い詰めてもその伝令は理由を言わないため、どういうことなんだとさらに問い詰めたら、ソ連の軍艦が来るから引き返せというだけ。このときは、すでに上陸寸前でした」

満喜は憂いだけが、どろりと残った。

そのとき、電信係では

木造平屋建ての本棟と二階建ての別棟によって構成される局舎。本通りに面する本棟は、海岸線に向かって建つ正面玄関ホールから、受付カウンター越しに右手の電信係、為替《かわせ》の受付と郵便窓口が並ぶ。

電信係室内の中央部に三列の発着両用通信台が並び、往信を促す信号ランプが点滅するようになっている。薬丸と斎藤が一階に戻ったときは、すでに男子職員が着台し、緊急事態の発生を関係局に打電していた。

電信主事の平井重蔵は、ソ連艦隊の真岡侵攻の第一報を受けて、宿直責任主事として、緊急連絡をになう職員以外は職場明け渡しとなるため、電信暗号解読表や機密に属する書類の焼却を真っ先に命じた。

斉藤英徳庶務主事も出局していたが、

「庶務の大金庫に入っていた」

と証言する。郵便係の宿直者境登は、

「二〇日の朝は、電信からの連絡で起こされると、斉藤英徳庶務主事の命令で、郵便課の非常箱に入っている書類を持ち出し、三人で焼却しました」

と言う。境とほかの二人の職員で処理を終えると、郵便の出し入れをする正面玄関入口でソ連艦隊の動きを見守ることになった。

その焼却場所は、別棟一階にある小使室《こづかいしつ》のカマドと、本棟と別棟との間にある内庭の窪みを利用しての焚《た》き火《び》である。極秘扱いの書類だけに量も知れており、薬丸と斎藤も事務室と裏庭を二、三度往復した程度で済んだ。

裏庭で書類が燃えていくのを眺めていた薬丸は、同級生である交換手の高城淑子と、斎藤と薬丸も同期の沢田キミの顔を見つけた。斎藤美枝子は入局して半年あまりの期間、高城淑子とともに交換手の訓練を受けたことがあった。

モダンな美貌の持ち主、高城淑子は男子職員にひときわ人気が高く、目鼻立ちのきりっとした容貌が愛くるしい沢田キミも、いつもの表情を見せていた。

「ソ連艦隊が近づいているのね」

「お互い部屋をきれいにしておきましょうね」

一抹《いちまつ》の不安と緊張を胸にしまい込みながら交わした言葉である。

傷心の高石ミキ

ただ、電話交換室の班長高石ミキは表情が沈みがちだったという。じつは高石ミキの心に、ある悲報が楔《くさび》のように刻まれていた。それを裏付けるような証言をするのは、元豊原逓信局工務部技手で、戦後は長く「樺太逓友会」の事務局長を勤めた阿部寅次郎《あべとらじろう》である。ため息混じりにこんな話をした。

「あのなあ、二〇日に起きた事件の前日に、高石ミキの彼氏だったという意中の人が、南方で戦死したという知らせが入ったことを聞いたよ。そんな知らせを聞いて彼女の思いつめたような表情が印象に残ったという人の話なんだがな」

阿部寅次郎は、その証言者の名前を明かさなかったが、みずからも機会あるごとに関係者から「なぜ集団自決に走ったのか」について聞き取りをつづけており、高石とともに「決死隊」の主事補で、前夜遅くまで交換室に顔を出していた上野ハナから、裏付け証言などを聞いているはずであった。阿部の証言で核心に迫る部分について、高石ミキとの日常を熟知していた元同僚で阿部が聞ける人物としては、上野ハナ以外にいなかった。

高石ミキの「意中の人」に関しては、先輩主事補の斎藤春子もこんな証言をしている。

「航空隊のだれかが高石さんの意中の人だったようでしたね、南方へ行かれたということは、友人や可香谷シゲさんからも聞かされておりました」

斎藤春子自身の体験もあった。宿直の折、高石に代わって主事補席に着いた春子は、何気なく開けた引き出しに大学ノートを見つけた。深夜交代のため、高石は宿直室で仮眠に入っていた。

「あら、だれのノートかしらと思って手に取り机の上で開いたら、大きな文字で短歌がしたためられていましてね、高石さんが自分で書いた文字だわとすぐわかりました」

斎藤春子は、高石ミキの短歌を声にして読み上げてくれた。暗記していたのである。

〈海原を遥かに越えて島守りに　行きます君を神よ守りませ〉

「直感的に高石さんのだとわかりました。ページをめくるとたくさん書いてありました。他人のノートを見ては悪いと思いすぐに引き出しに戻しましたが、高石さんが短歌をつくっていたノートでしたね」

斎藤春子は、可香谷シゲに聞かされた航空隊の人を、高石が短歌に詠んだという印象が強く、戦後も記憶が薄れることはなかったという。


斎藤美枝子と薬丸信子は、炎が消えて灰《はい》だけになったのを見ると、用意していたバケツの水をかけて職場に戻ることにした。高城や沢田と別れ際に言葉をかけあった。

「それじゃあ、またね」

このときが、高城淑子や沢田キミとの永遠の別れになろうとは、ともに知る由もなかった。

二階電信係で見たソ連艦隊

薬丸信子は斎藤美枝子とともに、電信係の部屋の掃除に取りかかった。きれいな職場をソ連側に引き渡すとの思いからである。見たこともないソ連兵に対する恐怖と緊張が錯綜《さくそう》するなかで、ホウキとハタキを持ち出して書棚や机、機器類の埃《ほこり》を落としはじめたが、気持ちは集中できなかった。時折窓から海岸線を眺めては、ソ連艦隊の影を捜していた。

ところで、薬丸信子は、八月一六日の朝、出勤して間もない時刻に平井主事に呼ばれた。

「どうだろう、中堅どころで四、五人残って仕事をつづけてもらえないかなあ」

職場の残留を持ちかけられたのである。電信係の女子職員は、薬丸信子と斎藤美枝子のほかに、年配のベテランや後輩たちもいたが、年老いた母親を抱えたり、母の付き添いがいないなどの事情から、緊急疎開命令で引き揚げていく女子職員が大半であった。となると、独身で身軽、仕事にも通じている信子は適任と見られたのである。もちろん残って仕事をつづける使命感も強かった。

信子は主事の残留持ちかけを、その場で応諾した。真岡消防本部長の職にあった父佐市も残るという心強さも、決断の後押しになったのである。

その一方で、心残りもあった。信子とはひと回りも違う弟妹三人を連れて引き揚げることになる母親の身を思うと、やはり胸が痛むのだ。信子はすぐさま職場から自宅に電話を入れて、母に職場に残る意思を伝えた。

最初は信子の話を黙って聞いていた母から、ひととおり話し終えた信子に猛烈な言葉が返ってきた。

「信子、そんなばかな話はないよ。女・子どもは引き揚げなさいって樺太庁が言っているこの時期に、なんで若い女のおまえが残らなきゃならないの。若い娘だから引き揚げるんじゃないのかい。ソ連兵が来ておまえの身に何かあったら局長さんは責任を取ってくれるというのかい、母さんは納得できないよ」

信子にとっては、予期した母の反発であった。

「この非常時だから、残ってお国のために大切な通信業務を守るのよ。ミイちゃんも残るし、身体のことは大丈夫だから心配いらないわ」

「信子をいちばん頼りにしていたのに。頼むから母さんと一緒に引き揚げておくれ」

母の言葉が泣き声に変わった。それでも翻意《ほんい》することのない信子。母に口応えをしてまで職場への残留を選ぶ自分が、たいへんな親不孝をしていることを承知していた。一途《いちず》な思いで、信子も涙声になりながら訴えた。

「おまえがそれほど残るって言うんなら、母さん、もう何も言わないよ」

抑揚のない、哀《かな》しい声が間もなく途切れた。

同僚の斎藤美枝子の場合も、引き揚げを巡っては電話交換手の姉春子との確執が生じていた。主事補の立場から、残らなければならない責任を抱いていた春子に対して、薬丸と一緒に残ると約束した手前、なんとしてでも引き下がるわけにいかない美枝子。取材時にも、こう語っている。

「私は性格がキカナイほうだから、自分の気持ちで残るといった以上あとに引けませんでしたね。母も長女は真岡に残せないと言っておりましたので、あくまでも意地を張り通しました」

姉の春子に一歩も譲らなかった行為を振り返り、苦笑する。

ソ連軍の艦砲射撃

薬丸信子は、玄関ホールに面した窓辺に立ち、海霧に覆われる海岸を凝視していた。遠近感のない灰色の海霧の彼方に、ぼんやりと、海霧と変わらぬ鉛色の〝異物〟を認めた。

「あれ、軍艦じゃないの！」

と叫んで息を呑《の》んだ。信子の叫びともつかない言葉に、それまで比較的のんびりとしていた雰囲気に緊張が走る。

「正直なところ、ソ連艦隊を見つけて足の震えが止まらなかったですよ」

薬丸信子の正直な思いであった。

しかも、幕が上がるように、それまで水平線を覆っていた海霧が消えると、海面に水平線を遮るような鉛色の艦隊群が並んでいた。大きな砲門を向ける艦もあった。

「ミイちゃん、すごい数の軍艦が来ているよ」

薬丸は傍らに立っている斎藤美枝子に叫ぶ。

「うわあ、どうなるんだろう。まるで真岡をのっとりにきたような大艦隊じゃないの、ガリバーだわ」

薬丸の叫び声に呼応するように美枝子も、

「ほんと、すごい数だよね、恐《こわ》いね」

「あの艦隊が射撃して上陸してきたら、街は全滅だね」

美枝子は薬丸の問いに具体的に応えた。

水平線には、もはや拒絶できない壁のようなソ連艦隊が迫っていた。局舎正面にある窓辺では、平井主事をはじめ、飯沼・菅沼・水越など電信係のメンバーのだれもが、固唾《かたず》を飲んで海に目を凝《こ》らしていた。しかも、海霧が晴れると、ソ連艦隊の鉛色の船体がよりはっきりと目に映ったのである。

「上陸用舟艇《しゅうてい》がやってくるぞ！」

菅沼啓三が叫んだ。と、菅沼の叫びどおり、三隻の上陸用舟艇が大艦隊の艦船から解放されるように真岡港に入ってきた。間もなくして上陸用舟艇は、真岡郵便局からでも手に取れるような位置に迫った。

「発砲があるからみんな伏せろ」

菅沼がふたたび叫んだ。信子の目にはほぼ同時に、火花の散るのが見えた。街の空を叩くような艦砲が轟《とどろ》いた。

「これは空砲だろう」

菅沼が言った。

「なんだ脅《おど》かしかよ」

男の声に、菅沼は叫ぶように戒めた。

「上陸するぞという国際法に則った〝儀礼砲〟だろうが。本当かどうかはわからないぞ」

だれもがはじめて耳にする艦砲《かんぽう》射撃音なのだが、菅沼はいち早く上陸前の海軍儀礼となる「空砲」と認めながらも懐疑的だった。

腹の底にまで響いてくる軍艦からの砲撃音に、ソ連艦隊の威嚇《いかく》だろうと理解する斎藤美枝子だが、足は震えていた。

「ヤクちゃん、どうするの」

「ミーちゃんと一緒にいるわよ」

軽い言葉を交わしたと思った途端、郵便局内の背後から飛んでいくような銃撃音が、間隔を置いて聞こえた。電信係の電信台に戻った信子は、美枝子に語りかけた。

「あとはソ連艦の出方しだいよね」

とはいったものの、「終戦直後」から五日を経てのソ連艦隊の真岡侵攻には、なおも鷹揚《おうよう》な捉え方を示していた。

背後から聞こえた突然の銃撃音は、まるでトタン屋根に鉄球が落ちたような乾いた音であった。電信係の職員たちも、その音が何を意味しているのか図りかねた。

「まさか、武装解除した日本軍が反撃するなんて考えられないよな」

菅沼の声に、薬丸信子の脳裏を嫌な予感がかすめた。

日本軍の発砲

日本はポツダム宣言を受諾し、八月一五日の「終戦の詔勅」をもって無条件降伏を宣言したものの、樺太における戦闘態勢はいまだ全面解除されていなかった。

真岡の市街地から山岳地帯にかけては歩兵二五連隊第一大隊が駐屯《ちゅうとん》しており、大隊本部・大隊砲陣地・沢田小隊・佐藤小隊・岡田小隊・大和田小隊を配備し、ソ連軍の上陸に際しては、平和的進駐を交渉すべく防衛行動にとどめることにしていた。

荒貝沢《あらかいざわ》の陣地にいた連隊砲の広瀬分隊長は、ソ連艦隊が霧の真岡沖に接近し、上陸用舟艇が海岸に近づくのを確認していた。

上陸用舟艇の上陸がはじまった。港に接近した上陸用舟艇が、市街地からの発砲を受け、いったんはとんぼ返りをうって引き揚げるかと見せたが、ふたたび海岸に急接近して艇を乗り上げると、小銃を手にした兵士が左右に散った。

同時に、空を突き抜くような艦砲射撃がはじまった。局の建物が着弾した地響きで、揺れた。実弾であった。電信係の職員はいっせいに窓際を離れ、カウンターの影や机の下にうずくまった。


菅沼啓三が、最初のソ連艦からの発砲を「空砲」であったと語るが、多くの元真岡町民の証言でも同様に語られている。これに一部の日本軍が反撃したとする証言者も多い。

同じ時刻、真岡港の岸壁近くに建つ北日本汽船の事務所に来ていた可香谷信夫も、ソ連艦隊の動きを見守るひとりであった。

「駆逐艦《くちくかん》らしいのが七隻入ったな。ソ連艦隊の砲撃は、最初は明らかに空砲だった。そのうちにつるべ撃ちのようにダンダンとはじまり、高いところの住宅を撃っており、当たった瞬間土煙が雲のように上がり、消えたら跡形もなかった。一キロほど離れた場所でも地響きで窓ガラスが割れたよ」

全国樺太連盟の公式戦史『樺太終戦史』でも、ソ連艦隊の最初の艦砲射撃を空砲とする証言を載せている。

〈本町の松本光雄は、はじめ艦砲射撃が空砲だと感じ、緊急疎開の荷づくりを急いでいたが、砲声にまじってにわかに銃声が起こり、空砲がいつのまにか実弾に変わって各所に炸裂《さくれつ》するのを見た〉

あるいは、「歩兵二五連隊第二中隊松本重雄一等兵」の手紙が、つぎのように記録する。

〈ソ連軍艦が空砲を撃った。突然の砲声に驚いた町民はなだれをうって部隊のいる山間に避難してきた。しかし、空砲はいつの間にか実砲に変わり、どこかで日本の銃器が応戦した。どちらが先に実弾を撃ちだしたかはわからない。（大隊本部で）村田副官は撃ってはいけない、攻撃してはいけないと怒鳴っていた。山沢連隊長の命令がない限り応戦はできない。そのうちに、どうやらわがほうは真岡の憲兵隊か特警隊が口火を切ったらしいことがわかってきた〉

北真岡・荒貝沢の山間部に陣地をとっていた連隊砲中隊の広瀬分隊長は、仲川大隊長からの厳命もあって、真岡沖のソ連艦船の侵入の連絡を受けた際には、

「発砲絶対禁止、ソ連の出方を監視報告せよ」

と徹底させられた。四一式山砲《さんぽう》一門と弾薬七三発を持っていたが、一発も応射しなかった。

この行為を裏付けるように、八月一六日午後、第五方面軍から〈自衛戦闘を行い、南樺太を死守せよ〉との命令を受けていた樺太防衛の八八師団は、鈴木参謀長が〈軍事占領なら占領地の個人資産まで接収されるが、平和進駐ならば、その私有権は保障されるという国際法規〉か

ら鑑《かんが》みて、先手を打つべく急遽《きゅうきょ》各部隊に再武装を命じ、陣地の占領を示達《じたつ》することになった。

ただ、ソ連がイギリス・アメリカとの間で結んだヤルタ協定という〝密約〟が存在することを日本側はまったく知らない。ソ連軍の目的は、南樺太を迅速に占領し、日本軍や物資財貨の日本本土引き揚げを阻止することにあった。もとより、千島列島のすべてを奪取する軍事侵略を図っていたことは知る由もない。

まして、八月一三日の塔路《とうろ》の空襲につづき、恵須取《えすとる》への艦砲射撃を開始。一五日の「終戦の詔勅」が出ても、ソ連軍はつぎのような認識に立っていたのだ。

・天皇の無条件降伏宣言を一般人向けのものと捉え、軍隊に対する戦闘行動停止命令は出ておらず、日本軍との交戦はつづいており、軍の降伏がない。
・天皇がその軍隊に戦闘行為を停止し、武器をおくよう命令し、実際に行われたときでないと、日本軍の降伏とみなさない。
・このため、ソ連軍の攻撃を続行する。

ソ連の公式戦史『大祖国戦争史』によると、日本軍の戦闘行為は停止していないと指摘するのだが、八月一六日に出された「大陸令第千三百八十二号」のなかでは、〈即戦闘行動を停止スヘシ〉と命令し、また〈十六日一六〇〇〉に海外放送を通じて、天皇が帝国陸海軍に対して、即時戦闘行動の停止命令を出したという旨のメッセージを流し、明らかに停戦を命じており、ソ連側が都合のいい解釈を採っていたのである。

ただ、その一方で「自衛戦闘」は認めている。

〈但シ停戦交渉成立ニ至《いた》ル間　敵ノ来攻ニ当タリテハ　止ムヲ得ザル自衛ノ為《ため》ノ戦闘行動ハ之《これ》ヲ防ゲズ〉と、いっさいの戦闘行動の停止を命じたものではないこともまた明らかで、不可解さを残している。

真岡侵攻途中のソ連軍に対し、山間部に駐屯していた日本軍から停戦軍使を派遣しているが、ソ連軍は停戦軍使を射殺して拒否する挙に出た。つまり、国際法で認められている停戦軍使を平気で射殺し、あくまでも占領目的を完遂するまで聞く耳をもたないとの姿勢を取ったのだ。

同時刻、真岡の街を警護し、駐屯していた部隊や組織は『樺太終戦史』によると、つぎのとおりである。

特警三〇五中隊
航空情報隊第三監視隊（対空監視）
第五船舶輸送司令部大泊支部真岡出張所

船舶通信第一中隊の一部
樺太憲兵隊真岡憲兵分隊
歩二五の第一機関銃中隊松山武雄分隊
歩八八の第一中隊河北小一郎小隊
真岡警察署
貨物交通丸乗船の海軍兵員十名

この部隊・組織のいずれかが応射したのではないか。ただし、真岡郵便局の電信係職員の多くは、郵便局の山側から弾が飛んできたと証言しており、その方角にいた部隊か組織によるものであろうとの見方もあった。

可香谷《かがや》信夫《のぶお》は、北日本汽船の所属船舶「交通丸」が停泊している岸壁に走った。しかし、すでに上陸用舟艇が海岸に乗り上げており、港にもソ連兵が続々上陸していた。咄嗟《とつさ》に山の方角に走り出したが、ソ連兵に捉えられ、銃弾が飛んできたという。

「上陸したソ連軍は、十字路ごとに重機関銃を設置すると、片端から通行人を狙い撃ちした。掃討作戦だろう。山手の土手を登って逃げたが、八割方上ったところで撃たれて落ちた。機関銃による掃討作戦でも必ず弾の切れ目があるので、その隙に川を渡って熊笹峠《くまざさとうげ》に出た」

可香谷信夫は中国戦線に招集された経験もあり、軍隊の経験が生かされたと話す。

「ソ連兵は七十数発も入るマンドリン軽機関銃を持って、腰だめで撃っていた。刺青《いれずみ》をしたりして質の悪い兵隊を多く見かけたな」

可香谷は無事逃げ延びたが、十字街における重機関銃での掃討やマンドリン軽機関銃を持ったソ連兵の前に、真岡の町は、瞬《また》たくうちに戦火に包まれたのである。

第四章　銃撃にさらされたのは電信係

銃弾が飛び込む電信係

断続的に発射される銃撃弾や単発の弾が、一階の事務室に飛び込んできた。郵便局の表面は半紙版のガラスを縦に六枚、二列にはめ込んだ窓が多い構造のため、その窓ガラスを撃ち破って室内の壁や柱を貫通していく。とくにマンドリン銃と呼ばれる軽機関銃は速射され、不気味な金属音が空を切る。

ソ連軍も、郵便局が貴重な通信施設であることを承知していたのか、建物を焼き払うまでにはいたっていない。

薬丸信子《やくまるのぶこ》は、電信主事と主任の机が並ぶ傍《かたわ》らの通信台の下に、両手で耳を覆いながら身をかがめて潜《もぐ》り込んでいた。その肩半分が机からはみ出している。人の気配に顔を上げた。本棟の正面右手に突き出た「電配室」と連なる着電検査台の下にいた水越正巳と目が合った。「電配室」とは、電報を配達する外勤職員の待機部屋であり、着電台とは、真岡《まおか》に着信する電報を集約してカタカナ表記に点訳して取り扱う内勤者用の机である。

その水越が泣きながら声をかけてくる。

「薬丸さん、おっかないよ。どうしたらいい？」

まだあどけなさが残る一六歳、水越の蒼白《そうはく》な顔、頰《ほお》が震えている。同期に守山宏・吉村三次もいるが、彼らの姿を捜す余裕などない。

「とにかく、飯塚さんの所へ行きたくてしょうがなかったが、弾が飛んでくるためなかなか行けない。電信係と郵便係の仕切り壁があるため、そこに行けば外からは見えないなと思って機会をうかがっていました。半紙版大の窓ガラスにソ連兵の顔が見えるほど迫っていました」

水越正巳は、先輩の飯塚保房の元へ行きたい一心であったという。電信係と郵便係を仕切る壁とは、電信機器の音が出るため、窓を壁で仕切っていた。腰の高さまでが木造である。

その飯塚が水越に声をかけ、手招きしてくれた。

「こっちへ来い！」

だが、水越は銃弾で金縛りにあったように動けない。電信係の部屋の奥に備え付けてある防火用水の樽《たる》に銃弾が当たり、水がリノリュームの床に漏《も》れている。着電台から通信室を眺める

真岡駅　昭和10年ごろ。樺太西海岸の要港で、物流・人流の中継地として栄える。内地向けの航路も開けていた。

豊原と真岡を結ぶ鉄道路線（ループ線）　北は塘路・恵須取からの石炭や木材の輸送の中枢にあった真岡は、鉄道インフラも先駆けていた。

と、縦長に三列に並ぶ通信回線、右手が小樽・真岡線の「樽真《たるま》自動通信」で、真ん中に「豊原・真岡線」「真岡・本斗《ほんと》線」「真岡・恵須取《えすとる》二重線」「大泊《おおどまり》・真岡線」、左手に「第二真岡・本斗線」「真岡駅・北浜駅」「真岡・野田線」「真岡・内幌《ないほろ》線」「真岡・泊居《とまりおる》線」「真岡・蘭泊《らんどまり》線」が並んでいる。その回線のあちこちで、緊急符号で真岡を呼び出しているが、応答する状況にはない。

斎藤美枝子は、いち早く電信の男子宿直室に駆け込んでおり、大きな声で薬丸を呼んでいる。

「ヤクちゃん、危ないからこっちにおいで！」

薬丸とて、いつまでも机の下にいたくなかった。弾の切れ目をうかがっていたのである。

「ここにいては危ないと思いながら、我慢、我慢と自分に言い聞かせていました」

薬丸は身の危険を感じながらも、移動する機会をうかがっていたという。

〝決死の助走〟

「電配室」入口付近にある窓が開いていた。水越と同期の守山弘が窓に近づくと、身体をひるがえして窓から飛び出して行った。阿部宏もつづいた。

「危ないよ！」

薬丸は声をかけたが、すでに二人の身体は消えていた。

――ミイちゃんのいる寝室に飛び込んだら安全なのに。

そう思い巡らしてから、近くにいる水越に声をかけた。

「水越さん、あの寝室に飛び込むわよ！」

水越は領《うなず》くが早いか、先に着電台から飛び出すと、一二メートル余り先にある宿直室に腰をかがめながら走りつづけ、部屋に逃れた。

「もう弾に当たってもいいやとの思いでね、とにかく走りました」

と言う水越の覚悟の走りに、薬丸もつづいた。

「走りながら窓を見上げると、ソ連兵も走っていました」

と話す薬丸信子。身をかがめて中央の電信回線の机の下に潜り込みながら、宿直室をめざした。ドアの開いている宿直室に近く、戸棚のような配線盤が壁側に備え付けられている。薬丸はこの配線盤あたりから声が聞こえたという。

「危ない、危ない！」

との声にもひるむことなく、前かがみで宿直室に身を投げ出した。ほぼ同時に着弾して破裂する爆発音が届いた。

「あのときは、さすがにやられたと思いました。あとで見たら、配線盤のあたりに大きな弾の跡が残っていましたね。命拾いしましたよ」

〝決死の助走〟となった瞬間を、昨日のことのように目を潤ませて語る。マンドリン銃を四方に散らし撃ちしながら前進するソ連兵の姿が窓から見えていたという。

薬丸が水越とともに入った宿直室は、布団《ふとん》が敷きっぱなしになっていた。薬丸が布団の中に潜ると美枝子もいた。

「ミイちゃん、無事だったのね」

「ヤクちゃんも」

布団の中で身を寄せ合った。ソ連艦隊の艦砲《かんぽう》射撃がはじまってこのかた、正面入口ホールから逃げ出し、銃撃の恐怖から逃れるために必死だった。お互いの安否を気遣う余裕はなかった。

真岡警察署にほぼ並んで建つ真岡郵便局との間は空き地となっている。被災で公的建物の延焼を防ぐため、間にある建物を取り壊していたのだ。その空き地一体には、銃を抱えたソ連兵の歩哨《ほしょう》がいた。電信室内に飛び込む銃弾は少なくなったが、建物の周りからソ連兵の姿が消えていないため、立って事務室内を歩けないのだ。

白旗を掲げる

薬丸は布団に潜ったものの、どうにも怖さは拭《ぬぐ》えなかった。美枝子に押入れに入ることを促し、二人で布団を抱えて上段に身体を伏せた。

――そうか、高い所には弾が飛んでくる確率が高いから、下段のほうが安全か。

思い直すと、美枝子と一緒に戸を開けて下段に入り直し、頭から布団をかぶった。さすがに長時間は息苦しい。弾の音の切れ間をみては押入れの戸を開けて顔を覗《のぞ》かせ、呼吸を整える。お互いの顔を見合わせて、大きな爆発音が聞こえるとあわてて戸を閉めた。

「背中を大きく震わせながら、耐えていました」

とにかく、必死の行動だったと語る薬丸信子。

水越も、薬丸たちと押入れの中で膝を抱きながら震えていた。

「もしソ連兵が入ってきたら殺されるのではないかという恐怖や緊張が交錯して、ああ、これで自分も死ぬんだ。もう生きる望みはない。電信の部屋で死ぬのなら仕方がないかと悟るまで、一時間半ほどかかりました」

水越は死ぬ覚悟を決めた途端、気持ちが軽くなったという。


「みんな揃っているか」

間もなくして、菅沼啓三が宿直室に入ってきた。

「菅沼さんも無事だった」

薬丸が菅沼の声を耳にして、押入れの戸を開けた。斎藤も顔を出した。菅沼は、しゃがみ込んだまま話しかけてきた。

「白旗を掲げて、降参《こうさん》しなきゃだめみたいだな」

「大丈夫なの」

「やってみなけりゃわからないさ」

菅沼は宿直室内を見渡して、白旗の材料となるものを探した。立ち上がり、押入れの上段の唐紙戸《からかみど》を外すと、戸の四方を解体して旗棹《はたざお》代わりにした。

「敷布を白旗に使ったらいいよ」

女性陣の提案に頷きながら、敷きっぱなしの敷布団からシーツを外し、端の二か所を戸に縛り付けた。菅沼は身を屈めて宿直室を出ると、「海馬線《かいばせん》」の通信台の近くの窓辺に座り込んだ。宿直室の窓から掲げたのでは直接狙われやすいため、通信室で試すことにしたのだ。窓ガラスは銃撃で一枚も残っていない。柱戸にシーツを縛りつけると、戸とともにゆっくりと窓から外に出した。布団一枚分のシーツが外に垂れるはずだったが、突然の銃撃により、握っていた棒の、外に出していた部分が飛ばされたのである。

宿直室に引き返した菅沼は肩を落とした。

「撃たれて飛ばされちゃったよ」

「もう一度やってみよう」

美枝子が再挑戦を促すと、菅沼は立ち上がって残っていた戸を使い、同じ窓から掲げた。しばらく手で支えていたが何事も起きない。このまま手に持っているわけにもいかず、通信台の机の下に差し入れて戸の末端を固定し、白旗を掲げたままにしておいた。

「成功したぞ」

宿直室ではじめて見せた菅沼の笑顔に、信子も美枝子も救われた思いだった。

最初の自決者

海岸線に向かって建つ真岡郵便局庁舎につながる二階建ての別棟。その二階にある電話交換室には、一〇台の市内交換機が山側を向いて並び、さらに市外機五台も並ぶ。縦長のガラス窓が三連、時計を掛けてある壁をはさんで両側にしつらえてある。市外台の壁にも窓があり、こちらは市街地やはるかに海岸線を望めた。その海岸線に向かって建つ郵便局本棟と正反対の山側には電話交換室が位置し、廊下をはさんで宿直室と休憩室がつづく。こちらの窓からは、左前方に海が望めた。

午前五時四〇分に入った「幌泊監視哨《ほろどまりかんししょう》」からの緊急連絡を受け、高石班の交換手たちは、市内台と市外台で関係機関への連絡を行った。一方で、手の空いた高石ミキ・高城淑子・沢田キミは、電信課の平井主事の命令を受けて機密書類などの焼却に一階裏庭に出ていた。

残る交換手は市内や市外台に着いており、ソ連艦隊の上陸を予測してだれもが緊張状態にあるなか、非常呼集で局に駆けつけた志賀晴代が市外台に着いた。

交換室の横壁にある窓辺で、休憩室から出てきた岡田恵美子が、ブレストを手にしたまま立っていた。電信課の薬丸信子が見たと同じ時刻、休憩番に入っていた岡田は、二階の窓から鉛色のソ連艦艇を見つけていた。

「ソ連の軍艦が見えるよ」

「本当？　どこに」

着台して手の空いていた交換手が、狭い窓辺に重なった。水平線を遮り、壁のような艦隊に見えた。

「すごい数が来ているわ」

「これからどうなるの」

岡田恵美子の声がかぼそい。

「みなさん、持ち場を離れないでよ」

可香谷《かがや》シゲも窓辺から望むと、交換手の肩を叩き、着台するように促す。シゲ自身、市内台に戻ると自宅の電話につないだ。引き揚げが延びて家にいた母に、

「母さん、敵の船が見えるよ。とうとう来たのね。死ぬときは一番いいものを着てね」

シゲの言葉に、母のほうが驚いたという。

どれほどの時間が経っていたのか、突然耳をつんざくような砲撃音が交換室まで届いた。一瞬の間を置いて、市内台のある窓辺に銃撃音が聞こえた。しかも、その銃撃音に応えるかのように、ふたたび砲撃音が連続して轟《とどろ》いた。地響きも伝わってきた。

市内台に着いていた若い交換手が悲鳴を上げる。ブレストを外して耳をふさぐ交換手もいた。

「班長さん、恐い」

岡田恵美子は海岸を望める窓辺へ走った。灰色のソ連艦隊の大砲が火を噴いた。

「艦砲射撃がはじまったわ！」

恵美子は両手で耳をふさいで、その場にしゃがみ込んで怯《おび》えていた。砲撃音は止《や》むこともなくつづいた。窓際の近くにある主事席の机の下に潜《もぐ》りこもうと立ち上がった。隣には監督席がある。恵美子の視線の先に、席に座ろうとしている高石ミキの姿が映った。市外台に着いていた高石が、監督席に移っていた。

恵美子は体が硬直するのを覚えた。ほんのわずかな瞬間だが高石と視線が合った。監督席の机の上にやかんと湯飲みが置かれている。新聞紙の紙片もあった。潤んだ目の高石ミキが呆然《ぼうぜん》と恵美子を見つめている。

「まるで、風邪薬を飲み込むような仕草の高石さんの姿が、いまも目に焼きついております」

と語る岡田恵美子。

恵美子は反射的に、

「班長さん！」

と叫びながら監督席に駆け寄った。その声に交換台に着いていた交換手がいっせいに振り向き、高石の元へ集まろうとした。可香谷シゲが叫んだ。

「高石さん、早まらないで！」

「班長！」

叫び声が飛び交う。呼応するように高石が席を立ち上がると、つぎの瞬間胸をかきむしるような仕草で身体を崩した。痙攣《けいれん》しながら仰向《あおむ》けになり、胸元を押さえて声を出すが、絞り込まれていく。

「お・か・あ・さ・ん」

声が途切れると、静かになった。

「高石さん！」

可香谷シゲがミキの身体を揺さぶる。後輩たちも口々に高石の名を叫ぶ。砲撃音と地響きがつづくなかで、高石ミキが事切れる瞬間を見た交換手たちは、身体を震わせていた。

高石ミキの服毒は早かった。引き揚げをめぐる母親とのやりとりでは、

「残って電話通信網を確保しなければならないの」

と、芯《しん》の強さを見せていたのだが……。


主事補のいち早い自決に、若い交換手たちは心が揺れた。気を取り直して着台するように声を出したのは、「代務」の可香谷シゲである。泣きながら交換台に向かう交換手を尻目に、可香谷シゲが紺の制服のポケットから紙包みを取り出すと、小さな塊を口に入れ、高石の残した湯飲みで飲み込んだ。

——可香谷さんも。

恵美子は視線の先の出来事に怯《おび》えた。高石のいない監督席から、隣にある主事席の下に戻ろうとした恵美子は、振り向きざまにこんどは、可香谷シゲの倒れる姿を目にしたのである。彼女は声も出せぬまま、机の下にうずくまった。

シゲの身体が崩れた。可香谷の名前を呼びながら、あとを追うように吉田が、高城が、沢田が、渡辺がつづいた。監督席の上に置かれている小さな塊を手づかみして口に含み、やかんか

ら注いで湯飲みを順に飲み干した。

青酸カリを飲み干すための水は、交換室入口に置いてある樽《たる》製の防火用水の水を汲んでいたという。致死量は、成人で経口量〇・二から〇・三ミリグラムといわれるから、ほんのわずかな量で死にいたる。胃に入ると瞬《また》く間《たま》に胃酸に分解され、脳の中枢神経を瞬時に冒《おか》してしまう劇薬である。急性の意識喪失と痙攣によって呼吸が止まり、一分から五分の短時間で絶命するという。

高石ミキ・可香谷シゲのあとを追った四人も、もんどり打って床に崩れ落ちると、絞るような声を残して絶命した。

「みんな、飲まないのよ。どこかに避難しましょう、ここだとソ連兵が入ってくるわ」

「外に出てはかえって危険でしょう、いま豊原に指示を仰いでみるわ」

市外台に着いていた志賀晴代の声であった。

豊原郵便局との交信

同じ時刻、豊原郵便局の電話交換手も真岡と交信していた。

この日、前夜から勤務に就いていたのは、主事補の石沢春枝を筆頭に、柏倉昭子・松島美恵子・原咲子の四人。古参主事補の渡辺テツも宿直組に入っていたが、実家のようすをみるため、前夜午後九時ごろにいちど局を出た。すぐに戻るつもりが、引き揚げが延びて家に戻ってきた母親の体調が悪く、ひと晩付き添う旨《むね》の連絡を、家の近くの公衆電話から入れた。翌朝、ちょうど出勤した時刻であった。

豊原市内の回線は自動化されており、交換手を必要とするのは市外線と案内のみである。その市外台は旭川・小樽・札幌・東京、それに島内の主要局の回線をもち、一〇台設備されていた。

豊原・真岡線に着台していた柏倉昭子のブレストに、真岡局の急を告げる交換手の声が届いた。

「豊原さん、主事補さんお願いします」

回線ランプの点灯と同時に響いた交換手の声に緊張した。

「はい、お待ちくださいい」

柏倉は送話器を口元からはずして、監督席にいた石沢春枝を呼んだ。

「石沢さん、真岡が主事補さんを呼んでいます。急用のようです」

石沢春枝はブレストを着けて柏倉の隣に着台し、送話器を手にしてジャックを挿《さ》した。柏倉はモニターに切り替える。

　このとき、着台していた交換手は四人。〇番の電話案内、大泊線・真岡線・小樽線に松島美恵子・原咲子もモニターしていた。

「石沢です。どうかしましたか」

「真岡がソ連軍の攻撃を受けて燃えています」

「みなさんどうしているの」

「みんな薬を飲んで苦しんでいましたが、いまは静かになりました。どうしていいのかわかりません。指示してください」

　モニターしていた交換手たちの表情が凍りついた。

「そちらのようすを見ていないので指示できませんが、とにかく逃げてくださいね」

　そう応えるのが精一杯の指示であった。

「ソ連が攻めてきました。もうだめです。私もこれから飲みます」

　悲痛な声が石沢のブレストに響く。モニターしていた柏倉が堪え切れず、石沢の送話器に顔を近づけると叫んだ。

「飲まないで逃げて。どうか逃げて！」

「真岡さん、逃げるのよ！」

石沢の声もうわずっていた。柏倉も松島・原もモニターしており、必死に訴えた。折良く渡辺テツが戻ってきた。

「真岡がたいへんです!」

柏倉が電話の内容を話すと、渡辺が着台して話を代わった。

「渡辺です、一階に電信係があるでしょう、電信に行って話をされましたか」

「豊原さんに連絡する前に電信にも行ってきましたが、ソ連兵が局の前をうろついているためだれにも相談できませんので、渡辺さんに連絡をしました」

「局長さんや、上司の方々に連絡されたの」

「局長さん宅や関係先には全部連絡しましたが、みなさん防空壕などに避難されているようで、連絡がつきません」

「あなたたちはどうしているのですか」

「私たちももうだめです。六人がもう静かになったので、私もこれから飲みます」

交信している渡辺にとっても、何をどう指示すればいいのかわからない。とにかく死ぬことを思いとどまらせるために、話題をそらすだけであった。

「いま何人残っているの」

「私を含めて六人です。もうどうしようもありません。私も仲間のあとを追います」

「飲まないでください。どうか辛抱《しんぼう》して逃げてください。あなたは飲まないでよ」

「覚悟は決めています。もう思い残すことはありません。これから私も飲みます。これが最後です」

「飲んじゃだめ、飲まないのよ」

渡辺のブレストから真岡局の声が消えた。

「真岡さん！　真岡さん！」

送話器を左手に持ち、右手の親指で呼出信号を押したまま叫ぶ。声がかすれるまで叫びつづけた。渡辺を見守る石沢春枝・柏倉昭子・松島美枝子・原咲子。両手で口元を押さえ、涙を堪える者。頬《ほお》を伝う涙を拭《ぬぐ》おうともせず立ち尽くす者。真岡を呼びつづける者。わずかな交信時間に、真岡局の修羅場を想像しながら、だれもが唇を噛《か》んだ。

渡辺テツのブレストは無音であった。

「電話をくれた交換手は二〇歳か二一歳の交換手でした。指示してくださいという悲痛な言葉に、飲まないで、死なないでと思い留まるよう説得しましたが、あとはどうにもならなかったです。もし私たちがあの状態にいたら同じことをしたでしょうね」

渡辺テツは、もどかしいほど無力であった「指示」の意味を噛みしめていた。

「すごい早口でね、切羽詰《せるばつ》まった口調でしたから、私は青酸カリを飲んだあとかなとも思いました。私たちもいざとなったら飲んだでしょうね。渡辺テツさんとふたりだけ青酸カリを持っていましたから」

石沢春枝も、ソ連軍に辱《はずかし》めを受けるようなことになったら飲む覚悟はできていたと語る。

泊居郵便局との交信

真岡郵便局の電話交換室の市外台に着く交換手がほかにもいた。真岡・泊居《とまりおる》回線をつなぎ、首から提《さ》げた送話器を手で持ち上げながら、送信の呼出信号を押した。

ただちに応答があった。

「泊居さんですか、こちら真岡です。ただいま真岡はソ連軍の攻撃にさらされています。ソ連艦隊の艦砲射撃がはじまり、それに対して日本軍が撃ち返したため、ソ連艦隊の艦砲射撃がはげしくなりました」

「ソ連軍が真岡を攻撃しているんですか！」

泊居郵便局の電話交換室、受けたのは鈴木好子である。「三の勤務」で午前二時から着台していた鈴木は、ブレストに伝わってくる言葉の中身に仰天《ぎょうてん》した。真岡の緊急事態、この時間帯に市外・市内とひとりずつ着台しており、市内台に着いていた主事補の成田カナに告げて、仮

泊居郵便局庁舎　昭和 11 年ごろ。二度三度と真岡局の電話交換手との交信が劇的だった泊居局。もちろん残留命令が出されていた。

眠中の同僚を起こすため非常ベルを押した。

この日、同じ西海岸で真岡の北に位置する泊居郵便局の電話交換室で宿直していた交換手は、すべて主事補の成田カナ・鈴木好子・榊ナセ・米塚アヒ子・水戸敬子の五人である。上司からの残留の命令を受けて勤番となっていた。仮眠していたのは榊ら三人、非常ベルの音で飛び起きてきた。

「真岡が大変なのよ」

「真岡さんが出ています」

二席ある市外台でモニターしながら、だれもが聞き耳を立てていた。

「私たちもこうしていられないので、いまから避難します」

避難するという真岡からの連絡である。

「真岡さん、真岡さん」

成田カナが送話器を握りながら叫んだが、真岡からの応答はない。

「交換室が攻撃されて回線が切れたのかな。それとも避難したのかな」

主事補の榊ナセが成田の肩越しに声をかけた。成田カナも、避難したために交信が途切れたものと受け止めていた。いや、祈っていたのである。

その場に立ち尽くす者、着台してブレストを着ける者と、だれも口を開かない。息を殺すように泊居・真岡線のランプ一点を凝視していた。長い沈黙が交換室を支配した。

「真岡局が泊居に〝泊居さん――〟と交信してきた時刻は六時半ごろでした。ふだんの宿直では、七時に勤務交代となるため、六時四〇分ごろになるとぽつぽつ起きてきて洗顔や身支度をして準備に入ります」

石栗（旧姓、榊）ナセは、二〇日朝の状況を、こう語る。

「ふだんは起こしにくるだけですが、緊急時に鳴らす非常ベルはジリリーンと、けたたましい音ですよ」

電話交換室と引き戸で隣接する、休憩室を兼ねた宿直室から非常ベルで起きてきた榊ナセら三人は、寝巻きに白い事務服を羽織り、草履《ぞうり》を履いていた。

「寝るときは、寝巻きに寝袋みたいな白いカバーのかかった袋が貸与され、内側に毛布を入れてその中で寝ます。寒ければ布団をかけたりしますが、個人に支給されるのはこの寝袋だけでした」

石栗ナセは、浴衣《ゆかた》のような寝巻きを風呂敷に包み、押入れに置いてあったという。

泊居局の市外回線は、豊原との直通が一回線だった。北海道や本州につなぐ場合や、敷香《しすか》や大泊につなぐ場合、豊原を基地局として継由されていた。ほかには、真岡・野田・久春内《くしゆんない》・恵須取などとの回線もあったが、直接回線は真岡・恵須取のみである。

真岡と恵須取は重要回線なのだが、泊居局を中継しなければつながらない。このため、真岡局との交信は頻繁に行われていたという。

泊居郵便局との二回目の交信

泊居局の真岡との真泊線《しんとまりせん》のランプが点灯した。

「真岡からよ！」

主事補の成田カナが声をあげた。周りを囲む交換手からも声が出る。

「いま、交換室に戻ってきました」

息せき切った声が受話器に届いた。

「どこへ避難していたの」

泊居郵便局の電話交換室での記念撮影　主事補榊ナセ（前列左から３人目）ら、真岡局と最後の交信に立ち会った交換手たちの顔も見える。

成田カナが語りかける。

「局の裏側にある下水溝に隠れていましたが、弾が飛んできてどうにもいられないので、銃撃の隙間を見てまた戻ってきました。外は弾が飛んできて危険です」

「主事補さんは部屋にいないの」

「主事補の高石さんや、代務の可香谷さんは、とっくに青酸カリを飲んで死にました」

受話器の言葉に、成田カナは返す言葉がなかった。すでに主事補や代務が青酸カリを飲んで死んでいるというのである。

「私も心細いから死にます」

「いけないいわ、真岡さん飲んじゃいけない。私たちとお話をしながら、頑張りましょう。諦めて飲まないのよ」

「もうどうしようもありません」

「大丈夫よ、飲まないで頑張るのよ」

成田は真岡の交換手の心細さを和《やわ》らげるため懸命に呼びかけた。傍らでモニターする鈴木好子も交信に加わり、説得した。

「艦砲射撃がすごいの、もうじきソ連兵がやってくるわ」

「局長さんはいないのですか」

「局長さんのところへは高石さんが連絡しました。でも局には来ていません」

「大丈夫よ、じきに見えるわ。それまで頑張るのよ」

「――」

「真岡さん、大丈夫ですか」

「もうどうしようもありません。これ以上だめです。私も薬を飲みます」

「だめよ、飲んじゃだめ、飲まないでね」

真泊線のランプが消えた。

「真岡さん、真岡さん、飲んじゃだめよ」

鈴木好子は必死に叫んだ。

ふたたび真泊線のランプが灯《とも》った。

「真岡さん、大丈夫ですか」

成田カナが呼びかけた。

「もう飲んじゃったの」

という声が届いた。話す口調は歯切れ良かったという。真泊線のランプはついたままだが、応答がない。

「男の人がいるでしょう、大丈夫よ。青酸カリなど飲まないのよ」

鈴木好子が呼びつづけたが、受話器にはなんの反応もなかった。

第五章　他局と最後の交信

泊居局との三度目の交信

泊居《とまりおる》郵便局電話交換室の窓に朝日が差し込んでいた。市外台真岡《まおか》・泊居線の回線にはジャックが差し込まれたままであった。着台していた主事補榊ナセはブレストを着け、垂れ下がる送話器をもどかしげに見つめていた。

交換室内は、真岡との二度の交信の衝撃から極限の緊張状態にあった。だれもが傷心したままその場にたたずみ、呼び出しランプが点灯するごとに一縷《いちる》の望みを賭《か》けていた。

思い出したように、そのランプが灯《とも》った。榊のブレストに懐かしい声が届いた。

「泊居さん、こちら真岡です」

「みんなはどうしたの。大丈夫なの」

状況は推理できるだけに、榊は気が急《せ》く。しかし、相手は伊藤千枝である。榊は伊藤とは親しい間柄にあり、聞き慣れたおっとりした話し方を耳にして安堵したものの、大変な内容なのだ。

「直通の主要局（筆者注＝豊原《とよはら》・本斗《ほんと》）に手分けして、全部連絡しました。泊居さんが最後になりました。主事補をはじめみなさん自決しました。みなさんのあとを追います」

「最後ってどういうこと。ソ連兵が目の前に来ているの」

話の中身に仰天した。伊藤はみずからも死を明言する。

「残っているのは伊藤さんだけなの？」

「ほとんどの人が薬を飲んですぐに死にました。高石さんも可香谷《かがや》さんも死んでいます」

「死ななきゃならないほど、ソ連兵が近づいているの？」

送話器が口元までぶら下がる単式の交換台で、榊は話を引き伸ばそうと話題を変えた。

「銃をもったソ連兵が、局の周りを行ったり来たりしています」

「ソ連兵が交換室にいるわけではないのでしょう。電信の男の人はいないのですか」

「一階の電信にも行ってきました。やがて交換室にもソ連兵がやってきそうです」

「伊藤さん、いま交換室には何人残っているの？」

「ただいまは、五人です」

伊藤千枝　石川啄木が好きだったという千枝。ゆったりとした口調での会話は、付和雷同することなく、いつも冷静だったという。

「ただいまって、伊藤さん、頑張るのよ。後輩もいるのよね、頑張って生き抜くのよ。薬なんか飲まないでみんなで頑張って」

「もうどうしようもありません。私もみなさんのあとを追います」

「死ななくてもいいじゃない。死んではだめ、死なないで！」

榊は涙声になっていた。市外・市内ともに共通のジャックでモニターしていた交換手の耳に、ゆっくりと言葉を紡《つむ》ぐ千枝の声が流れてきた。

「私も乙女のまま清く死にます。泊居のみなさん、さようなら」

余韻のある結びの言葉を繰り返した。

「伊藤さん、死なないで！」

「死んではだめよ」

「頑張って、頑張るのよ！」

泊居の電話交換手全員が泣きながら叫んだ。真岡・泊居線の呼出しボタンを押しつづける榊ナセ。伊藤千枝の声がふたたびブレストやモニターに届くことはなかった。

「乙女のまま清く死にます――と残した言葉が、今も耳にこびりついて」

榊ナセの記憶に焼き付けられた伊藤千枝の最後の言葉であった。

伊藤千枝の面影

榊ナセは、千枝に対する熱い思いが消えないという。

「ほんの数分間の会話でしたが、伊藤さんは、自分たちに課せられた仕事を終えたいま、みなさんとともに清く死にたかったのでしょうね。でもね、やはり後輩とともに生き延びてほしかった」

伊藤千枝とは大正一二年（一九二三）生まれの同輩。真岡と泊居との交信で出会った〝声の友〟と、さらに親交を深める機会があった。石川啄木《いしかわたくぼく》が好きな文学少女だった。昭和一八年に真岡で行われた防空通信の講習会に出席して、直接言葉を交わし意気投合したのである。お互いの性格も理解できて話題も共通することを知ったふたりは、その後手紙のやり取りがはじまり、夜勤の折に、回線を通して語り合うことで絆が深まっていった。

「真岡との最後の連絡が、伊藤さんと自分であったことに、奇縁《きえん》を覚えました。高石さんや可香谷さんはお名前しか知らないため、親しく言葉を交わすこともなかったです。伊藤さんの人間像はしっかりと理解しておりました」

当時、市外通話の回線が混み出すと、双方競って自局の通話を優先させようとするため、かけてきた局が一方的にまくし立てて優先を求めた。興奮して早口で押しとおそうとしても、千枝の悠長な話し方と冷静な対応は、公正を優先する傾向が強かったという。

市外回線は、真岡局といえども直通回線は限られていた。本州や東海岸の局へは、豊原局を経由しなければつながらない。西海岸の恵須取《えすとる》をはじめ、炭鉱のある塔路《とうろ》などとは泊居局を経由して回線をつなげていた。景気が振るわない泊居では、自局からの発信は少なかった。

ところが、真岡・恵須取方面の中継交信の取扱い量は三、四倍となる。毎日、午前零時近くまで中継がつづくため、交換証の整理が時間までに間に合わず、市外担当者はいらいらしていたという。泊居局は真岡局より規模では下であったが、中継交換における結びつきでは豊原より深かった。

真岡からの交信が途絶えたあとも、応答を期待してコードを抜けないでいる榊のブレストに、濁った男の声が響いた。

「アロ、アロー」

千枝と交わした悲しみの余韻も掻き消され、一転して現実に引き戻された。

「真岡・泊居線に架線したソ連軍の通信兵の声だったのでしょうね、恐ろしい声を聞いてしまったと思わず手を離してしまいました。ソ連軍に占領されてしまったのだと思うと、身体の力がいっぺんに抜けていきましたね」

八月二〇日早朝に行われた真岡局と泊居局の交信の経過、つまり三度にわたる泊居局への連絡は何を意味しているのか。

元交換手たちの詳細な証言で判明したのは、動揺する電話交換室のようすである。主事補と代務のいち早い服毒死。局外への一時的な避難も安全策ではなく、帰局する経緯。そして、榊ナセと親しい伊藤千枝による三度目の交信。元交換手たちの証言により、時間の経過とともに行われた真岡局の自決の流れが、混乱する交信内容からも充分に読み取れた。

直接の責任者を早い時間に失い、一〇代の若い交換手の先頭に立った中堅の交換手たち、さらに志賀晴代・伊藤千枝。いずれも死の直前まで葛藤しながらも任務を全《まっと》うしつづけた姿が浮かんでくる。

泊居局の電話交換室は平常の勤務に戻っていた。局に出勤した所弘俊局長は、主事補らから顚末《てんまつ》を報告されたあと、業務を一時的に止め、交換手全員に訓示した。

「仮に泊居局が、真岡と同じような局面を迎えることがあったとしましても、みなさんは絶対に自決するような絶望的な手段を取らないでください。必ず生き延びることを考えて、死を選択しないでください。全員元気な姿で本土に引き揚げましょう」

強い口調で訴える所局長の気魄《きはく》が、いまも印象深く残っていると、成田カナや水戸敬子・榊ナセは語っている。

志賀晴代の死

先に豊原局に、「主事補さんお願いします」と言ってかけてきた真岡局の電話交換手は志賀晴代だった。局外に避難するため一度は下水溝に身を隠したが、心細くなって局に戻ったという経緯を話していた。その志賀晴代が自死のために使用したのは、モルヒネであったという。

晴代の妹トヨ子の証言に、

〈姉は、看護婦の経験もあり、青酸カリではなくモルヒネを注射して死んでいったと思われます〉（『北海タイムス』昭和三八年八月二三日）とある。

看護婦の経験があった晴代は、いつも持ち歩いていたショルダーバッグふうの非常用ズック袋にモルヒネ液が入った瓶《びん》と注射器を忍ばせており、この日もそのバッグを肩から提《さ》げ、非常呼集の知らせを受けて局に駆けつけていた。

このモルヒネは、静脈注射か、あるいは大量に服用しても絶命するといわれる。致死量は、青酸カリが〇・二一〜〇・三ミリグラムなのに対して、モルヒネの場合五〇〇ミリグラムの量を要し、短時間に注射するのは至難の業であるといわれる。おそらく服用が中心となり、注射と抱き合わせにしたのではないだろうか。

高石ミキや可香谷シゲが早い時間帯に服毒して命を絶ったあと、晴代が市外台に着いて交信したと思われる。毅然《きぜん》として他局と通話する晴代の声は、主事席の下に避難していた岡田恵美子の耳にも届いていた。

蘭泊局への最後の連絡

泊居局と二度目の交信をしたのは志賀晴代と思われる。泊居局の成田カナは、真岡・泊居線で交信した交換手は、一度途切れ、つぎに話したときには「もう飲んじゃったの」と語って途絶えたという。話す口調も歯切れ良かったという。交信が断続的に行われており、そのときのひと言から、志賀晴代がモルヒネを服用後に泊居と交信したことを物語る。

そして、三度目となる泊居局への交信をになったのは伊藤千枝であった。千枝は泊居局の友人榊ナセの質問に、「ただいま五名が残っている」ことを伝え、みずからも仲間のあとを追うと語った。

この時点での五人とは、伊藤千枝・志賀晴代・境サツエ・川島キミ・松橋みどりで、岡田恵美子の姿は交換台から見えなかったため含まれていない。晴代の死は、青酸カリほど早くはないところから、伊藤は市外台に伏せている彼女の姿を捉えて五名と発言したと思われる。

泊居局との交信を終えた千枝は、生まれ故郷でもある蘭泊《らんどまり》局にも連絡していた。二〇年八月の村の人口は六〇〇〇人余り。蘭泊郵便局は橋本忠雄局長以下、息子の橋本渉・秀子夫妻と職員が在籍していた。電話交換室は五坪ほどあり、市外・市内とふだんは三名勤務体制をとっていた。通信室には橋本渉が着いていた。

その蘭泊局の動静を証言する橋本渉の手紙がある。項目を立て、具体的に質問した内容に対する回答であった。

終戦の詔勅を聞いたあと、局員は今後の対応に正確な情報が得られないため、いずれ進駐してくるであろうソ連軍のことで、いろいろなデマに惑わされていた。

二〇日明け方、沖のほうを軍艦らしき船影が真岡方面に進んでいるとの情報に、局員が集まってきて、局の裏山からそれぞれが「たしかに軍艦だ」と確認した。

間もなく、遠くに大砲の音が聞こえ、何が起こったのか、まさか戦闘かと不安な予感がした。

全員が事務所に集まり、局長（父）を中心に、いざというときに備えて話をしているところへ、警察部長と消防団長が局舎内に入ってきた。

「真岡が艦砲射撃を受けている。ただちに避難するよう命令が出たので従うように」

二人の命令を受けて、局長はその場で局員に指示を出した。

「局は私ら一家で守りますから、みなさんは全員家族とともにただちに避難してください」

橋本局長の言葉に、だれも首を縦に振らない。全員、局にとどまると言い出す。

「局長さん、全員で通信を守ります」

松橋みどり　最年少の 17 歳。伊藤千枝の制止を振り切って最後に青酸カリを飲んだ。

と言って譲らない。警察部長や消防団長は諦めて局を出ていった。間もなく局の前を避難民が列を成し、富《とみ》問《とい》・岸深《きしぶか》方面への避難を開始していた。

突然、電信が蘭泊をモールスで呼ぶので、橋本はただちに応答した。たしか五時五〇分であったと思う。相手の名前は不明で、

「ただいま、ロ兵上陸、火災の中を局のほうに近づいている。これが最後の通信」だという。

問い合わせる間もなく、通信は途絶えた。

その後、一〇分ほど経って、家内が交換台から電信室に電話をかけてきた。

「真岡の交換より電話です」

と言うので電話に出ると、

「伊藤です、今ソ連兵が局舎に入ってきたので、みんな薬を飲んで死にます。家へ伝えてください。橋本さんサヨウナラ」。

橋本は大声で、

「薬は飲むな、もう少しようすを見た上で」

と言ったところで電話が切れた。（時計は確認していない）

橋本渉は、昭和一五年から三年間真岡局の庶務係に勤務しており、交換手たちもよく知っているという。

「みんなをよく知っており、私に電話したものと思う」

と、結んでいた。

伊藤千枝の行動

蘭泊局との交信を終えた千枝は、ブレストをつけたまま、三人の後輩に話しかけた。

「みなさんね、私がいいって言うまで薬を飲んじゃだめですよ、絶対だめですよ」

松橋みどり・川島キミ・境サツエが床に腰を下ろして泣いている。先輩の言葉に頷《うなず》いた。千枝は、それまで着いていた市外台を離れると市内台に移り、交換機にジャックを差し込むと内線レバーに切り替えた。

突然、松橋みどりが走り出した。

「みどりちゃん飲んじゃだめ！　我慢するの、我慢よ」

千枝の言葉に反応することなく、みどりは監督席の机に置いてある青酸カリの塊を手にすると、湯飲み茶碗を持って窓際へ走り、口に含む。そして、湯飲みの水を流し込んだ。川島と境が泣きながら見つめている。

千枝の制止に逆らってまで服用した松橋みどり。床にうずくまり、あるいは交換台に上半身を預けたままの、もの言わぬ先輩たちを目の当たりにした一七歳の若き乙女の心には、あまりに重過ぎる恐怖と緊張の極地にあったのだろう。

川島キミは、志賀晴代から分けてもらったモルヒネの瓶を足元に置いていた。志賀先輩の悶絶する後姿をみて、引きずられるように口に含んだものの、舌に痺《しび》れを覚えて吐き出した。境サツエも早くに青酸カリを手にしていたが、目の前で悶絶して逝った先輩たちを見て、「いゃ!」と叫び、放り投げて床にうずくまっていた。

千枝はゆっくりと内線番号のレバーを上げた。

電話交換室からの電話

一階の電信係、宿直室の入口にいた菅沼啓三は、一時ほど銃撃は収まったかなと見て取るも、時折飛び込んでくる銃弾に、立って歩くことはできない。極度の緊張から口の中がからからだ。水を飲む手段もなく、通信室内に釘付けになっていた。

電話の呼鈴を耳にした。主事席に置かれている内線電話であった。同僚が机の下から手を伸ばし、受話器を取り上げる光景を目にした。

——交換室からだろう。残っているはずだから。

しかし、受話器を取った同僚の声を耳にして驚愕《きょうがく》した。

「交換室からで、ただいま九人が亡くなりました、と言ってます」

「なんだって!」

耳を疑うような叫び声に、大声で聞き返すと、

「交換手九人が亡くなったと言ってます」

九人の死、という言葉に、こんどは菅沼の近くに身をかがめていた飯塚保房が聞き返す。

「何人生きているんだ」

「電話が切れたのでわかりません」

「わかった」

菅沼は頷いたものの合点《がてん》がいかなかった。電信係と違い、電話交換室は別棟の二階にあり、しかも窓は山側を向いているため、海岸線から山側に移動していくソ連兵の動きを考えると、背後から直接弾が飛び込むことはないはずだ。まして、一階の事務室にもソ連兵が入ってこない状態で、交換手たちが身の危険にさらされるとは考えられない。ソ連軍の直接攻撃で身の危険にさらされるのは、むしろ我々のほうだ。

「交換手は九人だけではない。電話で伝えたということは、助けを求める連絡だ」

「そうか、気づかなかった。女だけしかいないのか」

「とにかく、一緒に二階に行こう。生きている人がいるのなら連れてこよう」

飯塚と菅沼は電話交換室に行くことにした。ただ、口が渇いてすんなりと言葉が出てこないため、飯塚は宿直室の入口に置いてあったウイスキーの瓶《びん》を手に取ると、ひと口呑み込んだ。

昨夜の「さよならパーティー」の残りものであった。

宿直室に避難していた斎藤美枝子は、飯塚の動きを見て声をかけた。

「飯塚さん、どこへ行くの。いま動いたら危ないわよ」

「交換室が大変そうだから、二階に行ってくる」

「ウイスキーなんか飲んで大丈夫？　弾を避けられるの？」

美枝子が声をかけると、飯塚は怒声で応えた。

「弾の飛んでくるところへ行くのに、正気で行けるわけがないだろ。いまでも限界だ」

飯塚と菅沼は、宿直室の前から床を這《は》いずり、通信室を抜けて書留区分所の棚《たな》を越え、局長室を右に曲がって別棟に入った。一段下がっている本棟と別棟との境の廊下を越え、庶務係の部屋の前から二階への階段まで床を這うように辿《たど》り着くと、外からの銃弾は届かないため、飯塚が先に駆け上がった。

飯塚保房の見た伊藤千枝

伊藤千枝は、電信係への〝報告〟を終えると、レバーを下げ、ブレストを置いた。ゆっくりと市外台を離れると監督席に近づき、床に倒れている交換手の手元にころがる湯飲みを拾い上げた。机の上にあるやかんから水を注いだ。監督席に残っている青酸カリを手にし、口に運ぶと水で流し込んだ。

境の目は、涙ながらに千枝を追っていた。強く止めたはずの先輩が、視線の先で青酸カリを飲もうとしている。叫ぼうにも声が出ない。振り絞るように千枝の名を叫んだ。

「伊藤さん！」

境の声に振り向いた千枝だったが、手のひらを差し出したまま、同僚の遺体の傍らに正座する。千枝の両手に制され、境も川島も床に張り付いたように立ち上がれない。

飯塚保房は、階段の足音に気遣いながら二階にたどり着いた。視線の先に開けっ放しの電話交換室のドアがあった。

――ここなら、一階ほど銃撃音が聞こえないな。

時折、銃声が山の手方面から聞こえてくる。休憩室と宿直室の戸も開け放たれていた。万が一の弾を警戒して、身体を屈《かが》めながら交換室のドアに手をかけた。

「だれかいるんだろ！」

声を出して覗《のぞ》いた交換室、真っ先に映ったのは、胸元をかきむしりながらもんどりうつ伊藤千枝であった。息も絶え絶えにもがき苦しむ。飯塚は駆け寄って身体を起こそうとした。

「何を飲んだの！」

苦しむ交換手の表情が痛々しい。

――いまなら病院に連れて行けば助かるのに。

飯塚の脳裏に浮かんだ咄嗟《とつさ》の思いだが、この状況ではただ見守るしか手立てはなかった。まだ息のある伊藤を助けることができないもどかしさに苛《さいな》まれたが、事切れる瞬間まで傍らに付き添うしかない。

このときの飯塚には、伊藤千枝が青酸カリを飲んだことまでは考えが及ばなかった。もがき苦しみ、やがて身体は動かなくなった。

入口に近く、市外台のある位置からさほど遠くない床に、二人の交換手がへたり込んでいた。膝《ひざ》を立ててうずくまり、痙攣《けいれん》したように肩を震わせて泣いている。累々《るいるい》と横たわる紺の制服にモンペ姿の交換手たち。

「だれかいましたか！」

廊下から聞こえた菅沼の声に、飯塚は応える。

「ふたり無事だ。いまから下に連れて行く。手伝ってくれ！」

交換室は惨状を呈している。一階でソ連軍の銃撃にさらされているいまの自分が不思議に映るだけに、とにかく生きている交換手を助け出そうとの思いで行動するしかなかった。

飯塚は、境と川島に声をかけた。

「ここじゃ危ないから、とにかく電信に避難するよ」

立ち上がるよう促すと、ふたりに手を差し伸べて引き寄せ、力の入らない身体を脇から抱えなければ動けないと判断、菅沼を呼んだ。

「手を貸してくれ」

飯塚はふたりの両脇を抱えるようにして立ち上がらせると、交換室のドアまで辿《たど》り着き、菅沼にひとりの脇を抱えさせてから、みずからも抱えるひとりに集中した。ふたりの交換手は飯塚と菅沼に脇から抱えられるようにして階段を下りた。


ところで、九人の遺体の位置である。上田豊蔵元郵便局長の「手記」に描かれる遺体の位置図がある。昭和二〇年八月の電話交換室の市外台と市内台の位置が、元交換手たちの証言と食い違う。せっかく描いた位置が、どうも解《げ》せない。

つまり、境・川島のふたりの交換手を助け出した、電信係の飯塚保房と菅沼啓三の証言では、飯塚は交換室に入って真っ先に伊藤千枝の服毒後の状態を目にしていた。監督席に近い場所である。

「いまなら病院に連れて行けば助かるのに」との飯塚の思いは、助けられなかったという後悔となって戦後も引きずっていたという。同僚の証言にも鮮烈な印象として語り草となった。

上田元局長の「手記」では、伊藤千枝の遺体は、市内台の端、沢田キミの遺体に近い位置で示されているが、この方角では飯塚保房が入口で目にした位置からずれてくる。しかも、救出したふたりの交換手も入口近くである。やはり高石ミキや可香谷シゲの近くで崩れていなければ、辻褄《つじつま》が合わないのだが……。

最年少交換手の松橋みどりは、窓辺まで駆けて服毒したというのが生還者の証言にもあるが、なぜか市内台の前となっている。市外台にうつ伏せになっている志賀晴代と、監督席近くの高石ミキ・可香谷シゲの位置は証言と一致する。

傍証もある。高城淑子の遺体の位置は、上田元局長の「手記」では、主事席の近くと描かれる。そもそも交換台の位置に関する記憶が古いため、整合性はかなり薄いと思われる。この位置も違うようである。

その高城淑子の兄と真岡中学校一三回卒で同期という北林久悦氏は、当時「試験台」に勤務しており、交換室内の動きや人物にはとくにくわしい方である。北林証言によるとこうなる。

〈八月二四、五日ころ倉庫に収容されていた私は、郵便局の案内をソ連軍に頼まれたように記憶しておりますが、「九人の乙女」を読むと倉庫には郵便局関係者がほかにいたようなので、この記憶には自信がなくなりました。

とにかく私、ソ連将校一人、自動小銃をもった兵一人が交換室に行きました。その前に同じ倉庫にいた高城君の父に娘が自決したことは聞いていたので、室内の惨状は覚悟していました。高石ミキさんが交換台で、高城淑子さんが市外台の床に倒れていたのはいまでもハッキリ覚え

ています。ほかにも床にゴロゴロありました。ふたりだけよく覚えているのは、仰向けにたおれた顔がよく見えたからでしょう〉

高城淑子の兄との交流が深かった北林「手記」なので、淑子の顔を覚えているという記述の信憑性《しんぴょうせい》は高いのだが、高石ミキの「交換台」という位置はこの「手記」でも一致しない。

各人各様の真実

救出された川島ミキの縁戚にあたるという元電話交換手の桜井千代子。みずからの手記「女交換手　真岡に玉砕す」（『文藝春秋』昭和四二年九月号）のなかで、昭和四一年に東京で再会した折に、川島から直接聞いたとしてつぎのように語っている。

〈青酸加里を持っていたのは、班長の高石ミキと可香谷シゲだった。古い人から順に薬を分けてもらって服用する。交換台にうつぶせになったり、ずるずると椅子《いす》からすべり落ち、血を吐いて死んでいく。

これで死んでしまうのか。死にたくない。このままでは死にたくなくて、泣けて仕方がなかったが、これで外に出ていったら、ソ連兵にどうされるかわからないと思い、意を決して、ひと息に飲み込んだ。

風が、顔にそよそよと吹きつけるので、目が覚めた。みると最前の交換室であり、床にながながとのびている。人間、死ぬと臨終の場にいちどでも戻るものだというから、これがそうなんだな、と思ってみたりした。しばらくぼんやりしていると、ソ連兵が入ってきて、収容された〉

というのである。川島はいちばん年少だったので、青酸カリが、もうあまり残されておらず、危ないところで、命を拾ったのである。

ここでも、川島キミと境サツエを救出した電信係の存在には触れていない。川島自身が電信係の記憶がないというのなら話は別だが、意図的に元局長の「手記」の内容に添って、生還した川島の存在を薄めようとしたのか。ふたりの生還者の存在を『文藝春秋』という大舞台で、はじめて公にした桜井千代子の勇気に敬意を表したいが、結果として彼女は、こうした証言やほかの証言も含めて「各人各様の真実」と、表現していた。割り切れなさが残る。

救出されたふたりが、以下につづく、電信係の宿直室で介抱《かいほう》された証言をも、「各人各様の真実」と切り捨てるのか。八月二〇日の郵便局で何が起きていたのか、その全容や真相を、あえて避けたいという思いがあるのなら、桜井の手記も理解できるのだが。真相を隠蔽《いんぺい》する傾向にある。

電信係の宿直室で

飯塚と菅沼は、それぞれ境と川島の脇を抱え、銃弾が飛び込んでくる一階事務室まで身を屈《かが》めながら歩いてきた。電信係の宿直室になんとかたどり着いた。

「交換室はみんなやられてだめだった。ふたりだけ残っていたから連れてきたぞ。信子、おまえたちでみてやってくれ」

飯塚は、薬丸と斎藤に声を掛けて介抱を頼んだ。飯塚の声に、宿直室の押入れに避難していた薬丸信子と斎藤美枝子が、飛び出して入口に立っている四人と顔を合わせた。脇を支えられながら、身体を震わせて泣いている境と川島。脇を放すとへたり込みそうな姿を見て、斎藤が声を出した。

「川島さんに境さんじゃないの。無事だったのね、よかった、よかった」

「押し入れで介抱してくれ」

飯塚と菅沼はふたりを女性陣に預けた。斎藤と薬丸に脇を抱えられた境と川島は、押入れの下に屈み込み、布団を頭からかぶった。

「伊藤さんが苦しんでいたが、だめだったよ」

飯塚がぽつりと言った。だれに話しかけるでもなく、助け出せなかった無念さを吐いた。このときも飯塚の頭には、交換手たちが青酸カリによって自決したのだとは思い及ばなかったようである。

境サツエと川島キミ

通信室に戻り、身を伏せて外の動きを見守っていた菅沼の目に、正面玄関からよろめいて入ってくる男の影が映った。

「尻を打たれた！」

戸を開けると同時に倒れこんできた。菅沼も声を掛ける。

「どうした」

「助けてくれ、尻を撃たれたんだ」

「床を這《は》いながらこっちへ入りなさい」

男は両手で這うようにロビーから電信受付のある入口に辿り着くと、その場に倒れ込んだ。跡には箒《ほうき》で掃いたような血が残る。菅沼が近寄って容体をうかがった。男は自宅から山間部へ避難しようと本通りを走ったところ、十字路で通行人を掃討射撃していたソ連兵に撃たれたのだと話した。

宿直室の押入れでは、信子と美枝子がふたりの交換手の背中をさすりながら落ち着かせていた。信子は川島キミとは入局同期組であり、親しく話を交わす間柄であった。境サツエの、ものおじしない明るい性格は局内に知れ渡っていた。

時折、布団から顔を出しては通信室のようすをうかがった。上段の押入れは開け放たれている。襖戸《ふすまど》は菅沼が白旗を掲げるための材料として使っていたためである。

信子は、声を引きつらせて泣いているふたりが落ち着くのを待って話しかけた。二階の電話交換室で何が起きたのかを訊《たず》ねたが、ふたりともハッキリとした言葉にならない。それでも質問を繰り返し、断片的につないでいった。

「とにかく顔色なんてなかったですね。しゃくりあげるように泣いてばかりでしたから。押入れに一緒に入って、背中をさすりながら交換室で何があったのかを聞きました」

薬丸信子は交換室から生還したふたりの現場でのようすを語ってくれるが、ともにソ連軍の攻撃にさらされる最中の出来事だけに、話す表情もきびしい。

「ほかの人たちはどうしちゃったの」

信子が訊ねた。

「みんなでね、死んだの」

「どうして死ぬことになったの」

美枝子も加わって訊ねる。

「砲撃が恐くて、ソ連兵が上がってくる前にみんなで青酸カリを飲んだら、あっという間に死んじゃった」

境が声を詰まらせた。交換室の修羅場を思い出したのか、背中を震わせて泣きはじめた。信子は、交換手たちが青酸カリを飲んで死んだという事実を受け入れられなかった。もちろん、青酸カリが用意されていたことすら認めがたかったのだ。

「私の分がなかったから、モルヒネをもらって飲んだけど、死ねなかった」

キミは途切れがちに話す。

「薬飲んだら、あっという間に死んじゃったの」

サツエの脳裏に伊藤千枝の死の瞬間がよみがえるのか、しきりに繰り返す。

「泣かないでね。もう大丈夫だから、頑張ろう、ね、頑張るのよ」

「伊藤さんが、私がいいって言うまで飲まないでって言うから——」

「飲まなかったの?」

境は頷《うなず》いた。

「でも、伊藤さんは飲んじゃったの」

「ふたりを助けようと思って言ったのでしょ」

「あたしたちを置いていったの」

「大丈夫、大丈夫」

通信室から男の声がした。

「大丈夫か、大丈夫なのか？」

信子も声を張り上げた。

「私たちは大丈夫よ」

と言ってはみたものの、張り詰めた状態がいつまでつづくのか。ソ連兵が入ってきたら撃ち殺されるのではと考えると、いてもたってもいられなくなる。信子は泣いている交換手を介抱することで、気をまぎらわした。

美枝子の神経も限界にあった。恐怖に押しつぶされそうで、耐えられなかった。交換手が来る前だ。ふたりで押入れの布団に隠れていた美枝子が訴えたのである。

「ヤクちゃん、死のう」

「何言ってんの。死のうったってこんなところで死ねるわけないじゃない」

信子が強気で言い返した。美枝子がいつから持っていたのか、チリ紙に包んだ白っぽい顆粒《かりゅう》を見せたのである。信子は身をのけぞらせたが、布団から出てたしかめた。青酸カリなど見たこともなく、

――これが青酸カリなのか。

「こんなもの飲んで、どうするの――」

「とても辛くて、もう耐えられないの」

「死ぬにもタイミングがあるでしょ。私たちだけ先んじて、どうするの」

信子は絶望の淵に立っている美枝子の気持ちを察しながらも、いまは自制するようなだめた。

薬丸にとっても精神状態は限界に達していたと告白するとともに、斎藤との意外なエピソードも明かした。どさくさにまぎれ、ふたりはいちど口にするも、途中で吐き出した。

通信室が静かだった。突然、菅沼の声が響いた。

「みんな、手をあげて出てくるんだ！」

ソ連兵が来ていることをはじめて知った。

この薬丸と斎藤の「青酸カリ」騒動には後日談がある。

「ミイちゃんの旦那がね、イザというときのためにうがい薬をミイに渡してあったのです。『それでもあげておかないと、おまえなんか死ぬ死ぬって、うるさいから』ということでね。でも、口に含んだときは、たしかにピリピリしましたよ」

薬丸は打ち明け話として自嘲《じちょう》するが、〝戦場〟にいた大和田実の心遣いが偲ばれる。〈ミイちゃんの旦那〉とは、この日一緒に〝戦場〟にいた大和田実であり、のちに〝戦友〟同士が真岡で夫婦になったのである。

ソ連兵が入ってきた

菅沼は、局の正面玄関にソ連兵の影を捉えた。いよいよ来るときが来たのかと、全身が凍りつき、頬《ほお》も引きつる。玄関先からロビーに姿を現したのは三人の兵士であった。それぞれ機関銃を手に銃口を前に向けている。

窓辺に掲げた白旗を確認して入ってきたようで、銃を撃つことはなかった。通信室の中に足を踏み入れた。菅沼の目には「陸戦隊」と思われるソ連兵が、「手を挙げろ！」というしぐさに映った。もちろん言葉は通じない。

先頭にいた兵士のひとりが、銃を通信台の上に置くと、両手を挙げ、同じしぐさをしろという合図を送ってくる。菅沼は咄嗟《とっさ》に両腕を挙げるが、力のない万歳になった。撃たれるという恐怖が頭をもたげるものの、腕が伸びない。銃身で腕を軽く叩《たた》かれた。さらにもっと挙げろとの合図のようで、背筋を伸ばして腕も伸ばした。

腕時計がはずされ、胸のポケットから万年筆や煙草《たばこ》ケースが抜かれた。ズボンのポケットにも手を入れられ、持ち物すべてを取り上げられた。

菅沼は心臓の鼓動が大きくなるのを覚えた。煙草ケースで誤解されるのを恐れていた。先輩が旭川第七師団の銃剣大会で優勝した折の記念品であるため、ケースの内側に軍旗が印刷されており、開けられたら軍人と思われかねない。もらいものと訴えて通る相手ではない。

ソ連兵は、取り上げた煙草ケースの開け方がわからず、そのまま自分のポケットにしまいこんだ。万年筆のキャップを引っ張ったが開かないため、銃槍の底部で叩《たた》いて壊してしまった。

通信室にいた職員は全員が菅沼同様の姿勢だった。水越正巳と同期の吉村三次が、胸のポケットに入っていた写真を見つけられ、すぐさま銃口を向けられた。国民服がソ連兵の目には軍人と映ったのである。

吉村は、咄嗟に叫んだ。

「違う、違うよ！」

日本語は通じない。坊主頭に金ボタンの学生服姿に、ソ連兵の目と知識では兵士としか映らない。職員が緊張して見守る。

飯塚が英語の「ＳＣＨＯＯＬ」を連発した。身振り手振りで懸命に話しかけた。兵隊と決めつけてまくし立てるロシア語を理解できないのだが、首を横に振り、学生であることを訴えた。飯塚との押し問答がつづき、根負けしたのか手を下げろというしぐさをした。それ以上、追及はなかった。

兵士が通信室の奥を銃口で指し、ほかに残っている者がいないのか確かめる身振りをした。菅沼は、兵士たちが割合おとなしく、乱暴狼藉《ろうぜき》を働くタイプに見えないと思い、素直に従うことにした。

宿直室の押入れに隠れていた薬丸と斎藤は、境と川島の手を取り両側から身体を支えるように連れ添い、通信室に歩いていった。玄関ホールに待機させられている電信係の職員を目で追い、通信室で銃を構えているソ連兵の前で立ち止まった。男子職員同様に、ポケットの中身や持ち物をチェックされ、一切を没収された。だれのものかわからないハンカチとチリ紙だけ戻され、全員外に出された。

本通りに面する局舎前に整列させられた。そこにはすでに逃げ遅れて引き出されてきた町民も並んでいた。男女に別れて並ぶように指示が出る。

外は陽が差して眩《まぶ》しい。菅沼の目に真っ先に、馬上で剣を抜いて監視するコザック兵の姿が映った。太陽の日に反射する剣。

――あれで切られたら痛いなあ。

呆然《ぼうぜん》と眺めていた。本通三丁目に位置する郵便局の通りは、一軒置いた警察署の前で緩やかにカーブする。この通りに死体が無造作に投げ出されている。

薬丸信子は自宅が局に近いため目で追った。

——みんな無事に逃げただろうか。

突然、火炎放射器を持った兵士が、あたりの家に向けて火を放ちはじめた。苛烈《かれつ》な噴射音とともにオレンジ色の直射炎が、乾ききった木造の家屋を嘗《な》めるように覆う。音を立てて燃え上がる。

——ああ、私の家が焼ける。

薬丸は心の中でしか叫べない。屋根がドスンという音とともに崩れ落ちた。消防本部の建物も焼け落ちていく。あたり一帯を覆い尽くす炎の中から、子どもの手を引いた母親が歩いてきた。郵便局前に集められる人の群れに辿り着いた母親の目は放心状態であった。その顔に見覚えがあった。

——たしか男の子がふたりいたはずなのに。

薬丸は近所付き合いの気安さで声をかけると、

「下の子を連れてこれなかったから、置いてきたの」

嗚咽《おえつ》が薬丸の耳に届いた。

水越正巳が目にしたのは、顎《あご》を砕かれたのか鮮血に染まった手拭《てぬぐ》いで押さえ、リヤカーに乗せられて横たわる女性の姿である。目をそむけようにも、視線の先には死傷者が溢れていた。

菅沼の記憶では、太陽は頭の上にあったという。男女別に隊列を組まされ、銃を抱えたソ連兵の先導で移動することになった。〝捕虜〟となった郵便局職員や町民は、海岸線に並ぶ倉庫群に男女別に収容されたのである。

真岡郵便局の舎内にはだれも残っていないはずであった。

岡田恵美子の場合

真岡郵便局の二階、電話交換室から境サツエと川島キミが助け出された。このときの行動を岡田恵美子は記憶していないという。すでに砲撃音は止《や》み、断続的に聞こえる銃撃音も遠くからであった。

岡田は、主事席机の下にうずくまって凍りつくように、耳元を両手で覆っていたという。市外台の傍らにある窓から陽が差している。室内は静寂に包まれている。

――だれもいないのか。

張り詰めたピアノ線が突然ピッと千切《ちぎ》れたように、岡田の心は真空状態だった。目をつぶると、監督席で真っ先に飲み込んだ高石ミキの横顔がよみがえる。可香谷シゲも高石のあとを追うように、小走りに監督席に行って飲んだ。吉田八重子や高城淑子ら、岡田にとっては先輩交換手がつづいた。絞り出すように母を呼ぶ声が耳元に残る。悪夢を見ていたのだろうと思う一方で、自分が机の下に入った行動がよみがえってこない。しかし、自問を繰り返すごとに、逃れることのできない現実に立っていることに気づく。いまが現実であった。

——川島さんや境さんはどうしたのだろう。

記憶の糸を手繰《たぐ》り寄《よ》せると、男の声が耳に残っていた。その声の主が助けにきた人とは考え及ばない。金縛りにあったように硬直した身体からは、声を発することすらできなかった。

「だれもいないのか——」

ふたたび男の声がした。岡田は身をすくめながらも意識は醒《さ》めていた。

——男の人なら助けてもらえるかもしれない。とにかく立ち上がろう。

恵美子は男の声に応えようとするが声が出ない。背中を丸めてしゃがみこむ姿勢から解放されたいとの強い意識が働き、立ち上がった。

「生きていたのか。あんたひとりか?」

男は恵美子の姿を見つけると、声を張り上げて驚いた。

「いまなら無事に出て行ける。ここから出よう」

恵美子が立ち上がって目に映る交換室とは、おびただしい先輩たちの遺体である。主事補の高石ミキ、代務の可香谷シゲ、先輩の沢田キミ・吉田八重子・高城淑子・渡辺照、同僚の松橋みどり、それに伊藤千枝と志賀晴代。胸元を両手で締めつける恰好《かっこう》や、交換台にうつ伏せになるなどの九人の身体が静止したままだった。

男に脇を抱えられながら、足を引きずるように交換室の入口に歩く。遺体に瞑目《めいもく》し、別れを告げた。

岡田は、結果として塩倉庫に収容された。だが、その倉庫内で、煙草を吸っていた男が突然ソ連兵に撃たれた。その現場に居合わせて、はじめて死の恐怖を覚えたという。

「新聞紙に包んだ一センチほどの白い塊のような青酸カリをもらい、お守り袋に入れて、万が一の護身用にしておりましたが、使うことはなかったです」

岡田恵美子にして、青酸カリをもらっており、お守り袋に入れて持っていたという。


いまも残る岡田恵美子の記憶回路に、救出した男性がだれだったかは残っていなかった。ただ、助けられて、局外に連れ出され、塩倉庫に収容されたことまでは鮮明に覚えていた。一部の元同僚は、岡田恵美子は宿直室に隠れていたと語っているが、なんの確証もない。

岡田はたしかに休憩時間に入っていた。急を聞いて電話交換室に駆けつけると、主事席の傍らの窓から海岸線を覗《のぞ》き、ソ連軍の攻撃がはじまって動揺し、主事席の机の下に身を伏せることになった。川島キミはいっさい沈黙を守りつづけるが、唯一の証言が、前述した桜井千代子の「手記」のようである。

境サツエやサツエの兄登の証言、電信係の飯塚保房の証言のなかにも、岡田の存在は入っていない。もっとも、監督席の机の下に潜《もぐ》りこんで恐怖に耐えていたことを理解すれば、お互いに存在を確認できる余裕などはないはずだ。

しかし、岡田にとって、生還したことが逆に〝負い目〟となって重くのしかかっていた。いちどは同窓の集いに出席した折、「なぜ死ななかったの」と投げかける元同僚の言葉に絶句した。戦後、時間の経過とともに薄められる苦しみとは別に、元同僚たちとの懐旧の思いに浸るひとき、他愛もない言葉と捉えて発した元同僚の言葉は、生存者のひとりである岡田にとって、殉職を美と捉える同調圧力となり、責め苦となる。絶望的な疵《きず》を秘めている身に、生きていたことを全否定されかねない言葉と映るのだ。

心を固く塞《ふさ》いでいた岡田の後半生。前述までの証言により、電話交換室での自決現場を再現する証言を得られた。三人の生還者より、電話交換室での集団自決現場の真実が明らかになったのである。

第六章　占領下の真岡町で

崩壊した町

八月二〇日朝、ソ連軍の急襲に遭った真岡《まおか》の町は、本町一丁目の一部と南浜町一丁目西側、それに本町五〜八丁目、北浜町二〜八丁目西側と山手町三丁目の大部分が消失した。

犠牲者の数もおびただしい。公式として挙げられているのは、元真岡町助役藤岡佐一が引き揚げ時に持ち帰った、真岡町作成（八月二〇日付）の戦災死亡者名簿の一部により公表されている。

死者数　四一八人、行方不明者　五九人、合計　四七七人。

同日付の人口が、一万九一九三人で、約二・五パーセントにあたる。ただ、この名簿は届け出のあったものだけに限られたため、実際に戦禍で被害に遭った実人数は、膨大な数にのぼるとみられる。たとえば、艀船《はしけぶね》で真岡港に寄港して、二〇日朝岸壁に係留《けいりゅう》されていた避難民や、列車で真岡に辿《たど》り着き、列車内や第一小学校で一夜を明かした人たちで、ソ連軍の攻撃で犠牲となったと思われる人の届け出はない。

このため、『樺太終戦史』は、八月二〇日の真岡町における犠牲者はこの数字の二倍以上になるだろうと結ぶ。

家族の集団自決

この戦災死亡者名簿のなかで際立っているのが、真岡中学校の教師と家族の犠牲者である。軍事教練助教官江村孝三郎少尉が、妻子四人と、隣家の平野太体育教官の妻子二人の首を刎《は》ねたあと、自身も割腹《かっぷく》した事件。英語の鴨志田義平教諭が四人の妻子を殺害後、剃刀《かみそり》で自刃した事件である。

平野元教諭が手記を残しているが、その瞬間を手記でこう記している。

〈全員に目隠しをさせ、合掌《がっしょう》しているところを一人ずつ切り捨て、最後に江村少尉は仏壇に合掌のあと、従容《しょうよう》として自刃〉とある。

江村孝三郎少尉については、高城淑子の兄英雄が八月一九日の夕刻、母親と妹といちばん下の弟が引き揚げるため、港に付き添っていったときの証言がある。

「江村孝三郎少尉は同じ町内会のため、引き揚げも一緒でした。混雑する岸壁で一段高い場所からやおら大声で叫ぶのです。日本は戦争には負けたけれど、日本人として恥ずかしくない行動を取りましょうと、演説をぶっていましたよ」

北海道庁が調べた記録では、昭和二〇年八月、ソ連軍の樺太《からふと》侵攻から戦闘終結までの二週間に亡くなった邦人の数は約四二〇〇人とされ、内訳は将兵七〇〇人、民間人戦災死者一八〇〇人、留萌《るもい》沖での引き揚げ船三隻の大破沈没による死者・行方不明者一七〇〇人である。

もちろんこれだけの数字ではすまない。漁船に曳航《えいこう》された艀船《はしけぶね》や小型漁船で宗谷《そうや》海峡を渡る際に沈没したり、ソ連軍の攻撃で沈没し海の藻屑《もくず》と消えた民間人なども含めると、膨大な数となるだろう。人口四五万余りの樺太の日本人が、わずか二週間の間に公には四二〇二人という犠牲者が出た。軍事占領をもくろむソ連軍侵攻で無差別殺戮《さつりく》がいかに繰り返されたかの結果である。

それぞれの哀しみ

混乱する真岡町で郵便局の電話交換手自決の情報は、連行されて港の倉庫群に収容された電信係の生存者や生還した交換手の口から伝わったものと思われる。その悲報を耳にした肉親や同僚たちは、どのような思いで受け止めたのだろうか。

まずは、電話業務の直属の上司でもあった大山一男電話主事である。このとき、大山主事の自宅にはまだ電話が設備されておらず、「非常呼集」の連絡は届いていない。その大山の手記である。

〈二〇日朝、出勤のため七時少々前にご飯を食べようとしたところ、ドカンとすごい音がするので外へ出てみたところ、我が家（筆者注＝智志内《ちしない》八番地）のすぐ沖に大きな船が横付けされておりまして、しばらくしますとソ連兵が小舟に乗って岸辺めがけてやってきますので、はじめてソ連兵が襲ってきたことに気づき村じゅうの者が山の中へ逃げ込み、四日間山の中でそのあたりの畑の芋《いも》や大根《だいこん》を食べて過ごし、五日目の夕方両手を高く上げそれぞれ我が家へ帰り一泊し、身分証明書を持たなければ歩けませんので、翌日真岡駅跡で身分証明書をもらい、ここではじめて交換手九人死亡を聞かされた。そしてすぐ一八歳以上六五歳以下の男子は海岸近くの収容所に当てられた倉庫へ入れられ、一週間後釈放されました〉

つまり、大山電話主事は山中へ避難し、八月二五日に自宅に戻り、翌二六日に真岡駅跡まで足を運んで「身分証明書」を発行してもらい、そこで交換手の集団自決を知ったという。

〈一九日、私が宿直でしたら、青酸カリの服用など、させずにすんだかもと思い、残念でした〉

先輩格の菅原寅次郎電話主事は、交換手志賀晴代の自宅近くに住んでいた。電話連絡で「非常呼集」を受け出局途次、志賀宅に寄り、「非常呼集」を伝達して出局を促した。斉藤英徳庶務主事が出局していたが、在局中の職員のなかに、菅原電話主事の姿を見たという証言はない。郵便係勤務の境登は、電話交換手の妹サツエが二階で勤務していることを知っていた。同僚の高橋トシオ（筆者注＝漢字名不明）とともに、非常箱にあった書類の焼却を済ませると、局舎正面左手にある郵便物搬入口に立って、ソ連軍艦の動きを見守っていた。その後ソ連軍の上陸用の舟艇《しゅうてい》が近づいてくるのを目にし、艦砲射撃がはじまって二〇分ほどしてから「逃げる態勢に入った」と語る。

「ぼくと高橋君と二人で逃げ、汽車のところに行ったら斉藤英徳さんと一緒になった。郵便局の二階に電話交換室があることは知っていたが、階段を目にしても上がって行く気が起きなかった。予測できなかったな」

妹サツエの存在にまで気が回らなかったと率直に語る。局の裏口から出て、山の手方面に三〇メートルほど行くと線路があり、列車が止まっていた。その下に入り込んでしばらくじっとしていたが、駅の裏手は山の斜面であり、避難してきた婦女子が泣きながら列車を降りて斜面を懸命に登っていく。そこをめがけてソ連兵の機関銃が火を吹く。撃たれて落ちてくる人たち。境はソ連兵の姿を見て、「こりゃだめだ」と汽車の下から飛び出すと、斜面を登り真岡神社横の沢を通って山に出た。

境登が電話交換手の自決の報を耳にしたのは、豊原《とよはら》に逃避する前であったというが、妹サツエの安否までは確認できていなかった。

真岡駅に停車する列車で境登と一緒になった斉藤英徳庶務主事、彼はこう証言している。

「ソ連軍の上陸まで確認して、機銃掃射がはじまってから逃げました。途中銃弾が足を貫通し、駅の裏崖を登り沢へ出て避難民と一緒になって豊原まで避難していきました」

斉藤庶務主事は、電話交換手は「全員死んだと聞かされていた」と語るが、これは豊原での仄聞《そくぶん》であろう。

昭和六一年六月、何度かの電話取材を経て斉藤宅にて直接話をうかがった際、局長不在の時間帯での職員の把握や、局管理の当事者である庶務主事として、ソ連軍の侵攻という異常事態に、なぜ局に残らず職場放棄することにしたのかを訊《たず》ねた。この点に関して斉藤は口を閉ざしたままであった。

印象に残ったのは、緊急時における職員への報酬の支払いや、殉職者への手当ての支払いなどは克明に記憶しており、能吏《のうり》の片鱗《へんりん》を覗《のぞ》かせた。取材に応じることで、みずからの贖罪《しょくざい》にしたいとの意思表示であったようにも思えた。

高石ミキの兄正義は、避難してきた豊原で妹の死を聞いたという。

「本人が覚悟をしているのを知っていましたから。もし、おれが郵便局に行っていたらなあ、と悔やみました。死んだと聞いても、まだ生きていると信じたかった。母親は、死んでばかだ、一緒に引き揚げればよかったのにと、悔しがっていましたね」

一九日の夜、バリカンと剃刀を持ってくるように頼まれて、試験室で姉のキミに頭を刈ってもらった沢田富治は、二〇日朝父親とともに自宅でソ連軍の上陸の状況を知り、出局するつもりで線路伝いに歩こうとしたが、市街戦の模様を眺めるととても辿《たど》り着けず、防空壕に避難する。ほどなくしてソ連兵に連行され、港の塩倉庫に収容された。

「姉の死を知ったのは二一日です。頭を刈ってもらったときは、自決を覚悟しているようなようすはまったく感じられなかった」

沢田富治は、姉の態度に緊迫感はなかったと語る。


高城英雄は自宅でソ連軍の攻撃を受けた。最初は銃撃の模様を見ていたが、機関銃の弾が飛んでくるようになって身の危険を覚え、頃合いをみて家の前にある防空壕に家族で避難した。近所の人たち、とりわけ女性が一〇人ほど入っていた。高城は入口近くに腰を下ろし座布団を持ち込んで座っていた。

突然、扉が開いた。高城の目に飛び込んだのは、ソ連国旗が描かれた鉄カブト、銃を構えたモンゴル系の兵士の顔だったというが、同時に野球のバットで叩かれたような衝撃が腕に走った。ピンとこなかったが、「出ろ！」というソ連兵の合図を見て従った。一緒に隠れていた女性や赤ん坊を抱いた主婦らがつづく。外に出て、腕から血が流れているのに気づいた。

「このときはじめて、マンドリン銃で撃たれたことを知りました。痛みというより、痺《しび》れに近い感覚でした」

弟妹をともない、ソ連兵の命令で別の壕に移され待機させられた。妹が包帯代わりにスリップの端を裂いて止血してくれた。五分ほど血管を押さえてやっと止まったという。父親は、防空壕に向かうべく玄関に出たところ銃弾が打ち込まれたため、家の中に引き返すと台所の戸を開けて潜《もぐ》りこんだ。母親は一緒に防空壕に入ったが、いちばん奥に隠れたまま出てこなかった。

住民はすべて港の広場に集められ、男女に振り分けられると、三棟あった倉庫に収容された。巨大な倉庫には三か所に仕切りが施され、男女別になっていた。

高城英雄は、

「弟が私を捜して歩いており、見つけると〈姉さんが死んだ〉と目を腫《は》らして喋《しゃべ》るんですよ。郵便局の位置が港に近く攻撃されやすいため、ソ連兵の銃撃で死んだのだろうと思いましたね」

高城家の親子は、淑子が青酸カリで自決したことなど、想像すらできなかったという。

電信係の薬丸信子は、斎藤美枝子とともに「塩倉庫」に収容された。夏とはいえ八月の真岡は夜半に冷え込む。収容された人たちは、年寄りと子どもが寄り添い、怪我《けが》をしていても治療することもままならず、じっと堪えていた。

「父は消防本部長をしておりましたから、生きているとは思っていませんが、引き揚げた母や弟妹たちと二度と会えないのだろうと考えると、無性《むしょう》に会いたくなりましてね。ただただ母の面影だけを思い描いていました」

じっと心細さに耐える薬丸の姿もあった。

遺体の埋葬

上田元局長の手記によると、二〇日過ぎの郵便局電話交換室に入ったのは、元局長と主事補の鈴木かずえと電信係の斎藤美枝子となっている。この時点では、上田元局長は、局に向かう途中でソ連兵の銃撃を受けて負傷し、一時倉庫に収容されたが、「二一日朝、庁立病院に収容される」と手記に残し、病院に収容されたという。そこで、ソ連将校に頼んで郵便局に行くことになったという。

「私は病院にいた将校に局の死体引き取りをお願いしてから、つぎの日正午、別の将校が来て、私に医者の服装をさせ、鈴木ともうひとり斎藤という電信の事務員には看護婦の服装、赤十字の印を（いずれも赤チンで）白衣につけた格好で局舎に入ったのです。ちょうど二二日の正午でした」

と手記に綴《つづ》る。ところが、『北海タイムス』の金子記者に宛てたもうひとつの「手記」では、日付が「二三日」と記され、元局長自身の記憶に混乱が生じている。

上田元局長が同行した「斎藤という電信の事務員」とは、修羅場から生還した電信係斎藤美枝子である。その斎藤も、局関係者三人とソ連将校の存在を記憶するが、その場で遺体を収容したことまでは言及していない。同僚の薬丸信子は、局からの遺体の収容は一週間ほど経ってからという。というのも、二三日時点では、まだ男子の市街地往来が許されておらず、遺体の収容には同僚や遺族も加わっているという証言が多いため、上田元局長と身重の鈴木かずえと斎藤美枝子の三人で二階から九人の遺体を降ろすのは到底無理な行為だからである。仮埋葬は後日となる。

「交換手ひとりずつの遺髪を切ってから、故人名を記して保管し、莚《むしろ》にひとりずつ乗せて一階まで運び、用意されたリヤカー三台に三人ずつ収容して庁立真岡病院（筆者注＝宇田正勝の証言では真岡町立病院となる）まで運び、穴を三か所掘り、三人ずつ仮埋葬しました」

そこに薬丸信子も加わっている。遺体の腐敗が進み、顔色は紫色に変化して、青酸カリ服毒死の惨《むご》さを見ていた。

「遺体の重いのには驚きました」


豊原電気通信工事局真岡出張所に勤務していた宇田正勝は、ソ連軍の上陸の状況を見て退避し、豊原まで逃げ延びた。占領後の豊原から外線工事の仕事で真岡に足を踏み入れたのが、八月二七日。人気《ひとけ》のない局内で、宇田は二階に足を運び電話交換室に入った。

「室内の佇《たたず》まいは以前と変わりがなかった。交換手の自決は豊原で知らされており、遺体がどうなったのか聞いていたが、寺内さんと佐々木と三人で遺体が埋葬された場所に足を運んだ。同じ街並みで郵便局から北へ五〇メートルほどのところにある、真岡町立病院の裏にと聞いていた。板塀に囲まれた狭い空き地で洗濯物の干し場や入退院時の通り道があり、入ってすぐ左側に小さな土盛りがあった。九人も埋めたとは思えぬほどに横幅が狭く、土の盛り上がりもわずかで、萎《しお》れてしまった細い花束がひとつ、墓の上に乗っていた。ああここかと思い、頭を軽く一回下げたきりで帰ってきた。両手を合わせるとか念仏を唱えるとか、線香を探してきて備えるとか、人並みの発想はまったく思いつかなかった」

久しぶりの真岡での出来事を追想する若き宇田であった。

電信係の守山弘と阿部宏

一方、一週間ほどして職場に復帰した電信係の職員たちは、二〇日朝に通信室の窓から飛び出して行った守山弘と阿部宏の行方が気がかりであった。同期でもある水越正巳は、無事避難しているものと信じていた。

局に戻った水越は、何気なしに庁舎南側にある防空壕を覗《のぞ》いた。

「扉を開けたら、入口に背を向けて階段に座っている守山を見つけましてね。『なんだおまえ、ここにいたのか』と守山の背中を軽く叩いたら、衝撃で前に倒れてしまったんです。たいして怪我をしているとは思えないし、変だなあと思い身体を点検したら、弾の入った場所はさほど傷跡がなかったのですが、弾の出口はぐじゃぐじゃになって崩れていました。一発撃たれて死んでいたんです」

水越は、職場に知らせるとともに阿部宏の行方も気になり、庁舎の裏側にある防空壕を捜した結果、阿部宏が遺体で発見された。近くの寺に仮埋葬するため、水越正巳は同僚三人とともに遺体を戸板にのせて寺の境内に運んだ。

「境内に穴を掘って埋めました。近くをソ連の戦車が通っていったが、あれに踏みつけられたら、遺体でも痛いだろうなと思った」

と言うが、ほかに適当な埋葬場所もなく、やむを得ない処置だった。

局としての本葬を一二月一〇日に行った。仮埋葬地を掘り返して遺体を収容し、火葬場で焼いてから真教寺《しんきょうじ》の本堂で合同慰霊祭を行った。ようやく、殉職した真岡郵便局職員を公式に弔うことができたのである。

斉藤英徳元庶務主事は顚末《てんまつ》をこう語る。

「一二月にソ連軍の現役解除となった人が局長となり、上田局長の役目は終わった。遺体の掘り出し許可が下りたので、ほかの殉職者とともに合同慰霊祭を行った。豊原逓信局の総務の人も参列し、その場で殉職手当てなどを払ってくれましたね」

遺体の掘り出しには遺族も加わった。そのひとり、吉田八重子の弟武は、収容遺体の状態をこう語る。

「顔も大きく膨《ふく》れて、重ねて埋められたためその顔が圧迫されて変形していました。着衣もボロボロになり、名札の確認はできません。引き上げるときの遺体の重さに苦労しましてね、一気に持ち上げられないため、途中で腕などをつかむとペロッと皮がむけてきました」

肉親の遺体に、心痛む思いであったろう。

泊居郵便局、榊ナセの思い

真岡局の電話交換手伊藤千枝と最後の交信をした泊居《とまりおる》郵便局電話交換手榊ナセは、しばらく経ってから来局した真岡郵便局長とはじめて顔を合わせたという。

理由は、最後の交信をした事実について、詳細を真岡局の上田局長に報告していたため、上田が来局した折の説明者として、電話主事補の榊ナセを紹介したのである。

もちろん上田局長も、真岡局交換手の最後の交信模様を聞きたかったのではと、榊もおもんばかって詳細な交信内容を聞かせた。ところが、意に反するかのような上田局長の反応に驚いたと言う。

「所局長にともなわれて交換室にいらしたとき、外城《そとしろ》サト電話書記補が、二〇日の担当者として私を紹介し、はじめて大局の局長と言葉を交わし、自分の知る限りの事の経緯を話したあと、なんとしても千枝さんの残した乙女の感傷とも思える『乙女のまま清く死にます』が、あの人に死を決意させた言葉と受け止めていたので、上田局長にどうしても伝えたかったので、もじもじと『伊藤さんはこのように話されていました』と申しましたら、局長の口から出た言葉は、主事補をはじめ二、三の方の名をあげてデスマスクの美醜を津軽弁で話された。はじめて聞くデスマスクの言葉に違和感はあったけれど、伊藤さんの残した思いは決して姿の美醜を指しているのではないのにと訝《いぶか》る思いでいました」

何を聞きたかったのかと、疑いたくなるような上田局長の対応に、交信内容の事実を否定するかのような態度を見て取った。

元局長の手記では、このときの泊居局との交信の内容を聞いたと記すが、榊ナセが耳にした千枝の『乙女のまま清く死にます』の言葉や、最後まで交わしたやり取りを耳にしているにもかかわらず、その内容にはまったく触れていない。真岡局の電話交換手たちの心情にまで思い巡らす言葉も語られず、ありもしない所局長の話として記すのみ。隠蔽《いんぺい》と捏造《ねつぞう》の記述がここにもあった。

若き日の榊ナセの心に宿った、上田元局長に対する憤りは晩年も薄れることはなかった。

昭和二〇年一二月、ソ連側に占拠された真岡郵便局にソ連人の局長が就任した。庶務主事斉藤英徳は引きつづき、ソ連管理下の局での移管に際しての残務処理に当たることになった。斉藤の身分は、この時点で札幌郵便局臨時在勤（一〇月三一日付）となったという。

ところで、南樺太を占領したソ連軍司令部が、日本人向けに布達した「布告」書がある。占領地における日本人の扱いを説いたものだが、呼びかけとはいえ〝勝ち組〟の傲慢《ごうまん》さが色濃い文脈である。

〔樺太在住日本人に対するソ連軍の布告〕

日本の労働者、勤務者、有識者及び農民諸君！！！（原文のまま）

赤軍は以前のロシア領土に来た。一九〇五年、この領土は日本の帝国主義者に依り強引に占領された。数十年間ソ連政府は無駄な犠牲を避けて、日本政府にこの問題を円滑に解決し、善隣関係を結ぶ事を何度となく提議した。

併し有罪分子を首班とする日本政府は単にソ連の提議を受け容れないのみならず、ソ連国民に対する関係に於いて敵対政治を行って来た。

貪欲飽く事を知らぬ日本の統治者は東方に於いて犯罪的戦を開始し、その為に数百万の日本兵を送りその血を流さしめた。日本の統治者はソ連邦国民に対するファシスト、ドイツの掠奪《りゃくだつ》を援助した。彼等はソ連邦に対する攻撃の準備をなした。

ドイツの敗北後も彼等は犯罪的戦をつづけた。戦争の終結をつけ、国民をして今後の犠牲と苦難より免かれしめる為、ソ連の赤軍はその同盟国とともに短期間に満洲、朝鮮、樺太、千島に於ける日本軍を降伏せしめた。

戦は終わった。国民は平和に働く可能性を得た。赤軍は諸君に対し平和なる勤労と秩序を齎《もたら》した。赤軍は諸君の生活と慣習を乱しはしない。赤軍は他国人への暴行と圧迫を知らない。赤軍は他国民に自由と幸福を齎して来て居るのである。

赤軍司令官は諸君がその職場に残り各工場、各官衙《かんが》、商店、農場、各種小製作場に於いて勤勉に作業をなし、家と仕事を放棄したる者はその家に戻り、平和なる勤労に従ふ事を呼びかけて居る。

諸君がより多く、よくよく働けば働く程、諸君はより多くの給料と物質的幸福を得る事であろう。

衛戍《えいじゅ》司令部の訓令を正しく遂行せよ。

この事は正しい生活と市町村に於《お》ける秩序を諸君に保証するものである。

ソ連軍司令部

一九四五年（昭和二〇年）二月一一日、連合国イギリス・アメリカ・ソ連首脳による秘密協定「ヤルタ協定」において、ソ連は「樺太南部の返還」「千島列島の引き渡し」を密約され、さらに北海道の一部にも食指《しょくし》を伸ばそうとしていた。日本政府は一九四一年に締結した「日ソ中立条約」の信義を疑うことなく、太平洋戦争突入に際してもソ連の仲介を模索した一時期があった。しかし、一九四五年四月一五日、ソ連は翌年四月二四日に条約の期間満了を迎えるのを前に同条約を延長しない旨を通達してきた。しかし、日本側は「通達後においても条約は有効」と解釈して仲介・和平工作をソ連に依頼したが、ソ連は受容せず、ヤルタでの密約どおり対日参戦した。

日本領土でもある南樺太および千島列島へのソ連軍の侵攻は、参戦の目的であり、計画どおりのものであった。文面には戦勝国として、傍若無人《ぼうじゃくぶじん》な理屈を並べ立て自国領土を宣言して嗤《わら》う姿が随所に現れている。

日本人への宣撫《せんぶ》工作として、ほかにもリーフレット「南樺太に住む日本人よ」を張り出したり、「赤軍は国民を戦争、犠牲及び苦痛から解放した！！」「国民の利益のために、正直な仕事は自覚を有する人々の義務もある！！」といったスローガンもチラシにしたため、「赤軍」礼賛を煽《あお》る行為も見られた。

日本人引き揚げ開始

廃庁された真岡郵便局の前任の局長はどこにいたのか。この移管時に関係者でもその存在は知られていなかった。

じつは、廃庁後一年、つまり昭和二一年一二月五日、樺太からはじめてとなる引き揚げ船第二船の「雲仙丸《うんぜんまる》」（三、一四〇トン）の乗船員一九二八名のなかに、上田豊蔵元局長も入っており、函館に入港していた。それまで姿が確認できなかった上田元局長である。

引き揚げ第二船であった雲仙丸が、記念すべき函館帰港第一船となった。第一船は大隈丸《おおくままる》であったが、天塩《てしお》沖を南下中、機関部に故障が生じ、急遽《きゅうきょ》小樽に入港したため、この雲仙丸が大隈丸を抜いて函館帰還一番手となったのだ。

引き揚げ対象者の人選は、現地のソ連軍によって決められたといわれ、真岡在住者を中心とした雲仙丸での引き揚げ者一九二八名中、三四〇名が子どもであった。

注目される記事がある。帰還者を報じる『北海道新聞』の記事である。

「各界主脳者名簿」のなかに、樺太庁水産課長、豊原支庁長、豊原市長、真岡町長、日魯真岡工場長、王子製紙真岡工場長、拓殖銀行真岡支店長、北海道新聞真岡支局長ら一〇〇名あまりの「主脳者」のなかに、〈真岡郵便局長上田豊蔵〉の名前もあった。

斉藤元庶務主事ら郵便局関係者の前から姿を消していた上田元局長は、引き揚げ船「雲仙丸」で早々に帰還していたのである。

外地の在留邦人引き揚げに関しては、終戦後、米・ソ交渉を経て、連合国軍総司令部の管轄下で行われることになった。昭和二〇年九月二二日、司令部から日本政府に対して、在外日本人の引き揚げに関する正式命令が出され、これを受けて政府の引き揚げ援護対策がスタートする。一一月に地方引揚援護局官令が公布され、浦賀・舞鶴など七援護局と三出張所の設置。翌月に函館と大竹の二援護局が追加設置された。

函館援護局が受け入れを開始したのは翌年の二一年一二月。「米・ソ協定」が調印されて「第一次引き揚げ」が開始、同年一二月五日の真岡・函館航路での引き揚げとなった。樺太関係の引き揚げ船数は、第一船が大隈丸、第二船が雲仙丸、第三船が白龍丸、第四船が第二新興丸の四隻《せき》となった。

その後は、昭和二二年一月の第二次引き揚げでの四隻。同年三月の第三次引き揚げ段階になり、真岡港のほかにナホトカ港からの引き揚げも開始され、両港には二〇隻が配属され、一二五回の就航を数えた。このうちの一一五回が真岡港就航となっていた。

真岡郵便局の職員の多くは、昭和二二年一月の第二次引き揚げ組として函館に帰還していた。ただ、昭和二一年一月三一日で廃庁となった真岡郵便局の移管時に、姿を見せることのなかった上田元局長が、どうやって「各界主脳者名簿」のひとりとしていち早く引き揚げ船に乗ることになったのか。この点も「手記」には触れられていない。

密航による故国への帰還者も相当数に上るが、密航には危険もともなった。昭和二〇年八月二三日になって、ソ連軍は宗谷《そうや》海峡を封鎖し、船舶の航行禁止令を発令。海上パトロールを強化し、邦人の島内封じ込め策を取り、脱出者を極度に警戒した。密航船には容赦のない銃撃が浴びせられた。

そのきびしい監視網を盗んでの脱出劇、潮流が早く波の荒い海峡を小舟や小型漁船で密航する。海が時化《しけ》るとひとたまりもなかった。

『函館引揚援護局史』に載る避難引き揚げ者数を見ると、発動機船による北海道沿岸への避難者がいかに多かったかがわかる。

〈当時樺太よりの引き揚げ者数約八万人、以後脱出帰還者二万人と称され、宗谷支庁の援護取扱者のみにても約六万九千人に達した〉

これらの「脱出帰還者」は、昭和二〇年八月一〇日から九月中旬までの一か月間に集中しており、その後の脱出・密航による帰還者を含めると一〇万人を超えるという。じつに樺太庁人口の四分の一にあたる。

八月二三日の海峡封鎖により、脱出者の数はぐんと減ることになるが、それでも宗谷海峡の二四時間完全封鎖など無理だとばかりに、夜間の脱出者はつづいた。もちろんこれらの数字は表に出ない。しかも、脱出に成功した人たちばかりではない。運悪くソ連監視船に見つかって攻撃され、荒波に飲まれて沈没したりと、多くの悲劇も伝えられていた。

「約束」それぞれの思い

さて、電話交換手たちが一様に証言しているのが、逓信省《ていしんしょう》海底ケーブル敷設船「小笠原丸《おがさわらまる》」での、優先的引き揚げについてである。「残留」の担保として、小笠原丸を真岡に回航して引き揚げさせるという上田豊蔵局長の口約束があった。

彼の手記でもこのように明言している。

「私は幹部を集め女子局員はすべて地区班から引き揚げさせることとし、引き揚げ船不足のため、本省の小笠原丸の第二回就航を真岡とすることを逓信局（筆者注＝豊原逓信局）伊賀業務課長と交渉承諾を得て、二回目に全員引き揚げさせる手はずをとったのです」

上田局長が承諾を得たという豊原逓信局の伊賀憲治業務課長は、昭和一八年四月にそれまで樺太庁に置かれていた交通部逓信課を逓信省に移管し、豊原逓信局が設置された際、業務課長に昇格した人物である。

前述した緊急疎開に際して、豊原郵便局の電話交換手渡辺テツはその伊賀業務課長から、「真岡でさえも二〇人も残るのに、樺太一の局が帰ることはないんでないのか」と残留を強制された経緯があった。渡辺とともに残留を指示され残ることにした石沢春枝の証言でも、

「局の残務整理があるから二人残ってくれ。そのとき小笠原丸が来ているから、その船で帰す。小笠原丸が来たらすぐ帰れるからと言われました」

婦女子の引き揚げを引き止めてまで、業務に就くよう命じた担保が、小笠原丸で帰すという約束であった。

上田局長と伊賀業務課長とは、前記の逓信課時代に監察係主任の上田豊蔵と電務係主任の伊賀憲治という間柄であった。上田元局長の手記にも登場する泊居郵便局長の所弘俊も庶務係に配属されており、この時代に同じ釜の飯を食った仲、つまり「おれ、おまえ」の間柄であったといわれる。

渡辺テツが伊賀課長から言われた真岡の状況を推察しても、上田元局長と伊賀業務課長の情報交換の緊密ぶりがうかがえた。

上田局長は、伊賀課長に連絡して、小笠原丸回航の〈承諾を得た〉としているが、斉藤英徳元庶務主事もその局長発言を確認している。

「小笠原丸回航の処置については、毎朝午前中に局長室で開かれる主事会議の席上でも、上田さんみずから述べていました」

主事会議の席上でも発言していたと斉藤は証言した。

電信係で残留することになった薬丸信子と斎藤美枝子の場合も、交換手と同様に、ソ連との引き継ぎが終わりしだい小笠原丸を真岡に回航させて、引き揚げさせるとの約束を得ていた。

九人の自決者のひとり、高城淑子も兄英雄に語っていた。八月一七日であったという。勤務先の樺太農業試験場から帰宅した高城英雄は、淑子の笑顔に接していた。

「洋裁が大好きな妹でしたから、私に戦闘帽を作ってくれましてね、小笠原丸で引き揚げるときには、持ち物の制限がないというので、そちらの機会を希望したと言っておりました。それほど大切にしているシンガー・ミシンの上部だけでも持って行けるので、とても喜んでいました」

大切なミシンを持っていけることで残留組に入ったという淑子。職場に残る決意をした背景には、豊原電気通信工事局真岡工務出張所に勤める父秀磨と、一七日に帰宅した兄英雄の存在が絡《から》んでいるように思える。淑子が母親に伝えた話では、

「兵隊が交換台の仕事を覚えてしまったら、送って帰してくれると言っているから、何も心配しないで。母さんは先に本土へ帰っていてね」

同席していた秀磨も、ふだんと変わらない娘の態度を見て、同じ逓信業務に就いていることもあり、また電話交換業務の任務の重さを知っていただけに、あえて異論を唱えることはできなかったという。

高城と無二の親友だったという交換手中田ふさえのこんな証言がある。

「彼女が亡くなって間もない時期でした。寝ていたら布団の中に魂がすーと入ってきたんです。死にたくなかったというようなことを訴えていました。高城淑子は、絶望を感じて死を選ぶと

か、自分で死ぬようなことは、この人の性格からは信じられません」

高城の無念の思いが魂となって訴えにきたと話す。中田は高城の明るい性格を知り抜いており、

「とても社交性のあるモダンな人で行動派、はっきりと自分の意見を言う人でしたから、生活も派手な印象が強いですね。職場でももてましたね、ロマンスの噂《うわさ》も多かったです。映画を見に行ったりお互い泊まりあっては、恋人の話や親に言えないことを相談しあったりしました」

ロマンスに夢中になった乙女のころを振り返る中田ふさえ。彼女自身は三人姉妹の長女で、残留を希望したが、母親の強い要望を受け入れてはずれた。八月一九日夜、家族四人で密航船に乗り、翌早朝の出航を待っていたが、ソ連艦隊の急襲に遭い、岸壁から連行されて倉庫に収容されていた。

「小笠原丸」回航

上田元局長が、残留の担保にし、女子職員の多くが引き揚げの拠り所としていた「小笠原丸」の真岡回航は、果たして可能性はあったのか。

この小笠原丸の北海道における足取りは、『海底船百年史』と吉村昭『万年筆の旅（作家のノー

トⅡ）』にくわしい。

この資料によると、小笠原丸（一三九七トン）は、海底ケーブルを敷設するための業務船として、明治三九年（一九〇六）、三菱長崎造船所で建造されている。

昭和二〇年二月下旬、下田港内でアメリカのグラマン機の急襲に遭って損傷、横浜へ回航して修理。人員の補充を行い、北海道方面の海底ケーブル敷設工事に赴く計画になっていた。

四月下旬、函館に向かうため横浜を出航。途中でこんどは潜水艦の魚雷攻撃に遭いながらも、かろうじて逃げ延び函館に到着した。当初の計画どおり北海道猿払《さるふつ》・樺太女麗《めれい》間の海底ケーブルの修理を完成させ、一時、稚内《わつかない》港に待機していた。

終戦を稚内で迎えた小笠原丸は、豊原逓信局からの要請を受け、急遽樺太在住逓信局関係者の家族の引き揚げ船に切り替えて、八月一七日夜、稚内港を発《た》ち、翌朝大泊港に到着した。

このときすでに、樺太在住日本人の幼児・婦女子・病弱者の本土への緊急疎開命令が出されており、真岡・本斗《ほんと》・大泊港からあらゆる船舶の輸送手段を講じて引き揚げが開始されていた。

大泊には、乗船を心待ちにする避難民が大挙して集まっている。このような状況下で、逓信局関係者だけを優先して運ぶという判断は退けられる。

〈避難民が大泊の岸壁にひしめいていた。船長は、逓信省関係者のみを乗せる方針を変え、老幼婦女子約一五〇〇名を乗せて出航、八月一九日に稚内港に着いて引き揚げ者全員を降ろした〉

逓信省船「小笠原丸」(197トン)　海底ケーブル敷設船として、明治39年に長崎造船所で建造。昭和２０年８月２０日、避難民を乗せて大泊を出港、21日午前１１時に稚内到着後、ふたたび出港するも２２日午前４時22分、北海道増毛町沖合でソ連軍潜水艦の魚雷攻撃を受けて大破沈没した。

真岡港　昭和10年ごろ。真岡町の人口2万4000人。西海岸唯一の物流港として繁栄した。恵まれた水産資源で、魚港も活況があった。

（『万年筆の旅（作家のノートⅡ）』）

折しも、逓信省から、横浜港に戻れとの指令が届いていた。しかし、大泊港にひしめく避難民を目のあたりにして船長翠川信遠は、人道的行動に出る。船長みずからの判断で、ふたたび大泊港に回航することを決めたのである。

八月二〇日午前七時、小笠原丸は、稚内港を出ると大泊港へ向けて進路を北に取った。まさにソ連軍の真岡侵攻がはじまった時刻である。一〇時間後の午後五時、大泊港に入港した。

幻の「約束」

逓信省船小笠原丸就航に際しての最終権限は、船長である翠川が握っていた。この時点では、海底ケーブル敷設工事業務の所管は豊原逓信局工務部にあり、工事に際して双方で連絡調整し合って業務を進めていた。その工事は完了しており、その後の就航は逓信省の方針に移ることになる。

豊原逓信局から要請を受けていた翠川船長も、当初はその要請を受けて大泊港に入ったが、岸壁に群がる一般の引き揚げ者を前にして英断を振るったのである。すでに緊急疎開命令が出され、各都市では、地域ごとの引き揚げがはじまっている。艀船《はしけぶね》をつないで漁船で曳航《えいこう》していくような過酷な輸送手段をとっても、ひとりでも多くの邦人を本土に引き揚げさせようというとき、いかに所属船とはいえ逓信局関係職員だけを乗船させるという発想は、豊原逓信局の特権意識である。しかも、樺太庁が決めた地区ごとの引き揚げ計画には、重要な役所として積極的に協力する立場にあるにもかかわらず、独断専行の思惑が浮かび上がってくる。

上田元局長が伊賀業務課長に掛け合って、その小笠原丸を真岡まで回航させて関係職員を引き揚げさせるという発想にも、役人の特権をむき出しにした思考がうかがえる。

八月二〇日、小笠原丸の翠川船長の判断で、引き揚げ船として急遽応援することになったが、その前に、上田局長が約束した真岡回航の計画や、その可能性は果たしてあったのか。

豊原逓信局工務部の技手として勤務していた阿部寅次郎の証言が、その可能性を否定する。阿部は八月一八日、小笠原丸翠川船長が豊原逓信局長宛に打った電報を、保全課長席の決済箱で確認していた。この電報は、工務部内の回覧と付されており、至急扱いとなっているため、持ち回っていたのである。

「大泊からの最終出航を八月二二日午後八時とする文面でした。大泊に向かう途中でつぎの航海を決めて、工務部へ打電させたのだろうと思いました」

阿部はこう理解していたという。つまり､この回航の目的は､当初の豊原逓信局の要請に沿って、逓信関係者の引き揚げ荷物を積み込み、本土に引き揚げたときの食料として、米や味噌などを軍に手配して積み込むためであったというのだ。やはり、逓信関係者の家族を乗船させるために、最終出航を二二日と設定したというのである。

この解釈なら、多少なりとも辻褄《つじつま》が合う。あくまでも八月一八日の時点で翠川船長が決めた方針であり、逓信関係者への支援という色合いが濃い。しかも、大泊港に限定され、最終航海と決められていたのだ。

つまり、小笠原丸の真岡への回航は、当初から翠川船長の計画に入っておらず、日程もこの時点での最終決定であった。八月二〇日、ソ連軍の真岡上陸を平和進駐と捉え、二二日に女子職員の引き揚げに当てるという計画が、上田局長や伊賀業務課長の思惑のなかにあったとは考えられないだけに、豊原局の電話交換手ならまだ可能性は残るものの、真岡局の電話交換手にとっては、明らかに空手形であったことがわかる。この件とて、元局長の「手記」という戦後の発表であることを考慮しても、当初からの意図が透けてみえる。

しかも、樺太全域から引き揚げ者がいるという時期に、逓信省専用船ゆえに、独占して使うという思惑には役人の特権意識が濃厚に滲む。ソ連軍の真岡侵攻が八月二〇日でなかったらという仮説は立てられても、船長の航海計画のなかに真岡港回航計画は入っていなかった。真岡局の電話交換手が、残留の引き揚えに優先的に引き揚げられると心の支えにしていた、小笠原丸真岡回航は絵空事であった。

八月二〇日のソ連軍の真岡侵攻により、当然のごとく小笠原丸の就航計画は早められた。来るべきソ連軍の侵攻を想定し、翠川船長は大泊港に着いたその日、二〇日午後一一時四五分に大泊港を出港していた。もちろん、逓信関係者を優先させるものではなく、一般引き揚げ者も乗船して一五〇〇名余りとなり、しかも、樺太からの最終航海となった。

翌二一日午前一一時、小笠原丸は稚内港に入港した。乗船者のうち約九〇〇名が下船し、なお、六〇〇名余りを残したまま小樽港に向かうべく、同日午後四時、ふたたび稚内港をあとにして日本海へ舵《かじ》を切った。

この航海は、小笠原丸の単独航海ではなかった。ともに大泊から回航の第二新興丸と泰東丸《たいとうまる》も同時就航していたが、日本海で悲劇が待っていようとは想像すらできなかった。

ソ連潜水艦に襲撃される

日付は、八月二一日から二二日に代わり、乗船客はまだまどろみのなかにあった。北海道西海岸沿いの、増毛町《ましけ》別刈《べつかり》カムイエト岬四浬《かいり》沖合いを航行していた小笠原丸は、午前四時二二分、突如海上に姿を現した「国籍不明」の潜水艦から魚雷攻撃を受けた。相手は軍艦である。戦時下なら民間船の狙い撃ちは珍しくなかったが、すでに「無条件降伏」し、敗戦を宣言したあとの民間船への攻撃である。就寝中の乗船客にとっては天変地異の爆発に襲われ、瞬時に大破して間もなく、冷たい海底に引きずり込まれた。

『海底船百年史』に載る沈没状況である。

〈当時、小笠原丸は戦争終結にともない、警戒体制を解き、灯火管制も行わずに航行中であった。国籍不明の潜水艦の発射した魚雷は機関室付近右舷《うげん》側に命中し、約三〇秒後、船尾から垂直沈没した。船長翠川信遠（南洋丸遭難時に身を挺して指揮をとった人格・技量ともに優れた船長。再び小笠原丸船長として活躍したが、ついに本船と運命をともにした）が、連日の不眠不休の指揮で、極度に疲れた身体を寸時ベッドに横たえたときであった。当直の一等航海士、田中高次の急報の声が届く間もなく、船は瞬時に没した。

　しばらくして潜水艦は浮上し、残虐にも浮流者に機銃射撃を加えたのち再び潜行した〉

魚雷着弾、爆発後三〇秒で沈没とは、非道な攻撃であり残虐な仕打ちである。乗員乗客六三八人が死亡、生存者六一人という一瞬の惨劇となった。

　結論としては、八月二〇日のソ連軍の真岡上陸がなかったとしても、小笠原丸の「真岡回航」など計画すらなかったことである。

　就航の最終権限者は船長であり、工務部長の意を受けて豊原逓信局長が船長に要請するという手続きが必要とされる以上、伊賀業務課長と上田真岡郵便局長との「口約束」があったとしても、なんの裏付けにもならない。

みずからの手記で、残留交換手の引き揚げ手段に「約束」した小笠原丸の真岡回航は、当初から可能性がなかった。つまり、幻の「約束」であったのだ。

第七章　用意された青酸カリ

青酸カリと宇田正勝の証言

最後まで謎《なぞ》として残ったのが、電話交換手たちが自決の手段に使った「青酸カリ」の出所であった。交換手のなかには、軍人からもらったという人や、みずからモルヒネを所持していた人もいたが、交換室にあらかじめ用意されていた青酸カリの出所について、証言の明確な裏付けが取れていなかった。

ひとつだけヒントがあった。真岡《まおか》郵便局上田元局長が発表した手記のなかで、青酸カリの出所について〈技術官真岡出張所〉の、〈修理用〉のものをもらい受けて所持していたことを明かしていた。

ただ、手記のなかでは、どのような経緯で〝もらい受けて〟所持していたかについては触れ

宇田正勝氏（右）と筆者 平成23年10月23日、横浜市在住の宇田氏宅を訪ね、手記執筆の証言を得た。

ていない。取材当初から引っかかった謎であった。

元局長証言にある〈技術官真岡出張所〉とは、前記したように「豊原《とよはら》電気通信工事局真岡出張所」である。業務は、電信電話機器の保守管理や配線・配信工事などで、電話交換機などの保守点検をになうため、真岡郵便局電話交換室の一隅に分室を置き、「六〇番」として常駐者を置いた。

この「豊原電気通信工事局真岡出張所」に、新人職員として勤務したばかりの人物宇田正勝が、事務所から青酸カリが持ち出される現場についての陳述は、前記にて展開したとおりである。

宇田が証言する、青酸カリを持ち出

した「古川亮子」の「最期」については、

「真岡の逓信関係の人びとは大泊《おおどまり》から出航する小笠原丸《おがさわらまる》に上船するため、一八日に真岡を離れたようだった。一八日、私は所長の奥さんの荷造りやら運搬に従事した」

という。古川亮子も、やはりこの日小笠原丸に乗船していた。本土に引き揚げるべく、汽車で真岡を離れていた。そして、逓信省船小笠原丸の樺太《からふと》との最後の航海となる八月二二日の大泊港から稚内《わつかない》港への回航、さらに小樽《おたる》までの乗船者を残して、船は引きつづき日本海沿岸を南下しながら小樽に向かっていた。

先に記したように、稚内を出港した小笠原丸は、現在の留萌《るもい》小平《おびら》沖合の海域を航行中に、「国籍不明」（のちの調査でソ連軍籍と判明）の潜水艦に、魚雷攻撃を受けて沈没。その後、第二振興丸も魚雷攻撃を受けて大破、留萌港に入る。さらに、航行してきた泰東丸《たいとうまる》も撃沈された。

その小笠原丸の乗船者のひとりに、「古川亮子」も名前を連ねていたのである。

宇田証言の意味するところ

筆者は、この手記の裏付けを取るため、平成二三年（二〇一一）一〇月二三日、横浜市在住の宇田正勝宅を訪ね、手記執筆の真意と事実経過を聞いた。

もっと早く宇田と接触したかったのだが、所在をつかめないままに二〇年以上の歳月が流れ、これも筆者の取材力不足といえるのだが、偶然にも、『北海道新聞』東京支社の編集委員が宇田正勝の所在を探しあて、当方も裏付けのための連絡を受けた際に、宇田の所在を知ることになった。

八〇代という高齢にあっても矍鑠《かくしゃく》とした宇田の姿が印象深く、まるで昨日の出来事のように「あの日の職場」を克明に話してくれた。

手記として公にするにいたった動機について、改めて訊ねると、

「これは大変なことだと思っていましたから、三〇年間黙っていたんです。三〇年も経ったから、もう発表してもいいかなと思って手記を書いたのです」

ただ、昭和五〇年（一九七五）八月一日発行の『樺連情報《かばれんじょうほう》』の手記は、その内容の重さにもかかわらず、関係者の間では話題にならなかったようだ。手記であからさまに青酸カリの出所を明かされては、都合の悪い旧逓信省《ていしんしょう》関係者も存在したであろうし、いまさら〝暴露〟してどうするのか、という反発者も出たであろう。当然のごとく無視される対象となったようだ。

筆者が、一連の取材でもっとも頼りにし、相談をもちかけた旧樺太逓信局関係者の親睦団体「樺太逓友会」の阿部寅次郎にして、耳にしたことのない証言だったようだ。

宇田は、古川亮子が独断で青酸カリを持ち出したと思っていたという。庶務担当として事務を預かる立場の先輩古川に対し、新人の身ではまともに言葉を交わせる相手ではない。印象深

かったのは、とても美人で、普段は口数が少なく、仕事に忠実な女性職員の顔であった。

そんな古川亮子が、みずからの判断で、公有物であり、取り扱いに極端に神経を使う劇薬・青酸カリを勝手に持ち出す理由はあったのか。宇田に訊《たず》ねた。

「ふだんから真面目な古川さんが、独断で青酸カリを持ち出したと思われますか」

「いや、黙って持っていくような人ではない」

ときっぱりと否定。それなら、理由はひとつ、上司からの指示命令での行動だったのでは、と訊ねると、

「それなら辻褄《つじつま》が合うね」

と宇田も得心した。そこで気になるのが、宇田が蓮沼所長から、青酸カリを持っていることを問われて「よこせ」と言われた件である。

この点に関しては、

「ぼくも驚きましたね。なぜ所長が知っているのだろうかと、心臓が破裂しそうになりました」

衝撃を受けたという宇田。といって、その場で所長に青酸カリを返す気持ちはなく拒んだという。

「古川さんが向かった先の郵便局に、所長がいた、ということでしょう」

宇田も合点がいった。宇田に少量の青酸カリを分けてあげた程度なら、ふつうなら隠しとお

してもいい些細《ささい》なこととも映るが、ものが青酸カリである。古川の几帳面《きちょうめん》な性格を考えると、所長に委細を報告していたのだ。

一方で、蓮沼所長だが、郵便局に青酸カリを持ち込む蓋然性《がいぜんせい》はあったのか。危険物取扱い責任者であり、要注意の劇薬を取り扱う責任者とはいえ、業務以外の目的で外に持ち出す理由は成立しない。

ここで、もういちど元局長の「手記」を持ち出してみる。青酸カリの出所を「豊原電気通信工事局真岡出張所」と明記し、そこからもらい受けたと記す。ここで、電話交換室を管理する立場の局長と、電話交換機や外線の修理工事をになう真岡出張所の責任者蓮沼所長との、役職者間で取り交わされた約束があったとの仮説が成り立つ。というより、青酸カリを譲り受ける〝約束〟が実行された結果であったことは、だれの目にも理解できる。仮説で終わらない合理的な真相である。

前記二人の〝約束〟のもと、蓮沼所長の指示があって行動した古川亮子、「思いつめたような表情」で持ち出していた。宇田も、

「そうかもしれません。古川さんは黙って持ち出すような人ではないですから」

宇田証言による、「青酸カリ」の郵便局持ち込みの背景とは、「局長」と「所長」との〝約束〟が存在し、その〝運び役〟をになわされたのが古川亮子であった。その青酸カリが身近に用意

されていたことにより、偶発的な集団自決の手段に使われてしまった。

電話主事大山一男も知っていた

大量の青酸カリが持ち込まれたことについて、当時、電話交換室の担当主事でもあった大山一男に振り返ってもらった。

――交換手たちが「青酸カリ」を所持していたことは、だれから耳にしましたか。

という筆者の質問に、

「このことにつきましては、四〇年経ったいま、私の口から言えません。勘弁してください」（昭和六一年六月一一日付）

との回答。電話交換手が青酸カリを所持していたことを知っていたくだりである。持っていてもおかしくない環境にあったことを認めた上での発言とも思われる。特定の人物名を明かせないという大山元電話主事。管理職たる主事が把握していた「だれから」という事実は、当然その上の人物も掌握していた情報であり、局全体を掌握する位置にいた人物であることを充分物語る、消された真実である。

その古川亮子について、こんな証言もある。

「古川亮子さんの最期、はじめて知りました。彼女は真岡高等女学校の一〇回生くらいでしょう。どちらかといえば小柄で色白の美人でした。台町から通勤していました。台町というのは遊郭街、彼女の家も太田楼という遊郭でした。郵便局は彼女の通勤途上にあり、『交換室に寄って家に帰る』という言葉には合理性がありますが、出張所と郵便局は一キロほども離れており、交換室に親しい友はいなかったはず。強《し》いていえば桜井千代子も家は台町、顔見知りだったかもしれませんが、最後の自殺用青酸カリを渡すほどの仲とは思われない。この件については、私にとってまだ謎です。敷香局では上司が交換手に青酸カリを渡していますね。

出張所のこともう少し書きます。保線係七、八名。電話機の修理係高城技官他一名。住み込みの小使夫婦、事務室に所長他四名でした。所長はたしか蓮沼さんといいました」（北林久悦手記）

青酸カリをどこから入手したのかというよりも、当たり前のように所持されていた〝日常感覚〟が、当時の風潮でもあったようだ。

ほかにも青酸カリを所持している証言はある。電話交換手の可香谷《かがや》シゲの場合、みずからも持っていることを兄に語っている。それも「どこかの工場からもらってある」と記憶していた。

彼女からもらったという証言も多いが、そのシゲからもらったという元交換手は、「決死隊」のメンバーだった渡辺（藤本）照子（自決した渡辺照とは別人物）である。

「青酸カリは可香谷さんが付き合っていた憲兵からもらって持っていた。いざというときに持っていると安心でしたね。可香谷さんに『私にもちょうだい』と言ってもらいましたが、ほかにも手を出した人もおり、決死隊に加わらなかった人はもらえなかったですよ」

残留を持ちかけられ、即答したら紙に包まれた小指ほどの塊をもらったという。

ここでは、青酸カリ所持の是非が問題ではない。服用せざるを得ない状況に置かれたことが問われているのだ。本来、「護身用」とは身を守るために所持する拳銃などの武器をいうのだが、戦時下の樺太の逓信女性の場合、敵兵からの凌辱《りょうじょく》を避けるための自死の手段とされていた。

豊原郵便局の電話交換手石沢春枝も所持していたと語る。

「私と渡辺テツさんに残ってくれと言われ、通信局の人からその場でもらいました。渡辺さんと二人だけ持っていました」

石沢もいざとなったら飲む覚悟であったという。白い包み紙に入っており、石沢は、制服の襟元《えりもと》に縫《ぬ》いつけておいたという。捨てたのは引き揚げ船の海上だったという。

〝護身用〟としての青酸カリ

一方、公然と青酸カリを渡された郵便局もあった。敷香《しすか》郵便局の電話交換手佐藤喜久枝の場合、八月一五日の「終戦の詔勅《しょうちょく》」とともに、婦女子の緊急疎開命令が出て引き揚げがはじまったが、残留を指示されていた。

その残留要員の八名を前にして、上司がこう言明したという。

「これが最後というような局面に遭遇したとき、使用するように」

その〝護身用〟として、青酸カリを渡していた。ソ連兵の凌辱を受けそうになったときに死を選ぶようにとの意味が込められていた。

その後、ソ連軍は上敷香を占拠し、南下する情勢にあった。動きが具体化したところで、敷香全町引き揚げ命令が出された。日本人みずからの手で主な建物に火を放ち、燃え盛る町をあとに、敷香郵便局沼口局長を先頭に男子職員五〇名ほどが、女子職員一〇名を護衛するようにして豊原めざして南下した。昼間は銃火を避けて歩き、途中の郵便局に避難させてもらいながら、八月一八日、「落合局」に着いた。しかし、ここでも大規模な爆撃を受けたが、郵便局にいたため無事であったという。

局長を先頭に男子職員に守られながらの避難行で、身の安全が確保された事例である。

ソ連軍の占領に際していちばん危惧されたのが、女性の身の安全確保であった。上陸後の凌辱被害を防ぐため、頭を丸めたり、顔に墨《すみ》を塗り胸にさらしを巻いて男装するなど、自己防衛に腐心していた。

自決の手段として、青酸カリのほかにも「ハトブシ」という紫の毒草が用いられたともいわれる。草を摘《つ》んで軒下《のきした》に干《ほ》して用意した例もあるという。

なぜ乙女だけが孤立したのか

一階の電信係と二階の電話交換室の職員構成を比較すると、ともに宿直体制に入り、電信係にはこの日の局全体の宿直責任主事であった平井電信主事も同席。ほかに男子職員六人、女子職員二人。さらに「お別れパーティー」に誘われて通信室に顔を出していた菅沼啓三を加えると一〇人が職場にいた。

電話交換室の宿直者は高石ミキ主事補をはじめとして一一人。翌朝の「非常呼集」を受けて駆けつけた志賀晴代が加わり、二〇日の朝は一二人が職場にいた。

職場環境として、電信係は男性中心の職場の印象が強く、電話交換手は明らかに女性の職種として定着していた。

日中は電話主事も交換室に張り付いていた。室内の一隅に控える修理を担当する試験室、こちらは男性職員のみで同居していた。

ところが、宿直となると深夜から朝までは女性だけの環境となる。局全体を見る主事が、当番で宿直となっていたが、やはり担当部署を中心に張り付いてしまう傾向が強く、夜勤に入った電話交換室には顔を出せないようだ。事実、一九日夜も平井電信主事は交換室に顔を見せていない。

この点について、大山一男電話主事は手記でこう悔やむ。

「一九日、私が宿直でしたら、青酸カリを服用させずに済んだかもと思い、残念でした」

局全体の管理責任者として、毎日交代で宿直に入る主事も、結局は担当する職務以外には目配り気配りが利かないことを証明している。

平時なら何事もなく、当たり前のように迎える朝であったのだが、八月二〇日の朝は、ふだんの街がソ連軍の上陸急襲により占領されてしまったのだ。

これまで、真岡郵便局一階の電信係が銃撃された際、白旗を掲げたりして生き延びた構図を紹介した。さらに、窓が山の手側を向いている電話交換室に、ソ連兵の銃弾が撃ちこまれることは希《まれ》だと認識されていた。

しかし、そこは女性だけの、隔離された密室状態と考えてもらいたい。ソ連艦隊の艦砲射撃、だれもがはじめて体験する恐怖である。想像するに、敵兵が我が物顔で攻めてくる。当然二階の電話交換室にも攻めてくるはずと考える。二〇歳に満たない乙女が大半を占めるなかで、親や、周囲から聞かされる戦争における女性の悲劇。「大和撫子《やまとなでしこ》は敵に陵辱されるぐらいなら、いさぎよく死を選ぶ」との貞操《ていそう》観念が、しっかりと植え付けられていた。

そして、現実にソ連軍が街に上陸した。凄《すさ》まじい艦砲射撃に身も心も縮み上がる若き乙女たち――。このように、残酷に心を追い詰められていくのも戦争のむごたらしさである。

切迫した状況下、若き乙女たちだけの電話交換室で、最初に主事補の高石ミキが青酸カリを飲んでしまった。あらかじめ意思を統一した覚悟の上での集団自決ではなく、主事補の衝動的な服毒死が、集団行為へと誘発した。

しかも、青酸カリが用意されていた。極度の緊張状態に置かれていたとはいえ、身に危険が迫る状況にはなかった。主事補高石ミキのいち早い服毒死が呼び水となり連鎖反応を誘引《ゆういん》した。集団自決に走る偶発性は、張り裂けんばかりに懊悩《おうのう》する女性集団の心理として、全体を支配してしまう。この三日前、真岡のはるか北に位置する恵須取《えすとる》町の大平《たいへい》炭鉱病院で、看護婦二三人が集団自決に走る経緯にみられるように、自死の覚悟を集約した折は、ごく自然の流れとなって決行する。

避けられた集団自決

ソ連軍の砲撃下で、彼女たちに生き延びるチャンスはなかったのか。結果から判断するなら、集団自決は避けられた。それも二通りの手段が考えられた。

ひとつは、元局長も手記で述べているが、

〈交換室の出入口は現況では弾が来ない裏側にあるので、避難はいつでもできたのである〉

〈交換手は逃げようと思えば充分、安全地帯に避難できたはずである。少なくとも発砲と同時か電信の宿直員とともにならば、一、二の犠牲はあったとしても大部分安全であった〉と「避難」できる可能性を指摘している。実際に「非常呼集」で出局した志賀晴代は無事に郵便局に入っていた。あるいは、砲撃とともに局舎から「避難」して山に逃げ込み、助かった男子職員もいた。

ここで問われるのは、これまで職場死守を「逓信乙女」の使命であるとして煽《あお》ってきた職制が、戦後、自身の行動を棚に上げて、当時を振り返り、「避難」するチャンスがあったことを指摘しても、論理のすり替えにしか聞こえない。

本来優先すべきは、みずからの避難ではなく職員の避難と安全確保ではなかったか。電話主事・局長が現場不在だったことの是非を問うのも空しいが、男子職員の存在は問われてしかるべきだった。

元電話交換手桜井千代子は、上田手記が出された二年後に、月刊誌『文藝春秋』で「女交換手　真岡に玉砕《ぎょくさい》す」の手記を発表した。元交換手の発言としてははじめての手記となるが、そのなかでこう悔やむ。

〈彼女たちを悲劇にかりたてたものは、時代の雰囲気だったと、いまになればよくわかるのだ。「決死隊」として勤務に就《つ》いたときから、その覚悟はできていたと思う。ただ、いまとなっては、あのとき、男子が一人でもいてくれたら、ひょっとして悲劇は避けられたかもしれない、と残

念でならない〉（傍点＝筆者注）

やはり男子職員の存在を挙げている。

ところが、泊居《とまりおる》郵便局との交信から、若い交換手が一時局外に避難した事実が語られている。ソ連軍の砲撃開始直後、交換室を飛び出して局外の「下水溝」に避難していたのだ。避難した「下水溝」は野晒《のざら》しのため、身を隠すには浅すぎたようで、ふたたび職場に戻ってきた。もっと安全な場所に避難してもよさそうだが、職場を簡単に放棄する意思のない彼女たちにとっては、悲劇が重なる結果となった。

もうひとつのケースとしては、局内に居残ることのほうが安全であったともいえる。局舎一階に位置する通信室で、電信係の宿直職員が白旗を掲げて助かった。窓から飛び出して防空壕へ避難した男子職員は、ソ連兵の銃弾に狙われて倒れた。市街戦で掃討作戦に出る兵士は、民家などを焼き払うことはあっても、むやみに大型建物の内部へは踏み込まない。庁舎内に避難していることで、無差別掃討の対象になることは避けられたのである。

この場合も、押しつぶされるような恐怖に耐える力が必要となる。通信室にいるのは男女ともに宿直班となっていたが、ふだんから女性の職場になっている電話交換室だけに、機転をきかせて、彼女たちを避難誘導する上司や男子職員の存在が、やはり必要であった。早い時間帯に、現場に立ち会う上司や男子職員がいて心の支えになっていたなら、少なくとも「集団自決」

の連鎖を食い止められたかもしれないだけに悔やまれる。

何よりも青酸カリが用意されていたことが呼び水となった。決定打であった。

その一階、電信係でソ連軍上陸を目のあたりにし、死線を行き来するような極限の状況のなかで生き延びた斎藤美枝子は、こんな話をした。

「古い話ですが、テレビ映画の『コンバット』（アメリカ版テレビドラマ）の市街戦を見ているような、その現場に立たされたようでした。私と薬丸信子さんの場合は、幸いにもそばに男性がいて勇気づけられましたから頑張ることができたようなもので、二階の電話交換室にいたら、やはり耐え切れずに死を選択したでしょうね」

戦中に青春を迎えていた斎藤にとって、戦争で死ぬことになんの抵抗感ももっていなかったという。肉親や友人の戦死の報に接しても、一時的な哀《かな》しみを抱いたにせよ、「お国のために死ぬのなら悔いはない」といった死生観が植えつけられていたという。この場合の「お国のため」というのは、「天皇のため」ではなく、「親兄弟や国民のため」という意識であったようだ。

「戦後の教育とは一八〇度違う、戦前の教育が染みついていましたから、命と向き合う姿勢が違いましたね」

職に殉じることが「お国のため」になるのだと教えられ、「逓信乙女」の気概を誇りとした時代、しかも人生のとば口に立つ一六、七歳という乙女たちの、職場死守を真摯《しんし》に貫いた姿勢がじつに気高い。若い乙女たちの純粋さ、いさぎよさにくらべ、人生の苦味を体験しているはずの幹部職員たちの職場放棄が醜く対比される。

電話交換室が、女子職員だけの孤立した環境の下に置かれていることは、だれもが認識していたはずだ。混乱と狂気の最中にあったとはいえ、彼女たちの存在にまで思い及ばなかったとする抗弁《こうべん》は成立しない。命が軽んぜられた時代でもあるが、職制がみずからの身を守るためだけの行動を優先させたとするなら、「九人の御霊《みたま》」は浮かぶ瀬もない。

前述した北林久悦は「戦争の時代」を生き抜いた当事者のひとりとして、こう慨嘆する。

〈あの戦争で指導者とか管理職といわれる者がいかにずるく、無責任だったかというたくさんの例をみました。戦争で人が死ぬのがいかに悲惨で醜《みにく》いものであるかを思い知らされました。戦争美談などはあり得ない。戦争醜談ならいくらでもあるが〉

として、手紙の最後をこう締める。

〈戦争、それは弱者がもっとも悲惨な目にあう人殺しゲームといってもいいでしょう。一部のものが戦争で肥《ふと》ります。戦争を企む者は、いろいろもっともらしい理屈をつけて大衆を戦争にかり出そうとします。いま人生の終わりに近づいてやっとそれがわかりました〉

戦争体験者が、平成元年九月にしたためた、人生を締めくくる三年前の遺言でもあった。

第八章　「九人の乙女」の偶像と捏造

元局長の「手記」

やはり元真岡《まおか》郵便局長、上田豊蔵の「手記」に振り回されていたと言っていいだろう。彼の存在を抜きに、この集団自決の背景を語ることができないのもまた事実である。

元局長は、明治三二年（一八九九）三月、青森県深浦（現、西津軽郡深浦町）に生まれた「津軽っ子」である。青森逓信《ていしん》講習所を出て二〇歳前後に樺太《からふと》へ渡ったという。真岡・豊原《とよはら》で電信畑を歩き、樺太庁通信課監察係主任を経て主事に昇格。昭和一八年（一九四三）樺太庁の管轄下にあった逓信機構が、逓信省の直轄となり「豊原逓信局」に機構が改まったこの年に、普通局の真岡郵便局長として赴任していた。

戦後、樺太から引き揚げたあとは、古巣の逓信に復帰することなく、地元の役場に奉職した。

その上田元局長が、戦後二〇年を経て、かつての部下の集団自決の顚末《てんまつ》を世に問うことにしたのは、『北海タイムス』の連載企画「樺太終戦ものがたり」の金子俊男記者の取材を契機としていた。当事者として「手記」の依頼を受けて、筆を執《と》ったのだ。

しかも、この新聞メディアのほかに、逓信関係の業界誌『逓信文化』誌上でも、「手記」を発信していた。

手記を書くことになった動機を、こう告白する。

〈『電信電話』の一一月号に、「交換台に散った九人の乙女」と題して元樺太真岡郵便局の電話事務員の殉職の模様が登載されており、昨日当地郵便局で拝見しましたが、記事中重要な処《ところ》で誤った所があり、尊い九人の魂《たましい》を侮辱《ぶじょく》するものですから、当時の真岡郵便局長として局の南方五〇米《メートル》の地点で、周囲の数戸を取り払い本町三丁目でもっとも大きな建物として海上からも目につき易《やす》い関係上、一番狙われた局舎に雨とそそぐ弾丸を此《こ》の目で見ていた私として黙認する訳《わけ》には行かないのです〉

さらに『週間読売』や『女性自身』、あるいは『家の光』などの商業誌に掲載された「九人の乙女」に関する記述が、核心に触れていないと指弾《しだん》したうえで、当事者としての立場からこう切り捨てる。

〈こんな雑誌は広く販売されても権威がないからよいが、然《しか》し『電信電話』のような公の機関

紙の記事は違い、一般の真実と思い込ませる、その上全国の交換手に読まれる以上、誤りは断じて正さなければならないのです〉

巷間《こうかん》伝えられる「九人の乙女」の伝聞が、元局長として容認できないほど歪曲《わいきょく》され、事実誤認のまま公の機関である電信電話公社の社内報に掲載されることが許せないというのだ。みずからの「真相」を伝えるために、『電信電話』のタイトルに、「真相」をかぶせて反論した。〈同誌の記事には当時樺太の電話は総《すべ》て軍管轄下にあったと云《い》うが、これは真赤《まつか》な嘘《うそ》である〉と、〈軍管轄下にあった〉ことを言下に否定する。

その『電信電話』、昭和三九年一一月号の記事である。見開き二ページの「職場の話題」コーナーで、稚内《わつかない》出身の流行歌手畠山みどりが歌う「氷雪の門」についての記事だ。タイトルが「交換台に散った九人の乙女」となっている。

「氷雪の門」は、戦後二〇年の節目となる昭和四〇年、その前年三月に作詞星野哲郎・作曲市川昭介のコンビで発表されたものだ。曲がつくられた経緯や、歌われている真岡郵便局の殉職交換手「九人の乙女」については、稚内市の公園に建つ「九人の乙女の碑」や旧島民の慰霊碑「氷雪の門」の碑の名を拝借していることなど、地元でのうわさ話や伝聞をもとに構成したものであろう。

記事では、歌詞が「九人の乙女」の死を悼《いた》んでつくられたもので、稚内における取材や、歌がきっかけとなりテレビ番組「スター千一夜」に、殉職電話交換手の遺族とともに出演したときのエピソードを畠山自身が語っていた。以下が上田元局長が〈真赤な嘘〉と断じる件《くだり》である。
〈当時樺太の電話局はすべて軍の管轄化にありまして、交換の方々も毒薬を携帯し、特攻隊として任務についていらっしゃったようです。ですから軍から職場を死守せよと命じられれば、それはその通り守らなければならなかったようでした。
　ですから、家族の方々も、その点では覚悟されていた方も多く、死の直前最後の通話をうけた方も、そのときは悲しいという感傷のわくひまがなかったということでした〉（傍点＝筆者）
　傍点の部分、つまり電話交換手が自決にいたった原因を〈軍の命令〉と決め付けている点を問題にしていた。当事者のひとりとして、軍との直接的かかわりがあるかないかは充分把握しており、当然の否定であったろう。
　稚内市の高台に位置する稚内公園の一隅に「九人の乙女の碑」が建つ。建立されたのは昭和三八年で、畠山みどりが取材で訪れた年は、最初の「碑文」が掲示されていた。当該する文章は、
〈日本軍の厳命を受けた真岡郵便局に勤務する九人の乙女は青酸加里を渡され最後の交換台に向かった。ソ連軍上陸と同時に日本軍の命ずるまま青酸加里をのみ――〉
という「碑文」の件から得た知識であり、この程度の知識しかもたない関係者からの聴取によ

る発言となったものだろう。当時は、本来発言すべき関係者が口を閉ざしていたという背景もあった。戦後二〇年ではまだ傷跡は生々しく、証言する関係者も少なかったと思われるが、マスコミは戦後の節目として「九人の乙女」の話題を掲載した。そのなかのひとつに『北海タイムス』の連載企画もあった。

「一二人」を「九人」に捏造

昭和四〇年一月から一年間の連載ではじまった『北海タイムス』の企画、「樺太終戦ものがたり」の金子俊男記者は、当時青森県深浦町在住の上田元局長の元を訪れて話を聞き、さらに手記の依頼をしていた。四〇〇字詰め原稿用紙二一枚にしたためられ、書き込みも加えられた原稿を得て、四〇年一〇月の二四三号から二四八号の六回分で「九人の乙女」の集団自決が紹介された。関係者にとってはセンセーショナルな記事となった。

真岡郵便局長の職にあり、八月二〇日も含めて、電話交換手の行動を把握していた最高責任者の発言は、当然のごとく重い。はじめて目にする「九人の乙女の真相」と映るのはごく自然の流れだが、裏付けはもとより、真岡郵便局全体としてみた八月二〇日が捉えられていない。「九人の乙女」に限っての、一部遺族や元同僚などの聞き込み程度で展開していた。もっとも、元局長自身、手記のなかでいくつかの隠蔽《いんぺい》と捏造《ねつぞう》を試みており、その点について、広く関係者証言を集めていないためか、裏付けが取れず、検証しきれていない。単独取材での短期集中連載という日刊紙の企画スケジュールでは裏付けを取るまでの余裕はなかった、というのが本音なのだろうが……。

金子は晩年、みずからの取材資料を旧全国樺太連盟北海道事務所に寄贈するに際して、上田元局長の「直筆手記」にこんな注釈を付していた。

〈上田豊蔵氏の手記は、終戦時の真岡郵便局長で、青森県深浦町に引き揚げていた同氏を訪ね、一夜語り合ったあと、お願いして書いてもらったものです。（中略）世評、誤解されることが多かったことから、若《も》し、これらの手記の一部でも他に引用する際は、その辺りのことに充分、ご配慮いただきたく存じます〉

つまり、あくまでも本人の「手記」であり、〈世評、誤解されることが多かったことから〉と、客観性の薄かった結果の教訓を、みずから戒《いまし》めのように付言している。つまり、「〝交換台に散った九人の乙女〟の真相」の、「真相」の矛盾を見つけたかのように注釈しているのがおもしろい。

八月二〇日朝、真岡郵便局の電話交換室で自決したのは「九人」であるが、現場にいた実際の交換手は一二人である。この一二人がなぜ九人に限定されたのか。

元局長は手記にこう綴《つづ》る。

〈この阿鼻叫喚《あびきょうかん》の死の町で一か所だけ唯の一ヶ所だけ、慫慂《しょうよう》として然《しか》も大車輪の活躍を続けていた一団があった。それは高石主事補以下九人の真岡郵便局電話交換手たちである〉（以下の引用手記の傍点は捏造部分）

凛乎《りんこ》たる姿勢で交換業務に就く高石ミキ以下の職員を賞揚する文面だが、ここでも「九人」に固執《こしつ》している。一九日の宿直から「非常体制」に入り、緊急体制を執る方針は、何も交換室だけの決定事項ではなく、局としての方針であり、当然局長の意向があっての指示であったはずなのだが。

〈九人の宿直者の内一人が非常呼集のため外出、帰局しないので八人となる訳だが、それは非常呼集によって逸早く出局した者が一人あったからで、それは交換業務が優れていた志賀昭代（筆者注＝晴代）である〉

志賀晴代が出局する経緯は、町内に居住していた電話主事菅原寅次郎が直接志賀の家を訪れて「非常呼集」を伝えたのを受けて、急遽《きゅうきょ》、出勤した経緯があった。しかも、知らせた電話主事が、なぜ出局できなかったのか、この点も不明だが……。

この志賀を入れたのはいいが、数合わせの都合であろう、交換室からひとりを〈外出〉させ、帰局できなかったとして、「九人」の整合性を示している。

この〈非常呼集〉で外出した交換手とはだれを指しているのか。元局長は、後日、みずから負傷のため庁立病院へ連行される途中に、この交換手と出会ったとして、辻褄《つじつま》を合わせているが、ありもしない「出局」したという人物設定には無理がある。

〈私の姿を見つけて側に寄り〝高石さんの姿が見えない、八人とも死んだのではないでしょうか〟というので〉

と、このときはじめて交換手の自決の「可能性」を耳にした展開とし、その情報は鈴木かずえからの確認であったとし、情報源を設定している。

交換手のひとりが「非常呼集」で外出したとする理由が不明だ。電話交換業務での非常呼集であるはずが、なぜあえて「外出」させる必要があったのか。なんの目的で、どこに行ったのか。局の近くに位置する寮「進明亭」には、局長と庶務・郵便の両主事がおり、真っ先に高石ミキがソ連艦隊の真岡接近を伝えていた。菅原電話主事宅にも電話連絡しており、その結果志賀晴代が駆けつけていたのである。

あるいは、豊原局で連絡を受けた主事補の渡辺テツは、真岡局の交換手が局長や関係機関すべてに連絡済みであり、取るべき手段もなく「指示」を仰いできた経緯を証言している。これらの状況を考え合わせる限り、交換手を外出させてまで連絡しなければならない理由などあり得ないはずである。

生還した三人の交換手が、電話交換室で見たという証言と対比しても、明らかに創作であることがわかる。いや、ありもしないことを捏造したのである。

元局長の思惑を推理すれば、合点《がてん》がいく。つまり、自決現場から救出された三人の交換手の存在は当然耳にしていた。自決した交換手と、生き延びた交換手、仲間とともに「死ねなかった」交換手たちが、自責の念に駆られ、その後の人生を慮《おもんぱか》って、存在を隠し、「九人の乙女」に限定した。

「死ねなかった」ことで、その後の人生の負担にならないよう、彼女たちをかばうために創作したというなら惻隠《そくいん》の情も湧くが、派生する矛盾を、どう埋めるつもりであったのか。

あわせて、不憫《ふびん》なのは、ソ連軍の銃撃の危険にさらされながらも凌《しの》いだ一階電信係職員の存在をいっさい伏せた点である。宿直しながら職務をになっていたはずなのに消されていた。「九人の乙女」以外の存在を浮き彫りにするために、二人の交換手を救出した電信係の飯塚保房と菅沼啓三の存在や、電信係の宿直室で二人を介抱した薬丸信子・斎藤美枝子の存在が、余計になったのだろうか。菅沼らが、押入れの襖《ふすま》の桟《さん》をはずし、敷布を白旗に仕立てて「降伏」の意思表示をした経緯など、死を賭けて生き抜いた顛末《てんまつ》には、触れたくないという意図があったのか。

つまり、自決交換手の「死」を際立たせるには、懸命に生きる努力をした電信係の職員や、若き後輩に「私がいいって言うまで飲んではだめよ」と制止し、電信係に電話して救出をほのめかし、みずから生きることをいさぎよしとせず、八人のあとを追った伊藤千枝の努力も必要なかったのだろう。

死亡した九人の電話交換手は、いさぎよい自己犠牲であり、誇るべき殉死である。生きて恥をさらすことが〝生き恥〟とされた時代、死なずに生き延びた交換手の、その後の人生を慮って、世間の目から生還者「三人」を葬り、電信課の存在も消し去った。遺体収容の際には、電信課の斎藤を登場させるという矛盾が現れているのだが……。

上田元局長が、戦後二〇年を経て、あえて真実を捻《ね》じ曲《ま》げなければならなかったものは、なんであったか。「人道的」配慮というなら、一縷《いちる》の救いも感じなくもないのだが……。

ただただ、青酸カリを用意させた結果が、当人も予期していなかった交換手の集団自決という結果を招来させた。当然のごとく、後日、その責任の在り方が問われるのは目に見えていた。そのために、真相を知る当事者として「手記」を発表し、みずからの行動の正当性を示すとともに、「九人の乙女」の偶像化を狙うための取り繕《つくろ》いではなかったか。

関係者の証言を集めれば、当たり前に浮き彫りになる全体像なのだが、歪曲《わいきょく》した事実は重い。

取材の動機となった「九人の乙女」の碑に観るいさぎよい殉職。独り歩きする「九人の乙女」の偶像の裏側に、生死をさまよう境地に追い込まれながら散っていった仲間や、「生きる」望みを捨てずに銃撃の下を生き延びた職員の存在が、あざやかに浮かび上がってくる。我が物顔で入り込む「死」への誘いとの闘いに、勝ち残った人たちの真摯な想いが熱く伝わってきた。

昭和二〇年八月二〇日、真岡郵便局から生還した職員はつぎの一一人である。

電信係　電信主事　平井　重蔵
飯塚　保房
菅沼　啓三
大和田　実
薬丸　信子
斎藤　美枝子
水越　正巳
吉村　三次

電話交換手　川島　キミ
境　サツエ
岡田　恵美子

では、局長はどこに？

疑問は、まだ晴れない。

八月二〇日の朝、上田局長はなぜソ連軍上陸前に、郵便局に戻らなかったのか。最高責任者として、なぜ真っ先に駆けつけなかったのか、である。

電話交換室の高石ミキの緊急連絡を受けた上田局長は、〈電話と同時に私とともにいた幹部を出向させ、私も一歩遅れて出たが、本局の南方五〇米《メートル》手前に差し掛かったとき、突如軍艦から府射《ママ》があり軍艦を見ていた者も通行中の者も逃げる辺《ママ》もなく倒されていく、私の止まった所は海岸から通り抜けの十字路で、機関銃弾が不気味な数十本の棒のようになって飛んでいるので、一歩も動けない〉とみずからの行動を綴る。庶務主事の斉藤英徳は局に急行し、機密書類などの焼却を行い、しかも、ソ連軍の上陸と銃撃の動きを見て局から避難していった。それほど時間的な余裕があった。

上田局長は〈私も一歩遅れて出た〉というが、ソ連軍の上陸までには相当の時間があった。〈一歩遅れ〉というものの、だれより一歩遅れたのか。同宿していた郵便主事の姿も、局では確認されていないという尾ひれもつく。

『樺太終戦史』も真岡のソ連軍の戦闘行為を記録しているが、刊行年が昭和四八年であり、やはり上田元局長の手記をそのまま引用して組み立てている。

つまり、上田元局長は、郵便局の南五〇メートル、栄町二丁目の道路にさしかかった際、ソ連軍の上陸兵士の機銃掃討のはげしさに立ち往生した。そのうちに、無理に飛び出して負傷した警察官を収容しようとし、自分の左胸に貫通銃創《じゅうそう》を負ったと記している。

負傷したままその場に釘づけになった上田局長は、同じ場所にいた由田《よしだ》与三吉在郷軍人分会長と図り、負傷していない男に白旗をつくらせて掲げると、間もなくソ連兵に連行され石炭倉庫に収容されたということで、翌朝、病院に収容されることになる。

高石ミキが上田局長のもとに入れた第一報から、ソ連軍の攻撃と上陸がはじまるまでには、少なくとも一時間あまり余裕があった。

さらに、上田局長や斉藤庶務、菊池郵便の両主事が泊まっていた「進明亭」の位置は、郵便局の裏通り「栄通り」に面しており、距離にして三〇メートルと離れていない。「進明亭」から局までは、歩いても数分で来られる場所にいながら、この「約一時間」ほどの時間を、局長は何に費やしていたのか。なぜ、手記に綴るように〈一歩遅れた〉程度の時間内に職場復帰を果たさなかったのだろうか。

「六〇番」に勤めていた北林久悦も、「進明亭」と局長の行動についてこう指摘する。

〈局長が身動きできなかったという三丁目の交差点は、それぞれの角に石田運動具店、目黒菓子店、岩崎外科医院、そして警察の裏手にあたります。港までは五、六〇メートルの地点。まっさきにはげしい銃撃にさらされたことは想像できますが、ここから交換室までは二、三〇メートルの距離。弾の合間をぬって一気に走れる距離です。

何よりも疑問に思うのは、ソ連艦隊の第一報を受けてから攻撃がはじまるまで一時間くらい時間があります。これは私も体験しています。その間、彼は何をしていたのでしょうね〉

早い時間に局長が局内に復帰し、職員の身の安全を最優先に指揮を執っていたなら、電話交換室の集団自決は食い止められた――という仮説が成り立つだけに、胸が晴れない。

現場には「一二人」の電話交換手がいた。それを、「九人」に捏造した構成にはやはり無理があった。

「血書嘆願」のうそ

元局長の手記に添い、元交換手らに確認を取ったところが、多くの部分で元局長の創作と思われる記述が散見される。

「血書嘆願」という、交換手たちの自主的な行動である。
〈然《しか》るにその翌日、電話の鈴木かずえ書記補が六四人の交換手の総意だとして、交換は一日も休むわけにはゆかない、と引き揚げ命令に対して血書して真岡に止《とど》まることを嘆願してきたのです〉

しかし、元交換手のだれもが「血書嘆願」の行為は認めない。八月一九日の緊急体制に就いた「高石班」と、もうひとつの「上野班」の班長上野（土田）ハナも、「血書嘆願」の事実はなかったと証言した。彼女たちにとって、残留や「決死隊」への参加は、日ごろの職場死守の気概を抱く姿勢からして、ごく自然の成り行きであった。

そこに、あえて「血書嘆願」をしなければならないほど、不自由な環境にはなかった。率先して職場に残ることを希望する交換手の多かったことを、局長が耳にしていないことこそ不自然と映る。

不在の泊居局「所局長」を、なぜ登場させたのか

真岡局と泊居《とまりおる》郵便局との交信は、都合三度にわたって行われていたことはすでに記した。その泊居局では、榊ナセ主事補を中心に五人の宿直交換手が対応していた。宿直責任主事が庁舎内にいるにもかかわらず、電話交換室では彼女たち自身が、必死に真岡の交換手の自決を止め

ようと、言葉の限りを尽くして説得にあたっていた。

ところが、上田元局長の手記ではこんな状況を描く。

〈泊居の所局長が〝死ぬには及ばない。白い巾《ぬの》を棒につけて窓から出し、決して服毒してはいけない〟と説いたが及ばなかった。志賀昭代（筆者注＝晴代）が『もう高石さんが死んだ。みんな倒れて苦しんでいる。私も眠くなってきた。皆さん永々お世話になりました。サヨーナラ』といわれたときは、局長はじめ四人の交換手（全部聞けるようにしていた）がみんな大声をあげて泣いたそうである。局長は説得できなかった自分の無力をこれほど感じたことはないとそのとき話していた〉

と綴るが、前述の「泊居局との最後の交信」にあるとおり、実際には主事補の成田カナ・鈴木好子・榊ナセ・米塚アヒ子・水戸敬子の五人が上司からの残留を指示されて勤務に就いていた。この場に、所局長は存在していない。

彼が真岡局との交信に参加した事実もないのだ。

上田元局長が手記を発表する動機のひとつとなった、『電信電話』誌上で〈誤った所があり〉と指摘し、〈尊い九人の魂を侮辱するものですから〉と断じた「軍の命令」を訂正するのはよしとして、その後のありもしない動きを「真相」として発表することに、いったいどんな思惑があったのか。やはり、「九人の乙女」を際立たせることでの偶像化、殉職としての美化にあったのか。通底するのは、青酸カリを用意した結果、当人も予期していなかったであろう、電話交換室での集団自決。誘因する存在に青酸カリがあり、連鎖を偶発される結果となったことである。

これまでだれも触れなかった入手経路をほのめかしながらも、自分のかかわりを薄めるために創作された。腑に落ちる結論である。

固執した元局長

これまで引き合いに出してきた上田元局長の手記「〝交換台に散った乙女〟の真相」は、唯一、「当事者」の証言としていまも重用される。ただ、これまでの引用で指摘したような意図的な誤謬《ごびゅう》が散見される。

彼がこの手記を世に問うことになった昭和四〇年は、戦後二〇年目という区切りの年でもあった。〝ふた昔〟を経て、上田元局長を駆り立てたものはなんであったのか、を考えるとき、やはり上田元局長自身の強い「自責の念」が働いているように思えてならない。人生を振り返り、なんとしても部下である「九人の乙女」への国からの顕彰がほしい。つまり、戦没者叙勲《じょくん》への執着ではなかったか。それをもって社会に対しての、遺族に対しての、免罪符としたかったのでは、と。

一方で、電話交換手たちの職場「残留」に対して、局長の「命令」はなく、彼女たちの自発的行為であったとする執拗《しつよう》なこだわりもあった。仮に局長が「残留命令」を下したと言ったところで、集団自決を誘因する原因には該当しない。

それよりも、早い時間になぜ局に戻らなかったか、こちらのほうがより重大な瑕疵《かし》行為であることに気づいていない。あるいは言えないような行動を取っていたのだろうか。

上田元局長が遺族と接した最後のエピソードがある。

昭和三三年八月二三日、在札の樺太出身逓信関係者有志による追悼法要が、札幌東本願寺別院で行われた折のことである。上田元局長も出席し弔辞を読んでいた。「九人の乙女」のひとり、吉田八重子の弟武の証言がある。

上田元局長は、遺族らを前にこう話したという。

「五十数人いた真岡交換手のうちから、私が高石さんら二十数人を指名して、内地の疎開を許さずに残留させ、結局は死に追いやったというウワサもあるが、決してそうではなく、彼女たちはあくまでも、だれの指図《さしず》もうけず、自分たちで残って死を選んだのだから、その点は誤解しないでください」

上田元局長はこの機会にも、〈自分たちで残って死を選んだ〉と強調し、局長が残留命令を出したのではないと弁明する。遺族の思いと上田元局長の主張は明らかにすれ違っていた。聞いてもいないことを発言する上田に違和感さえ抱いていた。

「局長さんはそうおっしゃるが、だいたいこんなに大量の青酸カリを、年端《としは》もいかぬ娘たちがどうして簡単に手に入れられますか。どうみたって、これにはきっとだれかの指図があったとみるのが当たり前ではないですか」

「命令でなく、自発的に死んだとなれば、娘たちの死は犬死に同然ではないですか。だから殉職扱いしてもらえないんでしょう」

遺族らが上田元局長に詰め寄るひと幕もあり、険悪な雰囲気になったという。

「それというのも、彼女たちの死を意義あるものにしたいという遺族の願いから出たことで、いまさら上田さんひとりを責めたとして、取り返しのつくことではないのですが……」

吉田武は、札幌での遺族と上田元局長との最後の接触の機会を振り返っている。

遺族の気持ちは、結果として命を絶った娘たちの行為を、せめて公式に「殉職」扱いとしてほしいという思いである。純真な娘たちが職場を守ったのに、殉職どころか無視する国への怒りが、元局長に向けられたということであろう。

その上田は、この追悼法要の七年後、手記のなかでもやはり前言を繰り返す。明らかに「残留命令」は出されていたのだが、執拗に否定しつづけた。

遺族らが望んだ「殉職」扱いの願いは、昭和四八年三月三一日付けで戦没者叙勲となって実った。「九人」に対して「勲八等宝冠章」が贈られたのである。事件から二八年目にして、公式の殉職と認められたことになる。

郵政省のコメントは、

〈早くから非公式に内閣に働きかけていた。三九年から復活した戦没者叙勲で、軍人軍属が先になったので遅れた〉（『北海道新聞』昭和四八年三月三一日付）と弁明しているが、遺族らにとっては娘の命と引き換えの「勲八等宝冠章」である。

戦後も十字架を背負いつづけたであろう元真岡郵便局長・上田豊蔵は、昭和四二年六月、肝臓がんのため青森県五所川原市内の病院で息を引き取った。享年六八歳。悲願である「九人の乙女」たちへの叙勲も叶《かな》わないまま、部下の死を綴った手記を発表してわずか二年後であった。

稚内《わっかない》市の公園に建つ「九人の乙女」の碑。いまも稚内市が主導して毎年八月二〇日に慰霊祭が行われている。碑に刻まれる「皆さん　これが最後です　さようなら　さようなら」の言葉に込められた真岡郵便局電話交換手の最後のメッセージを、だれもが尊く悼《いた》む。年端もいかぬ乙女たちが職場死守のために殉じた純真な想いに対し、心から冥福を祈りたい。
国民を巻き込む「戦争」の悲劇を、二度と繰り返さないために、と願いたい。

ラストメッセージの真意——エピローグとして

鮮烈なるいさぎよさ

戦後生まれの筆者にとっては、母のような年齢の伊藤千枝さんであるが、彼女の修羅場での行動があまりに鮮烈で印象に残った。しかも、時を経ても輝くのは、修羅場においても冷静さを失わず、生と死に向き合い、後輩には生きることを示唆し、自分は先輩の行動とともにする。武士《もののふ》の時代のいさぎよさとも映る。

つまり、後輩交換手の服毒を強く制止し（当初は松橋みどりも含まれていたが、我慢できずに服毒に及ぶ）、救出するための内線電話を入れて、一階電信課職員に救出を頼んだ。

「こちら交換室、ただいま九人が亡くなりました」

と、みずからの死をも数に入れた内容の電話である。その間も、後輩が青酸カリを飲む行為を制止しつづけた。

〈私がいいって言うまで飲んじゃだめよ〉

伊藤は、内線電話を終えて間もなく、二人の後輩が服毒を断念したことをたしかめると、主事席の青酸カリを飲み、交換台に戻って仲間を追った。一階から救助に来てくれるタイミングを見計らって、電話を入れたのである。

選択された証言

救出に駆けつけた電信係飯塚保房と菅沼啓三の二人、とりわけ先に現場に入った飯塚の目に焼きついたのが、悶絶《もんぜつ》する伊藤千枝の最期であった。そして、泣いてうずくまる二人の交換手。

飯塚が叫ぶ。

「何を飲んだの」

苦しむ交換手の表情が痛々しい。

――いまなら病院に連れて行けば助かるのに。

飯塚の脳裏に浮かんだ咄嗟《とつさ》の思いだが、この状況ではただ見守るしか手立てはなかった。

交換室での行動の一部であったが、菅沼啓三の証言によると、引き揚げ後、所管となる札幌逓信局《ていしんきよく》（北海道電気通信局、現NTT北海道）からの要請を受けた飯塚は、電話交換室での救出状況などについて、顛末《てんまつ》をしたためて報告していた。元同僚の菅沼啓三は、直接中身までは見ていなかったというが、救出に向かった仲間として確認する機会があった。

札幌逓信局では、飯塚保房の報告書を受け取っている。同様のことは、元庶務主事（昭和二〇年一〇月三一日付で札幌郵便局在勤）の斉藤英徳も、同局からの要請を受け、「真岡《まおか》郵便局電話交換手殉職顛末書」を提出していた。

ところが、昭和五七年、北海道電気通信局が公社発足三〇周年を契機として刊行した『昭和二〇年八月二〇日　樺太真岡郵便局　九人の乙女殉職の記録』から出された公式記録では、生存者に関する記録に齟齬《そご》がみえる。

本来、生存者のひとりである川島キミの存在について、「年齢不詳」として「当夜の宿直勤務八名」のなかに明記しているのみ。また「駆けつけた応援者」として、志賀晴代・渡辺照《わたなべてる》の名前を掲げていた。

なぜ「非常呼集」にて出局したと表現しないのか。また、取り方では「応援者」ではあるが、当時緊急事態発生の折には、「非常呼集」としての招集命令が出されており、義務として出局を命じられていたのだ。この点にも局長命令下というニュアンスを避けた表現が取られる。この二人を挙げた裏付けをこう綴《つづ》っている。

〈以上のことについては各種記録に基づいたものであるが、渡辺さんは当夜宿直ではなかった

〔土田ハナ氏〕、また、当日の宿直者は八名ではなく一一名で、応援の志賀さんを含む一二名であったが、そのうち一名が電信の宿直者によって救助された〔大和田実氏〕など、阿部寅次郎氏をつうじて証言が寄せられている〉

と解説するのだが、宿直者によって救助された交換手を一人とし、宿直者八名のなかに掲げている川島キミについては何も触れていない。つまり、自決組にも生存したという説明すらない。川島と一緒に救出されたもう一名の交換手、境サツエの存在も伏せたままである。もっとも、さらに生存者である岡田美恵子の存在にも触れることはない。

辻褄《つじつま》の合わない記述がある。注釈のなかで「当日の宿直者は八名ではなく一一名で、応援の志賀さんを含む一二名であった」と、こんどは当直者を一一名とし、志賀の参加をもって一二名と員数を合わせている。しかも、一人が救助されたことも補っている。

しかし、自決者は九人となれば、一二人いたうちで、一人が救出されると残りの二人がいたことになる。このうちの一人を暗に川島キミとするために、「当日の宿直勤務八名」としたなかに加えていたのだろう。引き算の結果、やはり残り二人の存在が空白となる。

ここでも、生存者への配慮から実名を伏せたのなら、そのように断りを入れれば済むことである。しかも、生存者の川島キミの名前は、当直者として記すのみで、公開しているではないか。自決者九人のなかにも入っていない川島の名前は、注意深く読めば、その存在が浮いてしまうのだが、こちらは注釈にて員数補足をして、辻褄合わせをしていた。

生存者の名前を伏せたことに関しても、樺太《からふと》逓信局から引き継いでいる札幌逓信局（当時の所管庁名、その後北海道電気通信局）として、公式記録に残されない不都合が生じていたのか。

文庫版のあとがきでも紹介した、緘口令《かんこうれい》の真相である。旧泊居《とまりおる》郵便局勤務の電話交換手、榊ナセや外城サトらが、真岡局との最後の交信に携わっていたが、その外城サトが、戦後、元上司でもあった石田正治元泊居郵便局庶務主事から聞いたこととして、逓信省のこんな動きを榊ナセに伝えていた。

「逓信省上層部は、真岡郵便局現存者全員に、マスコミの取材には応じないよう、フレを下してあるとのことでした。いつごろ出した命令なのか。テレビに映画に世間の目が集まったころなのでしょうか。真岡の現存者、交換手の方々のガードは堅いはず」

真岡郵便局の自決に関する件にかかわった人たちに対して、逓信省から緘口令が敷かれたという経緯から、組織として真相は伏せたいとの意図が働いたであろうことは、容易に想像がつく。

さらに、注釈では、現場から救出に当たった飯塚保房と菅沼啓三の名前を紹介しないで、同僚ではあったが救出現場に来ていない大和田実に、あえて挿《す》げ替《か》えたのか。

何よりも、救出した当事者の飯塚保房からの報告書を手に入れているはずの逓信省内において、事実の隠蔽《いんぺい》を図っていたのである。

いまさらの感が湧かないでもないが、せっかく、「九人の乙女」の殉職美談が巷間《こうかん》浸透しており、定着しているところに、水を差すような事実を示すことはないとの公式判断なのだろう。

あわせて、「真岡郵便局電話交換手殉職顚末書」を提出した斉藤英徳にして、前日来の電話交換室での宿直者の員数を明記せず、非常呼集の命を受けて早朝に出局した志賀晴代の存在を示して、「八名は一九日よりの宿直者」であり、志賀については非常呼集での出局ではなく「二〇日、情報連絡を受け応援のため登庁したもの」と紹介していた。なぜ決められていた「非常呼集」のためと表現しなかったのか。斉藤英徳も交換室から局長に「非常呼集」が掛かり、その局長の命で出局していたはずである。

筆者も前出の阿部寅次郎から多くの情報を承っており、また前出にある〝決死隊〟のもう一班の班長、土田ハナ主事補からの聞き取りをつづけていた阿部の情報も多く入っていたが、渡辺照が当日朝に出局したとの証言は、だれからも得られていない。

昭和五七年という、戦後三七年の年次での、公式な『九人の乙女殉職記録』刊行の意図はどこにあったのか。やはり主幹局たる北海道電気通信局として、「九人の乙女」の殉職の記録を発表することで、巷間伝わる「九人の乙女」像の公式見解としたかったのではないか。上田元局長の手記発表が昭和四〇年となっており、新聞報道により広まった世評への、当局としての一応の対応としたのではないのか。

はじめて見せた乙女心

前置きが長くなったが、伊藤千枝のラストメッセージの思いである。三度の交信で垣間見せた純真な思いを、泊居郵便局の交換手榊（石栗）ナセは、伊藤に対する哀惜《あいせき》とともに、清冽《せいれつ》な心情を託した伊藤のラストメッセージに、乙女心をのぞかせていたと語っていた。

〈私も乙女のまま、清く死にます〉

叙情的な余韻を発するメッセージである。日ごろ、交換機をとおしての〝話友〟へ見せた清き乙女の純真さであった。榊ナセの心に染《し》みる言葉となり、遺言のようにも受け止めていた。

そして、公用の連絡をすべて済ませたあとに、生まれ故郷でもある蘭泊《らんどまり》の局へ連絡を入れた。

「伊藤です！　ソ連兵が局舎に入ってきたので、みんな薬を飲んで死にます。家へ伝えてください。橋本さん、サヨウナラ」

橋本蘭泊局長の記憶に残る、伊藤千枝のラストメッセージである。自宅への伝言もしっかりと残し、しかも、死を選択していることを伝えていた。橋本局長の記憶ゆえに言葉の正確さは計り知れないが、橋本は昭和一五年から三年間真岡郵便局庶務係に勤務しており、多くの交換手とも顔見知りであったという。

ソ連軍上陸に際して、局としての自衛措置を済ませたあとに、局舎から避難していった幹部職員は、好対照に映る職場放棄である。あるいは、局に駆けつける時間は充分にありながら、出局しなかった幹部職員の打算的な行動がうかがえるなか、修羅場での女性たちの真摯《しんし》な行動と心情が見事に対比され、彼女たちの崇高《すうこう》な犠牲的精神が際立つ。

一二人の電話交換手がみせた職場死守のドラマ。郵便局舎一階にくらべて比較的安全であったはずの二階電話交換室。服毒死を強行しなければならないほど生命の危機にさらされていたとは思えないが、やはり、偶発ともいえる自決の連鎖が結果として残った。最後まで、後輩を見守りながら行動し、みずからの死を受け入れた伊藤千枝。死を受け入れる矜持《きょうじ》こそ、「乙女のまま清く死」ぬことのようであった。

後輩、川島キミと境サツエの命を守るため、電信係に電話をかけて救出を叫んだ行為。伊藤の冷静さをもってしても、高石ミキの偶発的な服毒を予期してはいなかっただろう。

絶体絶命に追い込まれ、恐怖の壁に包囲され、逃げる術《すべ》を放棄した空間に陥ったとき、みずからの命を絶つ行為は、ごく自然の成り行きと映る。が、生き恥をさらす――という言葉が忌み嫌われた時代があった。その時代に、やはり訓練させられた境地とは、こうした自死、「自決」

となるのだろうか。

戦陣訓の持つ重み

集団の意向に自己を同化させてしまう心理とは、同調することで得られる一種の安堵《あんど》と陶酔《とうすい》であり、集団のなかでの自己完結の試みと映る。その心理の背景にあったものこそ、時代の「毒薬」であった。

昭和一六年（一九四一）一月、東条英機《とうじょうひでき》陸軍大臣により布達された戦陣訓《せんじんくん》のなかに、「生きて虜囚《りょしゅう》の辱《はずかし》めを受けず、死して罪禍の汚名を残すこと勿《なか》れ」がある。天皇の裁可を得て、陸軍内部に示達《したつ》する陸軍大臣の訓示となっていたが、この戦陣訓が一般兵士にまで広く示達されたことにより、「虜囚」つまり捕虜となることを「辱め」と位置づけ、戦場での死を尊ぶ風潮が一般国民の間まで浸透させせられていった。この点について、社会学者の林博史は自著『沖縄戦——強制された「集団自決」』で、軍部の思い、「女小供玉砕してもらい度《た》し」の動きを論難する。

サイパンにおける日本軍の敗戦が濃厚となっていた昭和一九年（一九四四）六月から七月、東京の参謀本部（大本営陸軍部）と陸軍省にて行われた、サイパンの在留邦人の扱いについての議論、

〈民間人であっても敵の捕虜になっては困る。女子どもも自ら死んでほしいというのが本音だったが、畏怖あるいは軍が死ねと命令することには躊躇《ちゅうちょ》していた。そうした命令を軍中央が出すと天皇が関わってきてしまう。ここでは「大御心《おおみこころ》」に副《そ》うかどうかという言い方をしているが、言外にその責任問題が意識されていると思われる。またどうしても命令で実行しようとすると、皇軍が民間人に手をかけることになってしまうことを恐れていた。

軍中央レベルから民間人の自決命令が出されるとすれば、それは天皇の命令として天皇の責任だけでなく、天皇を輔弼《ほひつ》する軍中央の幕僚たちの責任も問われる。天皇制国家にとって、天皇が国民に直接、死ねと命令することを避け、なんとかして国民自らが天皇のために命を捨てたという形をとりたかったのだろう〉

と要約する。本音で「女小供玉砕」を願いつつ、天皇と軍部に直接振りかかりそうな責任回避のために巧妙な仕掛けを施すのである。この玉砕の仕掛けは、「特攻」という展望なき玉砕作戦へと誘導され、自死を美化させる手段にもすり替えられていく。

国民布武の最前線で暗躍したのが、憲兵司令部によるアメリカ軍などを「鬼畜米英」などとマスコミなどを介して煽動《せんどう》し残虐性を煽《あお》り、国民玉砕へ誘導することであった。

林博史は、昭和二〇年四月二〇日の大本営陸軍部による「国土決戦教令・第十四」においては、「住民の生命より戦闘で勝つことを優先する考え方」を指し示し、同年四月二五日作成の「国民抗戦必携」において、「一億総特攻」「皇土を絶対に護持」を掲げて敵の殺傷作戦の協力を示唆し、四月八日の陸軍大臣の示達「決戦訓」で「皇軍将兵は皇土を死守すべし」と、〈天皇の地を守るために命を投げ出すことを将兵に求める〉とともに、〈軍は民間人に対して同じことを求めていた〉とする。こうした軍の方針を最初に適用したのが沖縄であり、さらに本土においても貫かれていたと分析している。

つまり、「本土玉砕」までも想定された戦争遂行の軍中央の一八番であり、通底するのは国民一人ひとりの命をも楯としてアメリカに強く抵抗するという姿勢そのものである。民間人で組織された「国民義勇隊」も用意される。武器は、無抵抗に近い「竹ヤリ」手法を用いている。昭和二〇年八月の樺太・恵須取《えすとる》の民警においても、この「竹ヤリ」は踏襲されていたのが狂おしい。日本本土から見て「外地」との評価下に置かれていた樺太でも、「本土玉砕」の代用が試みられていたということだ。

八月一五日の「無条件降伏」宣言となったが、第八八師団には樺太・千島・北海道へのソ連軍の侵攻に対して自衛戦闘を継続し、ソ連軍の転戦阻止と死守の命令が降りていた。対するソ連軍は、日本軍の解体は進んでいないとの受け止め方をやめずに、占領攻撃を作戦とした。一部で国民義勇隊を組織したとはいえ、銃火砲に竹ヤリでは無抵抗そのものの姿勢である。

ソ連軍の「軍事占領」は、当初より、日本人の財産の本土引き揚げを阻止すべくあらゆる作戦を駆使した行動に出ていた。この軍事占領は、敵国領土内に侵攻して軍隊が敵国の権力を排除し、一定地域を自国権力機関で統治するという「ハーグ陸戦条約四二条」に認められる戦争行為の行使という名目を掲げるのだろうが、本土引き揚げ船の三隻が北海道留萌《るもい》沖でソ連潜水艦に攻撃され、溺れる者までも駆逐した悪魔の所業や、樺太で避難民の列を銃撃しつづけたソ連機など、人間の所業とは思えぬ、許されざる殲滅《せんめつ》行為そのものであった。

さらに、北海道東部の千島列島はもとより、日本の北方四島も占領すべく、その拠点確保のために南樺太をいち早く占領したといわれている。

樺太島民、いや日本国民の樺太在住者は、無条件に享受するほか成す術《すべ》がない境地に追い込まれていたのである。

伊藤千枝の余韻

伊藤家の家族構成を語ってくれたのは、千枝より五歳下の半谷ミキである。父親を早くに亡くし、蘭泊で雑貨店を営む母スエ。千枝の二人の姉は早くに結婚しており、真岡に移ってからは千枝が一家の稼ぎ頭であったという。兄一人女四人兄妹の三女であった。

「姉の性格はおとなしく、話し方もゆっくりでした。家でもそんなに話をすることはなかったですね。疎開は一七、八日ごろで、荷造りのときに姉は自分のものを全部あげるから、みんな持ってっちゃってと、そんなに持っていない着物を出してくれました。映画を見るのが唯一の趣味でしたでしょうか、ちゃんと化粧をしたところを見たことがなかったですね」

妹の目から見た千枝のつつましい私生活の一端である。

「私はよく面倒をみてもらいました。母は姉も連れて帰りたかったようですけれど、そのことで言い争うことはなかったです。姉は残るということをはっきり言っておりましたから」

健気《けなげ》な伊藤千枝に瞑目《めいもく》したい。

なぜ自決したんだろう

繰り返しになるが、「九人の乙女」の悲劇を語るとき、伊藤千枝の人道的行動を抜きには語れない。修羅場から二人の若き後輩の命を助けて、みずからは後追い自決した。

その千枝を慕う小さな感想がある。児童向け拙著『死なないで!』(農山漁村文化協会刊)の一読者の感想文である。

誕生日が八月二〇日という北海道宗谷郡猿払《さるふつ》村の中村志帆ちゃん(猿払村立浜鬼志別《はまおにしべつ》小学校五年生)、祖母から誕生日にプレゼントされたのが『死なないで!』であった。

志帆ちゃんが書いた冬休みの感想文、「死なないで! を読んで」である。

この本は、去年の私の誕生日の日に祖母がプレゼントしてくれた本です。この本の内容は八月一五日から八月二〇日までの間の悲しい、そして、むなしい出来事です。楽しく仕事をしている電話交換手の前にロシア兵がせめてきて、九人の乙女が自決してしまう話です。

私は、この本の一ページ目を見たときから、心の中からこの本に興味を持ちました。なぜなら、みなさんは、昭和二〇年八月二〇日を知っていますか？　この日は樺太・真岡町で、電話確保に当たっていた電話交換手の女の人、九人が集団自決した日です。私はあの八月二〇日より三〇年おくれ、昭和五〇年八月二〇日に生まれました。私は祖母にこの本を買ってもらわなければ、三〇年前の私の誕生日の日にこんな事があったとは知らなかったと思います。

この本でひとつの事が勉強になりました。というか、すごくいい事を知りました。そして、私には、この他にこの本を読んでひとつ思い出に残ったことがあります。それは学芸会でこの話しを劇にできた事です。これを「やろう」と言ったのも私でした。この本を先に読んだ私が少しでも戦争がわかったように、これをやったら戦争を知らない私達のクラスでも少しだけ戦争の事がわかるような気がしたからです。

あとこの話を劇でやってくれるなら、絶対伊藤ちえさんの役をやりたいと思いました。なぜなら本を読んだとき、伊藤ちえさんが死の直前まで自分の任務を果たした所が私にはすごく大きな事に思えました。だから役決めのとき、自分から伊藤ちえさんの役に立候補し、みんなにみとめられ、伊藤ちえさんの役がもらえました。そしたら学芸会は成功しました。この本を読んだから、こんないい思い出ができました。こんな思い出があったから私はこの本が大好きになり、そしてこの本は私にこんな事を思わせてくれました。

それは人の命の大切さ、そして、戦争の大変さがわかりました。この本に出てくる真岡郵便局に残った人はすごく勇気のある人だなあと思いました。ふつう死を覚悟で仕事場に残ろうなんてそうとう勇気がなければできないと思いました。あと本当にこの本を読んでの感想は四〇年前、こんな事があったと、知ってよかったことと、九人の乙女は正直言ってなぜ自決なんてしたんだろうと思いました。こんな気持ちをわすれないように、この本を何回も何回も読みつづけたいです。

小学校五年生の中村志帆ちゃんにして、「九人の乙女は正直言ってなぜ自決なんてしたんだろうと思いました」と言わしめた疑問。筆者も腑《ふ》に落ちなかった点である。

ラストメッセージの真意――エピローグとして

あとがき

第一部でも展開したとおり、昭和四五年（一九七〇）八月一五日の旧『北海タイムス』紙面に驚愕《きょうがく》した思いは、樺太《からふと》の真岡《まおか》郵便局電話交換手の集団自決に軸足を置いて取材していた折でもあり、当然のごとく、大平《たいへい》炭鉱病院看護婦の集団自決も追いかける流れとなった。戦後五〇年という節目よりも、当事者の多くが健在で、取材に取り組みやすかったのだが、逆に当事者の「話したくない」という拒絶反応の連鎖に突き当たるだけであった。

戦後世代と戦前世代では、社会観や死生観への違いがあり、とくに「集団自決」の現場から生き残った女性たちの頑《かたく》なさは想像を絶するものがあった。

「大平炭鉱病院看護婦集団自決」で紹介させていただいた鳴海寿美さんや片山き

みゑさんとて、「生きていた」ことへの悔恨《かいこん》は強く、当時はとても聞き出せなかったであろう。戦後七五年の歳月を経て、やっと「亡くなった同僚の供養になれば」との片山きみゑさんの心の雪解けとともに、証言される機会になったようである。

鳴海寿美さんの告白はもっと早かったが、この鳴海証言がなければ、おそらく大平炭鉱病院看護婦「集団自決」の全容は、闇のなかに置かれていたであろう。その意味からも、旧『北海タイムス』金子俊男記者のスクープは価値ある機会を提供してくれたと言える。

もちろん、「九人の乙女」に関しても、金子記者が取り組んでいた「樺太終戦ものがたり」の連載記事を頼りに、当時の真岡郵便局長の「手記」を羅針盤として開始した。昭和二〇年八月二〇日の再現を試みるべく証言を集めたところ、その「手記」の矛盾《むじゅん》に気がつき、深く掘り下げて取材するうちに、手記とは真逆の事実を発見することができた。

それまで樺太引き揚げ者の間では「美談」として祭り上げられ、良しとされていた事実が、じつは歪《ゆが》められていたという真相を明らかにした折に、「いまさらなんで」という反発も少なからず耳にした。

改めて言うまでもないが、歴史は検証される宿命をもつ。太平洋戦争がいかに膨大な国民の命をないがしろにし、犠牲にしてきたかを、激越な事実をもって突きつけられた。しかも、旧満州においては、国民を守るべき関東軍のいち早い撤退で取り残された、国策で集団移民した人たち。結果は、多くの「集団自決」を生み出す背景にも放り投げられ、膨大な棄民《きみん》を生み出した。

軍部の横暴により、国民の命が軽んじられ、玉砕《ぎょくさい》にすら追い立てられていた事実は重い。二度と繰り返してはならないという命題が、筆者を含めた戦後世代に課せられる。

大平炭鉱病院集団自決の取材に際しては、鳴海寿美さんの「手記」に対する裏付けのご証言など、ご子息鳴海修司氏の多大なるご理解とご協力を賜りました。旧樺太武道沢にあった「佐野農場」「佐野造材部飯場」の経緯は、創業者でもあり帯広市に㈱ケイセイを興した佐野恵策《けいさく》氏の後継佐野公彦社長のご協力により新発見にいたりました。また、片山きみゑさんのご証言は稚内市教育委員会の「稚内学」を担当される学芸員齊藤譲一さん、育英館大学稚内牧野竜二非常勤講師よりの資料提供を賜りました。片山さんとご家族に心よりお礼申し上げます。

真岡郵便局電話交換手集団自決は、初版『九人の乙女はなぜ死んだか』（恒友出版）、文庫版『永訣の朝』（河出書房新社）の、増補改訂新版である。平成元年に、四年余りの取材調査を経て初版を上梓、「九人の乙女」が自決にいたる顚末《てんまつ》とともに、生還者の証言を元に真岡郵便局内の動きをはじめて紹介した。文庫化『永訣の朝　樺太に散った九人の逓信乙女』（河出書房新社）ともなり、テレビ放映もされた。

ただ、三〇年以上を経て、筆者にとっていまだに謎となっていた箇所――自決に使われた「青酸カリの出所」の裏付けが取れたことで、すべての経緯と謎《なぞ》を解明することができた。あわせて、浮かび上がったのは、この青酸カリの存在を薄めるために、いかに偶像化されたり、捏造《ねつぞう》されたり、あるいは本来明らかにするべきことが、意図的と映るほどに隠蔽《いんぺい》されてきたかということである。今回、これらの事実を明らかにすることができた。筆者にとっても完結編である。

最後に、樺太関係の資料でご照会いただいた　旧全国樺太連盟北海道事務所の佐々木照美さんに深謝。その旧全国樺太連盟北海道事務所が令和三年三月をもって解散となった。『氷雪の門』に込められた元島民の慰霊をはじめとし、「樺太引き揚げ三船襲撃事件」とともに、終戦時の〝三大悲劇〟とされた女子集団自決二例の全容も「樺太史」の総括記録として添えさせていただきたい。

本書の刊行に際しては、敬文舎・柳町敬直氏のお眼鏡に叶い、活字屋の視点でのご理解とご尽力により、七七年目にして、筆者の宿願であった、樺太「集団自決」の全容を上程することができた。心よりお礼申し上げたい。また、関係者へのお礼と、御霊へのご冥福を捧げるつもりで、心新たにしたしだいである。

令和四年、七七回目の敗戦を迎えるに際して

川嶋康男

【主要参考文献】

創価学会青年部反戦出版委員会編『北の海を渡って「集団自決」の悲しみが今も…　鳴海寿美』第三文明社、一九七六年
創価学会婦人平和委員会編『フレップの島遠く』第三文明社、一九八四年
深澤芙二子『深澤吾郎七〇年』非売品、一九八一年
金子俊男『樺太一九四五年夏』講談社、一九七二年
川嶋康男『九人の乙女はなぜ死んだか』恒友出版、一九八九年
樺太終戦史刊行会編『樺太終戦史』（一社）全国樺太連盟、一九七三年
北海道教職員組合編『語りつぐ戦争体験』楡書房、一九八一年
林　博史『沖縄戦　強制された「集団自決」』吉川弘文館、二〇〇九年
新海　均『満洲集団自決』河出書房新社、二〇一六年
『北海タイムス』『北海道新聞』

本書で使用した樺太市街などに関する画像、図面は旧全国樺太連盟北海道事務所提供のものを使用。人物などはそれぞれの関係者よりの提供である。
なお、真岡郵便局集団自決に関する資料、関係者については、初版、文庫版にて詳述掲載のため本書では割愛した。

彼女たちは、なぜ、死を選んだのか？
～敗戦直後の樺太　ソ連軍侵攻と女性たちの集団自決

2022年8月20日　　第1版第1刷発行

著　者　　川嶋 康男
発行者　　柳町 敬直
発行所　　株式会社 敬文舎
〒160-0023　東京都新宿区西新宿3-3-23
ファミール西新宿405号
電話　03-6302-0699（編集・販売）
URL　http://k-bun.co.jp
印刷・製本　　中央精版印刷株式会社

造本には十分注意をしておりますが、万一、乱丁、落丁本などがございましたら、小社宛てにお送りください。送料小社負担にてお取替えいたします。

Printed in Japan ISBN978-4-906822-37-9